经济学学术前沿书系

区域经济与产业发展研究

张颖婕◎著

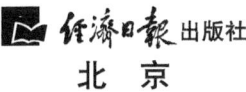
北京

图书在版编目（CIP）数据

区域经济与产业发展研究/张颖婕著.—北京：经济日报出版社，2024.2

ISBN 978-7-5196-1362-4

Ⅰ.①区… Ⅱ.①张… Ⅲ.①区域经济发展-产业发展-研究-中国 Ⅳ.①F269.27

中国国家版本馆 CIP 数据核字（2023）第 222813 号

区域经济与产业发展研究
QUYU JINGJI YU CHANYE FAZHAN YANJIU

张颖婕　著

出　　版：	经济日报出版社
地　　址：	北京市西城区白纸坊东街 2 号院 6 号楼 710（邮编 100054）
经　　销：	全国新华书店
印　　刷：	北京虎彩文化传播有限公司
开　　本：	710mm×1000mm　1/16
印　　张：	16.5
字　　数：	278 千字
版　　次：	2024 年 2 月第 1 版
印　　次：	2024 年 2 月第 1 次印刷
定　　价：	68.00 元

本社网址：edpbook.com.cn　　　　　微信公众号：经济日报出版社
未经许可，不得以任何方式复制或抄袭本书的部分或全部内容，**版权所有，侵权必究。**
本社法律顾问：北京天驰君泰律师事务所，张杰律师　举报信箱：zhangjie@tiantailaw.com
举报电话：010-63567684
本书如有印装质量问题，请与本社总编室联系，联系电话：010-63567684

序　言

　　从世界各国工业化的演进历程来看，区域经济一体化俨然已经成为工业进程中国家经济发展的必然过程，是经济发展和经济空间相互融合、相互作用的必然结果。加快区域经济一体化进程，不仅有利于提升区域分工水平和区域产业专业化水平，还能在产业一体化基础上实现区域经济一体化，形成产业集聚，发挥区域优势。区域经济能否持续增长的核心问题，就在于能否在充分借助区域内自然资源、区域位置、人文传统等初级生产要素的同时，高度融合经济政策、制度环境、国家区域产业定位等高级生产要素并形成区域优势条件、区域优势要素，进一步推动区域内某一产业快速发展，并产生较高的经济效益，这也是以区域优势产业的动态发展推动区域经济可持续增长及国民经济各区域协调发展的重要路径。

　　区域优势产业是基于历史、当前、未来，遵循时间观、空间观以及系统观，在资源和市场中所呈现的产业动态变化过程。这就决定了区域优势产业不是一成不变的静止状态，而是在不同时期，受国家或政府的政策导向、区域所处的经济发展阶段、市场化程度、产业发展的环境、居民的消费偏好等因素影响，而产生具有市场竞争性的某一种或某类产业形态。这就要求我们要善于从市场环境的变化中，寻找同一产业在不同时代、不同要素资源中的产业生命周期，适时选择区域优势产业。换句话说，在相同的时间、不同的空间，区域所拥有的自然资源禀赋、经济发展基础、产业发展状况以及企业的规模化程度等因素也不可能完全相同，一个区域的优势产业不一定就能成为另一个区域的优势产业，因此，需要充分考虑空间环境和现实条件的差异，因地制宜选择区域优势产业。总之，产业优势是动态的概念，在不同时间和空间维度中有着不同体现、不同选择，这就需要我们根据区域产业发展的具体现状进行分析，选定有竞争优势的产业加以扶持发展，合理整合区域资源，审时度势、相机决策、协调发展。

  本书简述了区域经济和区域优势产业的基础理论以及区域产业结构与产业布局的相关内容，介绍了区域优势产业的基本概念和特征、区域经济发展理论与区域优势产业的发展、区域优势产业的选择以及促进区域优势产业发展的产业政策等，并以上述理论内容为依据，就云南省优势产业的竞争力、云南融入共建"一带一路"研究、云南现代服务业和开放型经济的发展做了阐释。希望本书能够为区域经济和区域优势产业的研究与实践提供一些思路，也算是为相关理论做了一点工作。

  本书在写作过程中一直得到多方的支持和配合，感谢学校领导对学术专著的积极支持；感谢我的同事，没有他们的加入，我的调研难以顺利开展；感谢我的家人，他们无私地分担了家庭里的大部分重任，为我赢得更多的时间思考和写作；感谢所有参考文献的作者，是他们富有创造性的研究工作奠定了我写作此书的基础。最后，还要感谢出版社的领导和编辑，是他们为本书的顺利出版付出了大量辛勤的劳动，才使这本书得以呈现在读者面前。

  由于本人才疏学浅，加之可资参考和借鉴的资料不多，书中定会存在很多不足和欠缺之处，真诚希望各位同仁和广大读者批评指正，不吝赐教。

目 录

第一章 区域经济基础理论 …………………………………………… 1
    第一节 区域与区域经济 ………………………………………… 3
    第二节 区位理论 ………………………………………………… 15

第二章 区域产业结构与产业布局 …………………………………… 27
    第一节 区域产业结构的演变规律 ……………………………… 29
    第二节 区域主导产业的选择与发展 …………………………… 36
    第三节 产业布局的区位选择 …………………………………… 42
    第四节 新产业区与高新技术产业布局 ………………………… 47

第三章 区域优势产业理论基础 ……………………………………… 55
    第一节 区域分工理论 …………………………………………… 57
    第二节 竞争优势理论 …………………………………………… 65

第四章 区域优势产业的基本概念和特征 …………………………… 71
    第一节 区域优势产业现有定义的研究述评 …………………… 73
    第二节 区域优势产业的定义 …………………………………… 74
    第三节 区域优势产业的基本属性、特点以及形成机制 ……… 79
    第四节 区域优势产业与主导产业、特色产业、支柱产业的比较 …… 86

第五章 区域经济发展理论与区域优势产业的发展 ………………… 91
    第一节 区域经济发展的基本理论 ……………………………… 93
    第二节 区域优势产业发展与区域经济增长 …………………… 100

第六章 区域优势产业的选择 ………………………………………… 105
    第一节 区域优势产业评价的基本原则 ………………………… 107
    第二节 区域优势产业的评价思路及方法 ……………………… 114

第三节　区域工业优势产业的评价指标体系 …………………… 118
　　第四节　区域第三产业优势产业评价指标体系 ………………… 130
第七章　促进区域优势产业发展的产业政策 ………………………… 135
　　第一节　产业政策概述 …………………………………………… 137
　　第二节　区域衰退产业调整政策 ………………………………… 140
　　第三节　区域优势产业扶持政策 ………………………………… 143
第八章　云南省优势产业竞争力 ……………………………………… 159
　　第一节　云南省优势产业选择指标体系的构建 ………………… 161
　　第二节　云南省优势产业竞争力 ………………………………… 163
第九章　云南融入共建"一带一路"研究 …………………………… 171
　　第一节　云南与"一带一路" …………………………………… 173
　　第二节　云南融入共建"一带一路"的基础和条件 …………… 175
　　第三节　云南融入共建"一带一路"的总体构想 ……………… 183
　　第四节　云南融入共建"一带一路"的对策建议 ……………… 192
第十章　云南现代服务业和开放型经济发展研究 …………………… 199
　　第一节　共建"一带一路"背景下云南开放型经济发展研究——基于
　　　　　　服务贸易的视角 ………………………………………… 201
　　第二节　现代服务业发展研究——以云南省玉溪市为例 ……… 225
　　第三节　玉溪市工业高质量发展研究 …………………………… 239

参考文献 ………………………………………………………………… 252

第一章
区域经济基础理论

第一节 区域与区域经济

自人类诞生以来，任何经济活动都离不开某一特定的空间。区域经济又名"地区经济"，是不同水平、不同类型的经济活动与某一特定的空间结合所形成的劳动地域分工结果，同时也是国民经济的缩影，具有综合性和区域性的特点。解释经济活动在空间上的运行规律，以有效地把握并运用规律，创造更有市场价值、更加丰富的区域经济就是本书研究的主要内容。

一、区域的概念和类型

(一) 区域的概念

区域这一概念最早为地理学所用。进入20世纪以来，行政学、社会学、政治学和经济学对其日渐关注，区域及区域问题已经成为众多学科的研究内容。

不同的学科对区域有不同的定义。从地理学的观点来看，区域是地球表壳的地域单元，具有可重叠性和不遗漏性；从行政学的观点来看，区域是国家管理的行政单元，具有可量性和层次性；从社会学的观点来看，区域是具有共同语言、共同信仰或民族特征的人类社会聚居区，具有相似性和共融性。

关于经济学的区域概念，目前尚无定论。目前国内学者大多数采用1922年在《全俄中央执行委员会直属俄罗斯经济区划问题委员会拟定的提纲》中给出的区域定义："所谓区域应该是国家的一个特殊的经济上尽可能完整的地区。这种地区由于自然特点、以往的文化积累和居民及其生产活动能力的结合而成为国民经济总链条中的一个环节。"从区域这一概念的基本内涵入手，对经济学的描述大致包括如下几个层面：

第一，区域是一个空间的概念。人类的经济活动只有落到一定的地域单位或地域空间才能以定量的方式考察，这是区域经济活动的本质特征。

第二，区域特指一个主权国家疆域内的各个组成部分。中央政府对领土范围内的区域各组成部分拥有绝对的政治、经济调控权，并以繁荣为目的不断推进其发展。与此同时，各区域的发展也对整个国民经济和社会具有不容忽视的影响。中央政府与区域之间的经济关系是在政策主导与区域自主的前提下产生的，其效果也取决于政府及区域两方配合是否适应市场环境。

第三，区域在全国专业化分工中承担着重要的职能，且具有经济结构相对完整的特点，与社会其他事宜相互影响、相互作用，形成了社会经济综合体。

第四，经济区域具有同质性和集聚性。同质性是指域内的资源禀赋、产业结构、经济水平等生产要素具有特征上的一致性或相似性。集聚性是指某些功能上联系紧密的异质部分在共同利益基础上形成的内聚力。

在文献梳理过程中也发现，经济区域与行政区经常混合使用。第一，行政区的划分也要考虑经济的内在联系。特别是在生产力发展水平较低的情况下，经济区与行政区重合程度相对较高；第二，行政区不仅便于政府计划和政策的推广实施，也有利于资料统计和城市管理。因此，在分析经济区域问题时，行政区是绕不开的核心问题。

（二）区域的类型

广义的区域有自然区、行政区和经济区三大基本类型。仅从经济区域来看，从空间覆盖范围、自然特征、经济运行情况以及不同角度出发，可以分成多种多样的类型。

按空间覆盖范围来划分，经济区域等同于行政区，可以分为错位区和重合区两大类型。错位区是跨行政区，从高到低可划分为跨国、跨国内或省内行政区、跨基层行政区。重合区不跨行政区，两者的区界大体一致，一个国家可以成为一个经济区域，一个省、一个州、一个县也可以成为一个经济区域。重合区是经济发展的初始状态，通常出现在经济比较落后的地区。伴随区域经济综合实力的提升，重合区将出现向错位区移动变化的趋势。相同的是，无论是错位区还是重合区，区域存在空间都具有一定的层次性。

按自然特征来划分，流域区是最主要的经济区域类型之一。众所周知，地球表面存在山川、河流、平原、丘陵、盆地等多种多样的自然特征，但是，我们通常把江河开拓形成的流域区称为经济区域，而山区、平原、丘陵、盆地等地区，一般划归为属于某个流域区。考古学家也曾经指出，人类社会经济文化繁荣的发达地区，大多集中在江河开拓的绿洲、平原地区。不难发现，江河对整个人类社会经济发展具有强大的推动作用，不仅促进了最古老的经济区域的形成，同时也为这些经济区域注入了源源不断的内生动力。从世界来看，各国政府历来将流域区划归为重要经济区域，将其开发和建设作为城市规划的重要方向。目前我国经济发展最快的长三角地区和珠三角地区，就是典型的按经济特征来划分的流域区。经济区域同时也可以按主体经济的构成分为单一型的经济区域和综合型的经济区域。所谓主体经济，是区域差异的一个重要标志，指区域中占有绝对优势的经济。主体经济的表现特征可以是产业比较简单的单一型的经济区域，如以农业经济为主的农业区域，以牧业经济为主的畜牧区域，以工业为主的工业区域等；也可以是产业融合度较高的多种经济复合体构成的综合型的经济区域。从区域经济发展史来看，很多单一型的经济区域在发展过程中不断向综合型经济区域靠拢。这里包含两种情况：一种是单一型的经济区域总是与区域层次比较低、区域经济比较落后、区域发展比较缓慢并存；另一种是与综合型经济区域相对应的，通常是商品经济比较发达、生产部门专门化、产业发展多元化相结合的成熟市场环境。

按区域经济的经济运行特征来划分，经济区域可以分为自发经济区和自觉经济区。这两类经济区域实际上是经济区发展过程中的两个阶段。自发经济区是经济区发展过程中的第一个阶段，它主要反映生活生产的地域差异和经济活动的地域集散，体现出一种自然式的被动型的作用功能。经过一个相当长的时期，在特定的经济社会条件下，自发经济区将转化为经济区发展的第二个阶段——自觉经济区。自觉经济区反映了人们为了某种经济目标，运用经济手段组织和规划区域经济活动，区域范围相对稳定，它的作用功能已由自然式的被动型转化为经济式的能动型。不难看出，自觉经济区是在自发经济区发展到一定程度，从被动转向主动的飞跃，具有经济行为的人根据区域经济运动规律的客观要求，对区域经济进行合理的整体规划和科学的系统组织，让经济区的整体功能大为增强的基本特征。目前，我国东部很多的经济区就处于由自发经济区转向自觉经济区的过渡期。

按区域经济的发展水平划分，经济区域可以分为发达区域、次发达区域和不发达区域。很显然，发展水平是经济发展的一种相对概念，发达与不发达区域也是相对而言的。全世界的各个国家可以根据统一的评价标准划分为发达区域、次发达区域和不发达区域，而每个国家内部，甚至是每个省等国内的局部地域单元，也同样可划分为发达区域、次发达区域和不发达区域。由于评价标准不一致，各国之间的上述三类地区在发达程度上是完全不一样的。世界经济还表明上述三类地区可以叠加表现在一个经济区域内,如一些不发达国家内部存在发达区域,一些发达国家内部也存在不发达区域,甚至不发达国家的发达区域要比发达国家的不发达区域落后许多。尽管如此,这三种区域类型的划分,无论是对于宏观区域分析,还是对于区域发展政策和规划的制定,都是十分必要的。

从分析和认识经济区域的方法论着眼,也可以把经济区域分为不同的类型。西方的区域经济学家们通常把经济区域分为同质区域和结节区域。同质区域忽略了区域的内部差异,认为区域内部是均衡一致的,并把整个区域聚合在一起,是打破空间限制的区域。同质区域概念对从宏观上分析区域的外部关系和区域之间的经济联系,以及为国家制定不同的地区政策,提供了较为简便的方法。结节区域与同质区域相反,它承认区域内部存在差异性,并把区域经济运动看作区域内的结节点,而这结节点正是由经济活动向区域的经济中心集中而产生的。结节区域着重分析区域内部的形象,为研究区域内经济问题提供了分析方法。

经济特区也是一种经济区域,这类区域是出于对外开放的需要,在国内领土范围内划出小块地方,实行不同于国内其他地区的特殊政策,以吸引和鼓励国外投资者来兴办工商业和其他经济事业。经济特区对引进技术和资金、发展对外贸易具有重要的作用,无论是发达国家还是不发达国家,都主张兴办这类经济特区。早期的经济特区大体分为两种类型:一是自由贸易区,如自由港、关税自由区、外国贸易区等;二是加工出口区,如出口特区、工业自由区、投资自由区等。自由贸易区的产生和发展有其深刻历史、经济、政治、文化原因,最早可以追溯到13世纪法国开辟马赛港,而加工出口区出现的时间较晚,到第二次世界大战以后才逐步兴起。我国在改革开放的浪潮中,于1979年在深圳市、珠海市、汕头市和厦门市设立了四个经济特区,1984年又在沿海14个城市开辟了出口加工区或对外开放区。随着经济的发展,经济特区逐步走向高科技化。例如,深圳就是一座科技引领发展的创新型城市,凭借地域优势、政策优势,吸引了一批批国内外高新科技企业,而高新科技企业落户的科技园区本身就是高科技的经济特区,它是区域的技术创新中心和科技示范区,在区域发展中占据着主要的经济地位。

二、区域经济要素

区域经济是具有区域特色的国民经济。从它是国民经济的组成部分来看，具有国民经济的一般特征；从它的空间特征和区域性来看，又具有区域特征。它的两个特征决定了区域经济的两类要素，即经济区域构成要素和区域经济发展要素。

（一）经济区域构成要素

区域通常以土地划界，而经济区域主要是由人的经济活动所造就的，这就决定了经济区域是以人建设的经济中心客观存在，具有特定地域构成要素，是经济社会相互融合的综合体。其构成主要包括：经济中心、经济腹地和经济网络三大要素。

1. 经济中心

经济中心是经济区域三大构成要素的核心。经济中心的形成，是区域由一般的自然区发展为经济区域的重要标志。商品经济条件下，区域经济的空间聚集运动，使城市成为区域的经济中心。所谓区域经济的空间聚集运动，首先表现为商品交换活动的空间聚集，这种聚集规模增大的结果是城市的产生。随后，生产力的发展带来了工业生产向城市的聚集，使城市作为区域的经济中心逐步走向成熟。

区域的经济中心具有三个空间特征：第一，多层次性。在不同的地域范围内，城市的聚集能力不同，经济吸引或辐射力也不同，从而形成多等级、多层次的经济中心；第二，选择性。区域的经济中心是城市，但不是所有的城市都是经济中心；第三，区域经济中心并不是区域地理位置所表现的几何中心，而是区域经济活动的中心。

2. 经济腹地

经济腹地是经济区域三大构成要素的基础。相对于经济中心，经济腹地是指经济区域内经济中心以外的地域范围。经济腹地具有三个重要的经济特征：第一，经济运动的多元性。多元的经济运动是经济腹地的基本特征，也是区域经济运动的基础。经济腹地的经济运动包括多种生产要素、多种生产部门、多种经济形式的相互运动；第二，多元运动的相关性。经济腹地的生产要素、生产部门和经济形式在运动过程中的相互关联，势必会出现一种形式的运动带动其他形式运动同时发生，并形成多种要素相互联系、相互交错的复合运动局面。经济腹地作为这种复合经济运动的地域依托，多元经济相关运动成为它的重要特征；第三，经济腹地的多层次性。与多层次的经济中心相对应，经济腹地也是多层次的、重叠的。对于一个具体的地域来说，它既是那个较低层次经济中心的经济腹地，同时又是那个较高层次经济中心的经济腹地。从经济腹地的这些特征出发，评价经济腹地的丰度不能只看其面积的大小，更重要的是经济运动的规模和水平。丰度是一个在特定地域范围内多元要素复合运动的立体概念。

3. 经济网络

经济网络是一个非常宽广的概念，它包括三层含义：第一，经济网络表示经济联系的渠道，其物质构成是交通运输网络和邮电通信网络；第二，经济网络表示经济联系的系统，其基本构成是经济中心与经济腹地之间有序的经济交往和信息交往；第三，经济网络表示经济联系的组织，其基本构成是经济中心和经济腹地之间所形成的具有内在联系的产业结构，以及与之相关的市场的贯通和技术的推移等。

经济网络就像区域经济的动脉和神经，离开它，区域经济就会陷于瘫痪。经济网络包含渠道、系统、组织三个层面，不仅有层次，还有递进关系，与区域经济发展水平息息相关。三种形态能单一存在也能同时存在，比如经济网络中的"渠道"是经济发展水平较低时的主要形态，"组织"则是区域经济发展到比较成熟阶段时的另一种主要形态，但在特定的时期内，三种形态也能同时存在，只不过不同时期侧重点不同罢了。

区域构成要素三位一体，缺一不可。当具体到两个区域进行比较时，差异通常体现在质量上。

（二）区域经济发展要素

经济区域和区域经济是两个完全不同的概念，构成它们的要素也就完全不同。经济区域的构成要素是经济中心、经济腹地和经济网络，它着重反映区域的空间构成和经济运动空间联系的依托，是一种区域要素；而区域经济的构成要素是存在于区域之中的经济发展要素，反映的是区域经济运动的物质构成和物质变换，是一种初级生产要素和高级生产要素的高度融合，表现在自然、社会和经济的方方面面。从这方面理解，区域的地理位置、历史基础、自然资源、人口和劳动力、资金和技术、市场、基础设施以及组织管理等，都影响区域经济的发展，被称为区域经济发展要素。根据各类区域经济发展要素的特征和功能，主要表现在以下四类。

1. 原生性要素——自然资源和历史基础

区域的自然资源是大自然所赋予的，区域的历史基础是区域经济社会发展的历史足迹，前者对于人类来说是原生的，后者对于区域的未来发展来说也具有原生性，因此称其为区域的原生性要素。

区域的自然资源包括区域的气候（包括温湿度、降雨量、热量、日光、水分等）、水文（包括海洋、江河、湖泊、地下水等）、地质（包括矿产的蕴藏量、品位、矿层结构、矿层厚度等）、地形（包括高原、高山、盆地、丘陵、平原等）、生物（包括动物、植物、微生物及动植物种群的分布等）、土壤（包括它的各种类型结构和理化性质等）等。自然资源是在地球漫长的演变过程中逐步形成的，一旦形成便具有某种稳定性，人类也正是在这种稳定的自然环境中从事着一代又一代的生产经营活动。从生产来看，人类离不开物质资料，也就是人的生产劳动必须建立在占有一定自然资源的基础之上，利用土地、矿藏、森林、河流、日光等天然的物质条件，进一步对各种自然资源进行综合、加工与转换，才能获得人类生存与发展的物质资料。可见，自然资源是重要的区域要素，这些要素的关联及运动规律，对区域经济活动具有重要影响。如珠江流域是一个复合型的流域，由西江、北江、东江及珠江三角洲诸河等四个水系组成，流经中国境内的滇、黔、桂、粤、湘、赣等省（区），各地各区域由于气候、水文、地形、地貌等多种差异，农业内部的结构大为不同，但从发展来看，自然资源对区域经济活动和区域经济发展并不具有唯一的决定性影响，相反地，随着社会生产力的进步，自然资源对经济活动的限制日趋减少。

区域的历史基础包括区域拥有的固定资产和流动资产量、经济发展水平、产业的发育程度、法律的完善程度、城市建设与基础设施条件等。历史基础和自然资源一样，对区域经济活动和区域经济发展有着深刻的影响，如北上广深等历史基础较好、生产力水平较高的区域，发展的基础条件较好，起步较高一些，可以吸引更多的人才、资本、技术、产业到此发展；而大部分西部地区属于历史基础较差、生产力水平较低的区域，对人才、资本、技术、产业等生产要素的吸引力较小。与自然资源相同，历史基础对区域经济活动和区域经济发展也不具有决定性的影响。

2. 再生性要素——人口、技术和资本

人口、技术和资本，虽然具有不同的形态和作用，但从其共有的流动性和衍生性出发，划归为再生性要素。在多元的区域要素中，人口、技术和资本是最为活跃的因素，对区域经济活动和区域经济发展起着至关重要的作用。

人既是生产者，又是消费者，对区域活动有着重要影响。从生产者来看，一定区域的人口密度、数量及文化技术素质的高低均对区域经济活动有明显影响。一般来说，人口数量多、密度大、文化技术素质高，说明区域内劳动力要素供给良好，对经济发展有利。因此，人口稠密和人的文化技术素质高的地区，往往产业密集程度高，经济增长速度和经济发展水平都比较高。相反地，人口稀少、文化素质较低，说明劳动力资源供给不足，企业与产业均难以实现空间集中，经济发展动力不足，经济增长速度和经济发展水平往往比较低。当然，在一定的区域经济发展水平下，如果劳动力的供给超过区域社会劳动就业容量的限度，反而会对区域经济的长远发展和社会稳定带来不良影响。从消费者来看，一定区域的人口数量与密度代表着这个区域的社会需求与市场容量的大小，这将对主要供给本区的消费品生产产生影响，同时也会影响到相关上下游产业的发展。但是，人作为消费者所形成的社会需求与市场容量，不仅取决于人口的数量，还取决于人的实际收入水平和消费习惯。如果人口的过快增长超过了区域经济发展可能提供的消费能力和消费总量限度，不仅会影响人的消费水平的提高，还会制约区域产业结构高度化进程和区域经济的发展。伴随互联网的发展，消费者也可能来自其他区域，但他们的消费行为仍然为生产区域的产业和经济发展做出贡献。

技术作为人类驾驭客观事物的方法和手段，本身并不是以独立的区域要素出现，而是以其他区域要素为载体出现而发挥作用。技术的发展变化或是强化某些区域要素对区域经济活动的影响，或是弱化某些区域要素对区域经济活动的影响，在这个过程中，技术也就以其他区域要素为媒介，间接地发挥自身对区域经济活动的影响作用。技术虽然是间接地对区域经济活动产生影响，但这影响力本身却可以非常大，有时甚至对区域经济活动的发展起着决定性的作用，如风能、太阳能等新能源的推广，不仅能大大减少不可再生资源的使用，还能进一步充分利用大自然所赋予的可再生资源，且伴随我国"绿水青山就是金山银山"新发展理念的践行，科学技术带动的高新产业将对区域经济活动的影响越来越大。

资本是影响区域经济发展的又一重要因素，特别对发展中国家和落后地区来说，是影响和制约经济发展的核心要素。为加快工业化进程，发展中国家和落后地区需要消耗更多的能源和原材料，而矿山、石油等自然资源的开发和采集需要投入大量资金，且与之关联度较高的交通、通信等基础设施铺建也必须及时跟上才能加快生产要素流转，而这些建设都离不开资本的巨大投入。因此，提高区域内资金积累能力，建立健全资金市场，创建良好的投资环境，吸引更多的区域内外资金，是区域经济发展所面临的一个现实问题。

3. 牵动性要素——市场

市场对区域经济的作用和影响，已使其成为一个重要的区域要素。市场总是以价格为信号显示着供求关系，并且通过供给流和需求流的不断调整，逐渐向均衡价格靠拢。在这个过程中，市场不仅越来越接近均衡价格，区域经济的运行也在调节，且这种调节作用无处不在、无时不在，从而产生出一种强大的机制力量，牵动着区域经济的发展，故而称为牵动性要素。

市场要素对区域经济活动的牵动作用具体表现在以下三个方面：第一，它畅通了区域内外生产要素的流通渠道，在调节区域内外生产要素余缺的同时，牵动区域生产要素增长，促进区域经济发展；第二，它顺应了区域经济多层次发展的客观要求，为区域内不同行业、不同类型的经济活动创造多样性的市场条件，从而形成不同等级、不同方位的牵动功能，拓宽了区域经济多样发展的空间，对区域内各种优势的进一步发挥，具有积极的牵动作用；第三，它显示了区域市场规模和市场容量的巨大潜力，这种潜力的显示将通过多种渠道渗透到区域经济活动的各个方面，从而激发区域内外的投资者从内涵和外延两个方面增加自己的活动容量，对区域经济发展产生全面牵动作用。市场对区域经济活动产生的多层次、多类型、多方位的牵动，使之作为区域要素的作用日益增强。

4. 制动性要素——组织与管理

区域经济的组织与管理对区域经济活动起着引导、控制和调节的作用，这种作用既表现为人对区域经济活动的适应，又表现为区域经济活动是在人的意愿下发展。组织与管理是从高层次下发指令，随之渗透到区域经济各个层次、各个环节之中的制动性要素。

区域经济的组织与管理对区域经济活动的影响作用，首先来源于区域经济发展规划。区域经济发展规划是一个大跨度、长时期的发展蓝图，从资源的开发到项目的落地，从人口、生态的规划到社会文化事业的发展，从乡村的提质升档到城镇的体系布局，从总体规划到实施运行，不管是时间还是空间的变化转移，都囊括在区域经济发展规划之中。区域经济发展规划的关键包括两个方面：一是区域国土规划；二是区域发展战略。前者作为区域经济发展规划的基础，后者作为区域经济长期发展的路线图。其中，区域经济发展规划是对规划期内区域经济和社会发展的总目标、总任务及实现总目标、总任务的关键性对策的全局性、长远性和方向性的谋划，为实现区域经济和社会发展目标指明前进的方向，是区域经济长期发展的思想路线图。区域经济发展计划是区域经济发展规划的短期具体化，这种具体化不仅包括有关重点建设项目的实施，而且包括保证计划实施的政策措施等。科学的规划和合理的计划对规划期内区域经济活动起着引导和控制作用。其次是区域经济运行的调节。区域经济的组织与管理，不仅要面向未来规划、计划区域经济发展蓝图，而且要在规划和计划的基础上，对区域经济运行进行调节，使区域经济活动能够沿着预期的目标持续、健康地运行。组织和管理对区域经济的调节有两种基本类型，即硬性调节和软性调节。所谓硬性调节，是组织和管理的制度调节，不同的组织和管理制度，对区域经济运行有不同的要求，从而产生相应的调节作用；所谓软性调节，是组织和管理中的瞬时调节，它是对硬性调节的一种瞬时校正和修补，使区域经济运行不偏离制度所规定的轨道。硬性调节和软性调节一般都是共存的，正确地运用硬性调节和软性调节，发挥组织和管理因素的积极功能，就能够把区域生产要素和生产单元（如企业、公司、商店、农场、农户等）引向更合理、更有效益的综合层次。

三、区域经济的特征

区域经济客观上存在差异性，这种差异性从地理学的角度来讲，是由于自然资源和自然条件的不均匀分布造成的，这也是形成区域经济差异的基础原因。如果从经济学的角度来分析，以下几个方面是造成区域经济差异的重要原因。

（一）生产要素的不完全流动性

在区域经济的要素中，土地、矿藏、地形、水文和气候等自然资源和自然条件是不可流动的生产要素，且其分布也不是均匀的。正因为这些要素的非流动性特征和分布的非均匀性特征，与这些生产要素相关的生产活动总是主动流向生产要素富集的地区，而这些地区因生产要素的聚集随之将带来专业化生产，并在市场上形成具有竞争力的绝对优势。相反地，如果生产要素具有完全的流动性，则不会出现绝对优势，而是会让要素供给均等化。也就是说，各地的生产要素价格、生产成本趋于均等，最终形成区际经济发展差距收敛的局面，在这样的情况下，区域经济就几乎不存在差异性特征了。

生产要素的不完全流动性，可以从以下两个方面去理解：第一，有些生产要素如自然资源，对地表的附着力很强，在科学技术落后的时期无法自行流动，但科学技术的发展让越来越多不可流动的生产要素也可以"流动"，如随着开采技术的精进，原来难以开采的矿产、页岩气等自然资源，现已可以进行深度挖掘，但要让这些原本不可流动的要素变得"流动"起来，需要付出很大的开采成本。与此相反，劳动力、资金、知识和技术等生产要素的流动却很容易，因而也被称为可流动要素；第二，有些流动性很强的生产要素的流动，有时也遇到很大的限制。如国与国之间由于政治制度、经济体制、宗教信仰、风土人情的不同，也会采取不同的经济政策进行约束，这就阻碍了原本可以自由流动的生产要素，贸易保护就是国家与国家之间阻碍生产要素自由流动的常见经济政策。此外，即便就在一个国家内，虽然拥有相同的宏观政策，但各地区政府在具体执行这些政策时也会出现偏差。总之，生产要素的不完全流动性使得一个地区的经济活动不可能在空间上均匀分布，这就成了区域经济具有差异性特征的客观物质基础。

（二）经济活动的不完全可分性

经济活动最大的特征之一为经济活动的不完全可分性，任何经济活动与其他经济活动都有关联性，且相互补充、相互融合，具体表现在以下四方面。第一，现代工业中，更多的生产趋向于流水线生产，这就意味着许多生产过程可以划分为若干个生产工序，或商品可以拆分为若干个零部件，仅从生产来看，一件完整商品的问世需要不同时间和空间的密切配合共同完成。第二，企业的生产规模总是和生产成本呈反比例关系，规模经济也总是在经济效率上凸显比较优势，这就促使越来越多的企业通过规模经济减少生产成本，在这一过程中也决定了不同生产工序必须在某空间内集中起来，如生产后的各零部件需要集中组装。第三，众多企业聚集在某一区位，可以获得聚集的经济效益。工业园区就是能够让经济活动聚集的区位，在工业园区内，各企业共享园区内的各种基础设施和辅助行业所提供的专门服务，各企业从事的行业虽然不同，但仍然可以相互学习、模仿、合作，并且企业和人口的集中，可以在当地形成密集的劳动力、技术市场，加快可流动生产要素的流动。第四，企业与企业之间的交易维持时间可长可短。理论上来说，聚集众多企业的区域可以增进企业间的了解，让企业节省大量的交易成本，但实际上，经济活动之间交易内容是多方面的，有物质的、非物质的、有形的、无形的、长期稳定的、不稳定的。一般来说，如果企业之间交易的物质或信息流在形状、质量、密度等方面都是标准化的，或在时间和空间上都是可重复和稳定的，此时企业之间的交易成本较低，也就是说企业间可以不经常谈判议价，继续维持一次签订后的长期协议；但如果企业之间交易的物质或信息流不是标准化的，交易时间和空间频繁发生变化，那么交易成本就将增加，难以建立长期稳定的合作关系。特别是需要定制的个性化服务时，企业间需要频繁地接触和交流，交易成本更大，这就需要尽量缩短空间距离和减少时间浪费，将企业聚集在一定区域内就是减少这些交易成本的有效途径。可见，企业生产工序空间分割的非经济性、规模经济、聚集经济、交易费用的节省，都要求生产要素和经济活动尽可能聚集在一定的空间范围内，也就是说，经济活动不可能在空间上随意分散分布，否则将大大增加企业的生产、交易、营销、维护等运营成本。这也是从资源禀赋的差异角度来阐述经济活动具有不可分割的特征。

（三）创新能力的区域局限性

党的十八届五中全会首次提出"创新、协调、绿色、开放、共享"的新发展理念，把创新置于首要位置。推动创新有两个重要因素。第一是创新必须依靠人。从深圳由小渔村迅速崛起成为全国首屈一指的创新型城市来看，最为核心的因素就是改革开放后，特区政策和特区利益吸引了全国各地的高素质人才趋之若鹜，使其创新力在二三十年里就凸显出来，并成为全国一流的创新中心。第二是专业化知识必须具有竞争性。新增长理论认为，知识积累是保持经济增长的重要法宝，而增加研发所需资源的投入就是提高知识积累率、促进经济增长的有效途径。在市场竞争中，一个地区的专业化知识具有的排他性和竞争性越强，与另一个地区专业化知识积累的差距就越明显，带来要素收益率也就越有差距，进而让发达地区和欠发达地区经济增长拉开的差距越大。可见，专业化知识的积累与创新联系密切，专业化知识积累越多、竞争性和排他性越强，创新出现的频率就越高，区域的创新力也就越强。但这种具有市场竞争力的专业化知识通常不能直接从外部拿过来，而是源于人和知识的积累，即创新离不开原始创新，引进消化吸收再创新也具有排他性和竞争性，正是因为创新具有的这一特性，一旦形成创新中心，就不会轻易地发生转移。所以，创新能力具有较强的区位局限性，它是一个地区的高素质人才和知识长期积累的结果，除非社会变迁或政治原因，或采取特殊的优惠政策把这些具有创新能力的人力资本转移到新的区位。客观来看，确实也有一些知识和技术是可以溢出的，这种溢出不但可以降低其他企业的学习成本和重复研发投入，还能增加知识积累，提高经济效率。通过知识和技术溢出，企业不必通过市场交易方式支付费用而获得信息，因为信息的创造者或拥有者在现行的法律条件下无法阻止其他企业使用信息。尽管这种知识和技术的溢出是一种自发的过程，但这种溢出并不是全域溢出而是局部溢出，随着空间距离的增加而减弱。换句话说，这种溢出具有空间衰减规律，以原始创新中心为中心，距离研发中心和创新中心越远，所溢出的知识和技术量越少，区域覆盖作用就越微弱。可以看出，创新能力的区域局限性是形成区域差异的主要原因之一。

第二节　区位理论

区位理论又称空间理论，是研究人类活动，包括产业、城市和区域经济活动的空间组织及优化的理论。经济活动的存在和运动必定要占据一定的空间，这个空间不仅单指一定的地理分布，还包括看不见的网络空间，只有空间在分布和移动上比较合理，才能获得好的经济效益，区位理论的产生和发展正是与社会分工、经济发展密切相连。古典区位理论主要是按照产业划分，如农业区位论和工业区位论；近代区位理论主要是按照地理位置和分布划分，代表性的有中心地理论、市场区位论、运输区位论、新经济地理理论中的区位理论等。

一、古典区位理论

1826年德国经济学家杜能的著作《孤立国同农业和国民经济的关系》（以下简称《孤立国》）的问世，标志着区位理论的产生。

（一）农业区位论

杜能"孤立国"理论做出了如下假设：（1）"孤立国"的中心仅是唯一的一个城市，其他该国所辖范围均是农村，所有的农村也只与这个城市发生联系，也就是说，城市是"孤立国"中唯一进行商品交换的场所；（2）"孤立国"属于内陆地区，没有可通航的河流和运河，马车是连接城市与农村的唯一交通工具；（3）"孤立国"拥有纯天然的均质的大平原，所辖范围内各地区，农业发展所需的自然条件和基础设施完全相同；（4）农产品的运费仅与商品重量和产地到消费市场的距离有关，重量越重，距离越远，运费越高。

杜能农业区位理论的主要内容归纳为两点：

第一，基本经济分析。基于假设前提，杜能认为农产品的销售价格决定了农民生产什么样的产品和经销商采取什么样的经营方式；农产品的销售成本仅包含生产成本和运输成本；运输费用又包含在总生产成本中。因此，能否在单位面积的土地上获得最大利润，取决于农业生产成本、农产品市场价格和将农产品从产地运到城市所产生的运输费三个因素。"孤立国"理论假设中，生产成本和市场价格是一定的，经营者要想获得更多利润就得在节约运费上做文章，而地理位置的合理布局是能够达到这一效果的。

第二，农业圈。根据区位经济分析和区位地租理论，杜能在其《孤立国》一书中以城市为圆心，由内向外呈六层同心圆状分布，六层分布代表六个区域，每个区域各对应一种耕作制度，这就是著名的"杜能圈"。

第一圈——自由式农业圈。这是距离中心城市最近的区域，主要生产果蔬类和乳制品等易腐难运的产品。圈的大小由城市人口的消费量大小所决定。

第二圈——林业圈。该圈主要生产城市所用的木材、建筑用材及生活所需的木炭等，这些与生活密切相关但又体积巨大难以搬运的林木，必须在城市附近就近生产，形成了林业圈。

第三圈——轮作式农业圈。所有土地必须都用于种植以谷物和饲料作物为主的农作物，其中耕地的50%用于种植谷物。此外，杜能提出每一块地要围绕马铃薯、大麦、苜蓿、黑麦、豌豆、黑麦六种农作物进行六区轮作，没有多余的休闲区。

第四圈——谷草式农业圈。相比第三圈，杜能提出谷草式农业圈要划分为七区并进行轮作，且在轮作过程中总保持一区为休闲地，如第一区为休闲区，第二区至第四区为谷物区，第五区至第七区为牧草区。

第五圈——三圃式农业圈。这是距离城市最远的谷作农业圈。这一圈以农民生活集聚地为核心，由内向外分为黑麦、大麦、休闲三区，并围绕三圃式轮作制度进行轮作，这一圈也没有多余的休闲区轮换。

第六圈——畜牧业圈。本区以养殖畜牧业为主，在农户自给的基础上，不再大规模生产谷麦作物，而是大量生产牧草用于豢养牲畜，并将黄油、奶酪等运输方便、储藏时间较长的农畜产品向城市供应。第六圈以外的土地，则为无人居住和利用的荒地。

不难看出，杜能根据假设构建的农业空间地域模型更多地停留在理论层面，而他自己在随后的研究中也发现了这一缺陷，并在《孤立国》一书中将假设前提加以修正，指出理论中的"孤立国"与现实存在的国家面临的发展条件和外部环境不可能完全吻合，应该根据现实情况有所修改。比如，当内陆城市变为沿海城市或具有良好的通航条件的前提下，将农作物轮作制运用于沿岸区域，将大大减少运输成本。

杜能的理论虽然经过数次修改但仍有局限性，不可否认的是，他的研究拓宽了传统的研究思维方式，将区域孤立出来进行抽象研究，且第一次从区位、运输距离对人类经济活动的影响做出理论分析和体系构建。此外，杜能的研究方法和构建的理论体系也被运用到了其他学科的研究领域。例如，伴随城镇化进程的加快，他的研究不仅可以运用在农村土地如何利用上，在城乡一体化的推进过程中如何让城乡联动发展、融合发展也具有重要的指导意义。

（二）工业区位论

1909年德国著名经济学家、工业布局学者阿尔弗雷德·韦伯（Alfred Weber）的《工业区位论》出版，标志着工业区位理论的诞生。其研究背景基于德国产业革命以后，近代工业快速发展，从而带动了大规模的产业和人口迅速流向城市。韦伯从经济区位的角度出发，将研究对象锁定在生产、流通、消费三大经济活动基本环节的工业生产活动上，通过对运输、劳力等生产要素相互作用的数据分析和计算，寻找工业产品的最低生产成本点，作为工业企业设立的理想区位。

韦伯的工业区位论建立在现代交通运输的基础之上。与农业区位论的鼻祖杜能一样，为了探讨方便，韦伯也提出一些假设条件：（1）假设一国之内的自然条件、法律政策、技术水平等外部环境都相同，只讨论影响工业区位的经济因素；（2）工业原料、燃料等已经提前分布在已知地点，且不再发生改变；（3）工业产品消费地点既定，且消费量不变；（4）在保持充足的劳动力供给下工人工资不变，但工资在不同区位有起伏差异；（5）生产与交易只围绕同一种产品，不考虑产品多元化；（6）运输工具仅设定为火车，且运费随距离变长、载重量增重而增加。

此外，韦伯还对生产、流通、消费三大经济活动基本环节的区位因子进行了分类：（1）按作用强弱分为一般区位因子和特殊区位因子。一般区位因子指的是运输、工资、地租等直接作用于所有工业生产区位的影响因素，而特殊区位因子指的是对在特定工业生产中，对气候、土壤、水质等依赖性较强的影响因素；（2）按作用方式分为区域性因素、集聚因素和分散因素。区域性因素是指影响工业生产分布于特定区位的因素，集聚因素是指促使工业生产向特定地点集中的因素，分散因素则相反；（3）按照属性分为自然技术因素和社会文化因素。自然技术因素指的是气候、地质条件、工业化水平、劳动力技术水平等，社会文化因素指的是居民的消费习惯、宗教信仰、政策在地区差别等。韦伯认为，工业区位都围绕着一般区位因素来确立，且运输、劳动力和集聚效应都为一般区位因子，其中运输成本的考虑在工业区位选择中起到最重要的定向作用，而劳动力成本和集聚效应在工业区位选择中起到次重要的修正作用。

1. 运输成本对工业区位的影响

韦伯认为工业区位是围绕生产成本最小来做出最优选择的，那么如何让生产成本最小？仅从减少运输费用来看，工业区位无非选择就近原材料产地生产和就近交换市场生产。如果将运输距离设为既定且只考虑原材料情况的话，原材料的性质就对工业区位的选择具有决定性作用。韦伯将原料分为遍布性原料和地方性原料，遍布性原料对地理位置没有过多限制，指空气、水、土壤等随处可见的原料，它们对工业区位的选择没有过多影响；地方性原料指只能分布在特定地理条件下的原料，如铁矿石和有色金属等。地方性原料根据其在加工过程中转移到成品中的重量与废弃物重量之比，又分为失重原料和非失重原料。像铁矿石那样在加工过程中仅将部分转移到成品的原料称为失重原料；在加工过程中可以把全部或大部分转移到成品中去的原料称为非失重原料，如玉石珠宝首饰等。不难发现，失重原料的运用多为初级加工，非失重原料多运用于精加工，这就决定了工业区位在地方性原料上的选择性。表现在，如果某工厂大量使用遍布性原料，为减少运输成本，选择距离交换市场最近的区位，就地取材、就地加工、就地销售是最优的；如果工厂使用失重原料较多，则选择越接近原料地的区位越优；如果工厂依赖非失重原料过多，区位就可以在接近原料地或接近交换市场中任意选择。

为了判断工业区位到底是指向原料地还是市场，以及指向的强烈程度，韦伯提出了原料指数（material index，MI）的概念。

原料指数（MI）=生产中耗用的地方性原料的重量÷制成品的重量

当 MI>1 时，工业区位指向原料地；当 MI<1 时，工业区位指向市场；当 MI=1 时，工业区位指向自由。这样用原料指数确定区位选择的定量方法，通常只能运用于工厂只需要一种原料或产品只与一个市场发生交换，但是在绝大多数情况下，工厂进行产品加工不大可能只需要一种原料或只采用某一特定地方的原料，也就是说供应的原料地往往是多个，这就不能简单地运用原料指数来选择工厂区位。面对这样复杂的情况，韦伯又提出工业区位可以采用区位多边形求引力最大的方向来决定。

2. 劳动成本对工业区位的影响

韦伯从减少运输成本的角度确定了工业区位模式之后，又对影响工业区位的第二项因素——劳动力成本进行了分析。韦伯认为，劳动力成本可以简单理解为每月支付给工人的薪酬，且工业区位的选择也要考虑降低劳动力成本这一重要因素。

韦伯还提出，当工人的薪酬在特定区位对工厂配置有利时，可能导致一个工厂离开或者放弃运输成本最小的区位，而转向具有廉价劳动力的区域选址建厂。伴随改革开放，阿迪达斯、耐克等世界知名运动品牌就是看中了中国廉价的劳动力市场，将工厂移至广州、东莞等沿海城市，近十年来随着中国人口红利的消失，这些工厂又搬移至老挝、缅甸等具有廉价劳动力的东南亚国家。不难发现，这类企业之所以愿意不断将工厂从旧址迁往新址，是因为在劳动力供给充足的情况下，由原料和制成品产生的运费小于节省的劳动力费用。而在具体选择工厂区位时，韦伯将工人每单位产品的平均工资成本与所需运输的原料和成品总重量的比值即劳工系数也考虑在决策之内，并提倡运用单位原料或单位产品等运费点的连线即等费用线的方法同时加以分析。

3. 集聚与分散因素对工业区位的影响

集聚因素是指促使工业向一定地区集中的因素，其包含一般集聚因素和特殊集聚因素。它们主要通过以下两方面对工业企业的经济效益产生影响。

第一，生产或技术集聚，又称"纯集聚"。随着企业规模的扩大或企业间的协作越来越多，致使各企业自发地在生产和地域上集中，且通过分工序列化增加企业效益。

第二，社会集聚，又称"偶然集聚"。它是由企业外部因素引起的，也包括两方面：一是由于地理条件、基础设施以及资源分布等原因让工业聚集；二是一个企业为获得更多的利益，在做出估算后，选择距离其他企业较近的位置设立。

韦伯认为，生产集聚是促进工业聚集的主要因素，社会集聚则是次要因素，且前者是导致集聚的客观内在因素，而后者则是带有主观的外在因素。企业在确定工业区位时，应特别关注生产集聚，将社会集聚列为参考条件即可。

集聚因素也是能让企业减少成本的重要因素，且与运输费用、劳动成本一样，能对工业区位的选择做出偏转。在现实生活中，我们也经常看到一些企业宁愿舍弃扎根多年的工业区，也要搬迁到工业集聚较少的地方，这是因为企业除了充分考虑促进工业集聚的集中因素外，也会衡量促使企业分离的分散因素，这就需要比较是集中带来的利益大还是分散带来的利益大。

韦伯工业区位理论的意义在于：第一，韦伯的区位理论是经济区位论的重要基石之一，不仅有理论论述，还用定量的方式说明和解析经典案例，对现实工业布局具有非常重要的指导作用；第二，韦伯首次将抽象和演绎的方法运用于工业区位的研究中，建立了完善的工业区位理论体系，为他之后的区位研究者们提供了研究方法论和理论基础；第三，通过计算运输、劳动力和聚集三因素带来的成本，选择成本最小点设立最佳工业区位是韦伯区位论的重要主张，同时也为后来的研究者们奠定了重要的理论基础；第四，韦伯的理论不仅限于工业布局，还延伸到了其他产业布局，特别是他的指向理论已超越了原意，发展成了经济区位布局的一般理论，但这并不是说韦伯这一理论就完美无瑕，随着科学技术的进步、互联网的普及、就业形态的多元化，企业工业区位出现了新的选择，所以该理论也存在一定的局限性。

二、近代区位理论

(一) 中心地理论

德国著名地理学家克里斯塔勒（W. Christaller）在其代表作《德国南部的中心地——关于具有城市职能聚落的分布与发展规律的经济地理学研究》中构建了中心地理论，该理论不仅对城市群和城市化的研究奠定了坚实基础，还在经济地理学方面做出了重大贡献。

中心地理论的假设条件是：(1) 与杜能一样，克里斯塔勒将研究的区域锁定为一块均质的平原，且在这块土地上人口分布均匀，居民的收入水平和消费方式完全一致；(2) 不考虑交通方式决定运输成本，只限定运输成本与距离长短有关系，且呈正比例关系；(3) 厂商和消费者都是理性的经济人；(4) 平原上货物没有关税的限制，可以完全自由地流向各个方向。

在这些前提条件下，克里斯塔勒认为，经济活动的区域中心是由许多大小不一的城镇所组成，这些城镇所处的地理位置大多位于经济活动的中心，因为它们除了自我发展之外，还肩负着为周围区域提供教育、商贸、文化等服务功能，因此它也被称为"中心地"，由"中心地"所覆盖服务的区域被称为"补充区"，且"中心地"与"补充区"相互依赖、共同发展。从"中心地"来看，在向"补充区"提供服务的过程中，它是有自己的需求门槛和服务范围的。所谓需求门槛，是指某中心地在维持某种商品和劳务供应时所需的最低购买力和服务水平。在实际研究中，需求门槛通常用能维持一家商业服务企业的最低收入所需要的最少人口数来表示。这一最少人口数被称为门槛人口。服务范围是指某中心地供给的商品和劳务能够到达的范围，克里斯塔勒将它定义为人们为获取中心地的商品和劳务而愿意跨越的最大距离。克里斯塔勒认为，对于某个独立的中心地而言，其总体费用最小而服务范围最大的最佳服务区域（即市场区）为圆形。但是在一定区域内有多个中心地存在时，如果都采取圆形市场区布局，要么会出现各中心地服务半径都不能覆盖的空当，要么会造成市场区重叠，这时圆形市场区就不能满足最佳服务的要求。根据周边最短而面积最大的原则和不留空当的弥合性原则，他提出最佳市场区图形应该是正六边形。

从前面的论述中不难发现，中心地商品和劳务的需求门槛、服务范围，与中心地规模、人口分布密度、居民收入水平及商品与服务的种类密切相关。例如，中心地规模小、人口密度低、居民收入少，势必会造成商品销售量减少、需求门槛降低、销售范围缩小。"中心地"与"补充区"所形成的经济活动相互作用、相互影响，为市场等级体系的划分奠定了基础。

就区域内各城镇而言，大城市的商业服务设施和商品种类向高级发展，多而全；中等规模的城市具有中高级或仅能维持中级水平，服务项目少而不齐全；小城市具有中低或只有低级水平，种类少而不齐全；一般城镇（县城、建制镇）只有基本生活性商服，水平很低，种类更少。就城市内部而言，市级中心、区级中心和小区级商服中心也有类似的分异规律。

就不同商业、服务行业而言，有些行业经营品类多，有些则少；有的以高级为主，有的以低级为主。商品的种类、级别不同，其需求门槛和服务范围也不一样，由此形成的等级序列可归并为：低级商品和服务，售价低，顾客购买频率高，需要量大，需求门槛低，销售距离短或服务半径小；高级商品和服务，因质量好、耐用、更新慢，故售价高，需要量相对少，购买频率低，运费占售价的比重小，致使其门槛高、销售距离长或服务半径大。从中可以找出规律，即高级商服中心提供高级到低级的全部商品和服务，中级商服中心提供从中级到低级的全部商服活动，而低级商服中心只提供低级的商品和服务。需求门槛和服务范围也依次由高到低、由大变小。

克里斯塔勒的中心地理论使地理学由传统的地域个性描述走向对空间规律和法则探讨的直接推动原因，是现代地理学发展的基础。他首次把演绎的方法引入地理学，研究空间法则和原理，是地理研究思维方法的一大革命，因此，他被后人尊称为"理论地理学之父"。克里斯塔勒的中心地理论是城市地理学和商业地理学的理论基础，也是区域经济学研究的理论基础之一，对研究中心地与市场区域（也可看作腹地）间的关系，研究区域结构具有重要的指导意义。

(二) 市场区位论

1939年德国经济学家廖什（Lösch）提出的市场区位理论，是古典区位论过渡到近代区位论的重要标志。他在代表作《经济区位论》中，将市场需求作为空间变量来研究，并阐述了市场区位设定与企业最大利润之间的关系，提出了与克里斯塔勒相似的市场区位理论。

市场区位论也有四个假设前提：(1) 与克里斯塔勒一样，廖什将研究的区域限定为一块均质的平原，且这块平原上辐射出去的各方向、各地方生产所需的必要原料充足、分布均等、运输条件亦相同；(2) 平原上均等分布着农业人口，这些人在自给自足的生产方式影响下，消费行为完全相同；(3) 平原上所有的非农人口都拥有无差异性的专业技术，所有涉农人口也都能得到相同的生产机会；(4) 除经济作用外，其他因素都不涉及。

在上述假设前提下，他认为，每个企业最初的销售状态都是以生产地为圆心、最大销售距离为半径的圆形，外加销售价格总是与需求量呈反比例关系，三者相互作用，产生的产品总销售额是需求曲线在销售圆区旋转形成的圆锥体。现实市场中，相同的商品或服务仅由一个企业来供给是不可能的，更多企业洞察到商机后往往都会选择介入，也将形成自己的销售市场，那么平面上就会出现一个又一个的圆，而圆和圆相邻的位置也会出现圆外空当，这些空当的存在一定是短期的，因为每个企业围绕最大利益都在绞尽脑汁地扩大市场，这些空当很快就会被覆盖或由新的竞争者占领，最后形成六边形的市场网络。这一理论和克里斯塔勒的中心地理论很相似。此外，根据廖什提前假定的平原内人口分布均匀这一条件，每种工业产品形成的六边形市场区域大小也一定相同，不同的工业产品就有不同种类的六边形市场网络，这些市场网络交织在一起，就形成以六边形市场区位为单位的蜂巢网络体系。

在这个复杂的市场网络中，每一种产品都根据市场需求来生产，生产企业自觉或不自觉地集聚，不仅容易产生规模经济，还加速了大城市的形成。在外部效应的影响下，大城市周围零星的生产点的集聚，也会迅速形成小城镇。不管是大城市还是小城镇，交通的发达程度在工业区位中都发挥着至关重要的作用，且与发展程度呈正相关性，表现为距离交通线越近发展越有利，距离交通线越远发展越不利。此外，每个大城市的吸引和扩散能力都是有限的，辐射不到的地方，很可能会出现另外一个城市，也可能成为城市与城市都辐射不到的盲区，变得更为贫穷，而城市是否建立，是理性的选择，取决于利润最大化的经济原则。

与前面的区位理论研究者不同的是，廖什将需求设定为空间变量，认为需求不可能长期保持不变，且是工业区位设定的重要因素，因为需求决定销售量，销售量又与收益密切相关，最佳区位就应该设立在成本最小收益最大的地方。另外，他还发现一旦形成区位聚集，企业就能自主地发挥互补优势，降低运作成本。从廖什的研究来看，他的视野不断拓宽，不仅能看到企业间相互依存能带来市场均衡这样闪亮的观点，他创新研究方法将空间经济思想引入区位理论，也对区位理论做出重要贡献。

三、现代区位理论

第二次世界大战以后，人类社会的生产方式发生了巨大的变化，社会生产力得到了前所未有的发展。特别是1950年以来，西方大多数国家加快了工业化和城市化的进程，这势必需要颠覆原来的经济社会结构，营造适应新生产力的生产生活环境，区域经济中同样也出现了一系列与之前不同的问题亟待解决。例如，工业布局如何最优？从这段时间的研究成果来看，对工业区位布局的研究从过去的微观倾向于宏观研究，认为区域经济活动离不开它所处的经济、政治、社会、人文、生态等内外部环境；区位布局的目的就是通过准确构建区域经济活动的部门结构和优化空间布局，降低生产和交易成本，实现利益最大化；研究方法上，区别于传统区位理论的空间区位理论和方法层出不穷。这些都标志着区位理论进入现代区位理论的研究阶段。

（一）成本—市场学派

成本—市场学派又称最小成本区位论，主张区位的确定要综合分析区位因素，主要代表人物有美国区域经济学家艾萨德（Isard）、瑞典著名经济学家俄林（Ohlin）、美国经济学家弗农（Vernon）等。

艾萨德被誉为西方区域科学、空间经济学创始人，1960年的代表作《区域分析方法》，系统阐述了区域开发的理论和方法。他从成本的角度出发，研究了运输量、运费率、劳动力对工业布局的影响，提出了替代原则和市场竞争布局的模式。

俄林的理论主要包括生产要素禀赋学说、相互依存理论、区域专业化理论，其中最有名的就是生产要素禀赋学说。他认为现实生产中的生产要素不可能仅有一种，而是多种的。假设两国在同一技术水平下生产同一产品，由于两国所拥有生产要素的丰裕程度不等，必将导致生产价格不等，由此产生了最终产品的价格差异，而这种价格差异甚至成为促进国际贸易和国际分工的初始原因。

弗农的研究更多倾向于国际经济关系方面，他在1966年发表成名作《产品周期中的国际投资和国际贸易》，首次提出了产品周期理论，并将产品的生命周期划分为新产品初始阶段、产品成熟阶段、产品标准化阶段三个阶段，认为企业的产业布局会随产品所处的不同阶段做出调整。

总之，成本—市场学派建立了一般均衡理论，不仅单纯倾注在区域产业布局的研究之上，还将国际社会的一些世情与之紧密联系起来，开始涉足如何让总体产业布局最具优势等现实问题，这一学派也是20世纪50年代较有影响力的区域经济学派之一。

（二）行为学派

行为学派主要围绕人的意识、行为特征开展研究，认为通过数理计算得出的最佳区位并非最满意区位，只有将人的意愿、消费者偏好、心理文化等因素考虑进去，才能对产业空间布局做出最理性的选择。英国经济学者邓尼逊（Dennison）是行为学派理论最早的提出者之一，他在20世纪30年代初对古典区位论提出批评，认为韦伯等的区位论是一种技术联系的空间或地域分析，而忽视了心理社会联系的空间或地域分析。行为学派的核心思想就是把人作为工业区位选择的最重要因素，重视人的主观决策行为。此学派认为随着科学技术的进步和企业的规范化运作，区位选择中不再将运输、先天自然资源、基础设施建设等带来的显性成本列为主要因素，而应凸显人的地位，因为人是具有鲜活生命体征的不定因素，且在决策中起主导作用。

（三）计量学派

计量学派的理论核心是用定量的方法整理数据，通过建立数学模型，利用计算机、遥感分析等手段统计、分析、处理数据，最后做出区位选择的研究。计量学派认为，面对内容多、范围广的海量数据，人工不管是在收集还是在统计、分析方面已经显得力不从心了，通过运用现代计算设备和科学计算方法，就能提高分析精确性，做出客观的区位选择。

（四）社会学派

社会学派的理论核心是政府在整个区域经济发展中占据了举足轻重的作用，因为政府颁布的法律政策或军事部署都将影响一个区域的人口变化、市场容量、存储能力，这就需要在工业区位选择中将政府干预纳入重要的影响因素进行考虑。这一学派的代表人物主要有克拉克、劳斯贝、摩尔等，他们认为政府可以利用行政权力收集信息、规划区域、推进发展，在政府的介入下，区域规划和工业区域布局都将趋于合理性。

（五）历史学派

历史学派的理论核心是承认历史的发展和历史发展所带来的生产力基础，主张区域经济发展要把时间因素与空间因素密切结合起来。该学派认为，不同阶段的经济分布和产业结构不可能完全相同，但他们都具有一些共同特征和规律性，完全否认历史研究当前和未来都是不客观的，这就要求研究不同时间空间分布的共同性和特殊性。历史学派在达恩、奥托伦巴等代表人物的推动下，在 20 世纪 50 年代获得了快速发展，从他们的研究成果来看，就是把区位理论与经济发展理论有机结合起来，通过分析经济社会各个阶段空间分布的特征和各种工业产业之间的相互作用，对如何发展区位经济从新的视角做出诠释。

（六）新经济地理学中的区位理论

传统的以新古典经济理论为基础的区域经济理论通过规模报酬不变、外生的比较利益等前提假设得出了相应的区位理论、区域增长及发展理论。但随着外部性、聚集经济、规模经济等概念的引入，新经济地理理论逐渐形成。美国经济学家迪克斯特与斯蒂格利茨主张的新贸易理论及相应的新经济地理理论，与传统的以新古典经济理论为基础所决定的企业区位选择、区域生产力布局及区域发展模式观点不同，该理论从运输成本的降低及由此所引起的聚集经济、递增收益、规模经济性、外部性或者说溢出效应（如技术的溢出效应）等角度探讨企业区位的选择及区域经济增长模式等。

美国经济学家克鲁格曼在《递增收益与经济地理》一文中，通过模型说明了一个国家或区域为实现规模经济而使运输成本最小化，从而使制造业企业倾向于将区位选择在市场需求大的地方，但大的市场需求则又取决于制造业的分布情况。传统的区位理论侧重于工业区位，而新经济地理理论则将工业区位理论延伸到办公区位、零售区位等。传统的工业区位决定因素对于决定诸如会计、广告及市场营销等服务部门的办公区位并没有多大作用，这些部门本身会产生自身的外部经济，而正是这种外部经济性的存在，使得金融与市场营销等部门会聚集或定位于城市中的相同地区，即这种外部经济性产生了自身的动向或推动力，从而成为决定办公区位的一个决定因素。

第二章
区域产业结构与产业布局

第一节　区域产业结构的演变规律

一、产业结构的分类

"产业结构"也称国民经济的部门结构,通常指第一、第二、第三产业在一国经济结构中所占的比重及它们相互融合、相互依存的关系,是一个国家和地区经济结构中最基本、最具代表性的结构关系。从现代经济的发展来看,产业部门不仅指看得见的物质生产领域,还包括看不见的商业服务领域。关于产业结构的分类,不同的文献有不同的划分,不同的角度也有不同的划分,认同率较高的有以下五种分类方法。

(一) 按生产部门划分

在传统的经济理论中,通常将国民经济划分为农业、工业、建筑业、运输邮电业和商业饮食业五大产业部门,这一划分只考虑到产业部门最初存在的物质生产和流通领域,而没有将科学进步带来的精神文化领域考虑在内,具有较大的局限性。

(二) 按产品使用划分

分为上游产业和下游产业。上游产业是整个产业链的开始端,包括原材料的采掘、零部件制造等,具有原料性、基础性和"前向联系度"较高的特点;下游产业是整个产业链的末端,包括成品组装、商业服务等,具有整合性、专业性和"后向联系度"较高的特点。一般来说,上游产业具有较高的进入壁垒,但利润丰厚,行业竞争也相对缓和;下游产业虽然进入行业门槛较低,但如果缺少一流供应商的供给,那将无法在市场形成竞争优势。

(三) 按经济功能划分

分为基础产业和非基础产业。基础产业也称输出产业，主要是满足城市外部市场需要的产业；非基础产业也称地方产业，主要是满足城市内部市场需要的产业。在区域经济发展中，基础产业起主导的支配作用，因为它是区域从外部获取资源，不断壮大规模的主要手段；非基础产业则是支持基础产业拓展市场份额、持续获取发展资本的有利条件，处于从属地位。基础产业和非基础产业相互联系、相互作用，共同反映出区域经济具有内外功能相统一的双重性特征。

(四) 按生产要素划分

分为劳动密集型产业、资金密集型产业、技术密集型产业三大类。劳动密集型产业指的是生产中主要依靠大量使用劳动力，而对技术和设备的依赖程度低的产业，如纺织服装、皮具箱包、酒店餐饮等行业；资金密集型产业指的是单位劳动力占用资金较高的产业，其特点是生产过程复杂但需要劳动力较少、资金投入较多，如石油、化工、冶金、机械制造等重工业；技术密集型产业是介于劳动密集型和资金密集型产业之间的一种经济类型产业部门，其特点是单位劳动力占用资金比劳动密集型产业多，比资金密集型产业少，具体表现在生产中的研发经费投入多、劳动者素质高、市场前景好，如新能源新材料、人工智能、航天航空等。

(五) 按三次产业划分

当前国际社会普遍将所有产业部门划分为第一产业、第二产业、第三产业三大类。这样的划分之所以认同率高，是因为它不仅涵盖了人类物质文明的生产与流通领域，也包含了人类精神文明的创造与传播领域，涉及社会经济发展的方方面面，且概念明晰、界定严格，不容易发生混淆。现代文明同工业进程的融合，让学术界越来越多的学者认为，人类的生产活动是在第一产业和第二产业上发展起来的，随着生产力的发展和文明程度的提升，第一、第二产业逐渐流向第三产业。与此同时，越来越多的人认为，第三产业占三次产业的比重越高，标志着一国的现代化水平越高。

二、区域产业结构演进理论

国内外学者在实证研究中不断总结、提炼、升华,寻求产业结构演变中的规律,并总结出许多相关理论。

(一) 配第—克拉克定理

17世纪时,统计学创始人、英国经济学家威廉·配第通过研究当时欧洲社会的生产和收入情况,绘制了不同产业劳动者的收入情况,并寻找到产业与收入间的规律,他认为,当时的荷兰因为大部分国民从事制造业和商业,人均收入要高于欧洲其他国家。美国经济学家克拉克通过收集和整理多国多年的产业统计资料,总结出产业移动与人均国民收入间的规律。他认为,由于劳动力总是倾向于到收入高的产业就业,随着工业水平的提升,国民收入也在不断提高,会出现劳动力从第一产业向第二产业移动,当人均国民收入水平再次提高时,会出现更多劳动力向第三产业移动的新局面。克拉克从中发现,随着经济的发展和人均国民收入水平的提高,劳动力也将在第一、第二、第三产业中自由移动,特别是人均国民收入水平越高的国家,农业劳动力在全部劳动力中所占的比重相对就越小,而第二、第三产业中劳动力所占的比重相对来说就越大;反之,人均国民收入水平越低的国家,农业劳动力所占比重相对越大,而第二、第三产业劳动力所占比重相对越小。两位学者阐述经济发展同产业结构中劳动力结构演变关系的结论合称为配第—克拉克定理。

(二) 库兹涅茨的产业结构演变规律

诺贝尔经济学奖获得者、美国经济学家库兹涅茨在克拉克的研究基础上,对产业结构的变化规律做了进一步探讨。他将第一、第二、第三产业分别称为农业部门、工业部门、服务业部门,并根据各产业中相对国民收入变化趋势的分析,得出各部门与国民收入之间的关系。第一,农业部门虽然是经济生产活动中最早出现的部门,但随着时间的推移,其在国民收入中的比重将不断下降,与此同时,从事农业的人口占总人口的比重也将下降;第二,工业部门实现的国民收入占整个国民收入中的比重,总体呈上升趋势,与此同时,从事工业的人口占总人口的比重大体不变或略有上升；第三，服务业部门实现的国民收入一般较难确定，甚至可能呈现出下降趋势，但从业人口在所有国家都呈上升趋势，说明服务业具有很强的劳动力吸附特性，但服务业产生的劳动生产率短期内不容易凸显。

（三）霍夫曼定理

德国经济学家霍夫曼在前面三位经济学家的研究基础上，继续分析资本主义国家走上工业化之路的动因和过程，并提出了霍夫曼定理。第一，为让研究更具有针对性，霍夫曼将工业产业进一步细分为以食品、纺织、皮革、家具等为代表的消费资料产业；以冶金、运输、机械、化工等为代表的资本资料产业；以橡胶、木材、造纸、印刷等为代表的其他产业共三大类。第二，通过数据分析，霍夫曼发现，在工业化进程中，消费资料产业与资本资料产业之比呈逐年下降的趋势，由此，他提出衡量经济发展的标准就是霍夫曼系数，而霍夫曼系数等于消费品部门与资本品部门之间的净产值之比。

根据计算结果，霍夫曼将工业化的过程分为四个阶段（见表2-1）。霍夫曼认为，工业化的第一阶段，消费资料产业在整个生产中占据着重要的主导地位，资本资料产业属于从属地位；工业化的第二阶段，资本资料产业快速发展，但仍然没有顶替消费资料产业在生产中的地位，因为规模还不能与消费资料产业相比；工业化的第三阶段，消费资料产业的规模和体量在发展中大致与资本资料产业相等，并发挥着同等重要的作用；工业化的第四阶段，资本资料产业继续壮大，终于在规模和体量上超过消费资料产业，在整个生产中具有主导作用。

表2-1 工业化的四个阶段

工业化阶段	霍夫曼系数（H）
第一阶段	5（±1）
第二阶段	2.5（±1）
第三阶段	1（±1）
第四阶段	1以下

三、区域产业结构优化升级

(一) 产业结构合理化

1. 产业结构合理化概念

产业结构合理化是指为提高经济效益，对不合理的产业结构进行调整，让生产各要素合理配置，与当前经济水平、科技能力、人口结构、供需关系、资源分布等内外部环境相适应，促进各产业协调发展。

2. 产业结构合理化的评价标准

一个国家或地区的产业结构是否合理，可以从两方面判定。第一，是否适应市场需求。一切经济活动都是在供给与需求的作用下展开的，凡是围绕需求产生的供给都是有效的，反之为无效供给。研究一国的产业结构是否合理，最为直观的就是观察市场经济下，其产业结构是否与需求相适应，适应则合理。第二，是否符合标准参数。经济学家们在通过大量数据分析后，总结出了一些标准结构、参照系数作为衡量产业结构是否合理的判定。例如，库兹涅茨的"经济发展不同阶段的产业标准结构"、钱纳里的"产业结构标准模式""钱纳里—赛尔昆模型"等就是将一国的产业结构状况与经济学家们测算出来的标准参数进行对比，其在标准值范围内则视为合理。从目前运用情况来看，较多的学者都把这种定量测算出来的参数作为主要的评价标准来支撑下一步的研究。

3. 产业结构合理化的意义

产业结构合理化是国民经济协调增长的客观要求，也是经济发展的重要内容之一。哈罗德在平衡发展理论中指出，各生产要素相互制约、相互影响，一味地侧重某个生产部门或地区的发展，短期内是会带来区域性的经济繁荣，但这种繁荣从长期来看势必消失，因为它最终是会被落后的地区、落后的生产方式所拖垮。大推进理论和平衡增长理论也指出，落后的地区通常会同时出现需求不足和供给不足的发展困境，主张通过协调发展、均衡发展来打破这一瓶颈。从以上理论的分析不难看出，产业结构合理化就是通过均衡发展、协调发展、合理配置资源，让各产业间产生合理的关联效应，最终促进整个国民经济的持续增长。

4. 产业结构合理化的推进力量

产业结构合理化的推进力量，从外部到内部、从宏观到微观，主要分为三股。第一，政府是产业结构合理化调整的引导者。政府是市场规则的制定者和执行者，通过制定各类政策，政府可以引导投资方向、促进利益分配、营造市场环境，引导产业结构沿着它所预期的方向调整并趋向合理化；第二，市场机制是产业结构合理化调整的内在动力。市场总是围绕价格自行调控，同时以需求为导向，实现资源的优化配置。市场化推进的过程，本身就是不断地强化市场机制，促进调整产业结构的过程。第三，企业是产业结构合理化调整的实际执行者。产业结构调整必须立足于产品结构的调整，而企业作为产品的生产者与经营者，必将成为结构调整的实际执行者，将在产业结构围绕市场需求做出供给方面的调整上起到重要作用。

综上所述，促进产业结构合理化的调整过程主要分为两类：一类是将调整区域限定在部门、行业之间，并在不断调整中寻找协调、均衡的过程；另一类是不考虑区域的设定，而是根据生产情况和未来发展前景，打破不适应生产力的均衡，寻求更高层次合理化的调整，是从均衡走向不均衡，再走向均衡的过程。

（二）产业结构高度化

1. 产业结构高度化概念

产业结构高度化是在既定产业生产力条件下，通过产业结构的调整尽可能合理组织现有生产要素，从而提高经济效益的过程。产业结构高度化有两个核心概念，第一，能否将现有的生产要素充分利用起来，并让产品符合市场需求。第二，产业结构是否具有从较低层级向较高层级转变的过程。也就是说，这种转变实际上是一个动态过程，要满足第一产业向第二产业、第三产业递进的行为发生；优势产业要从劳动密集型产业向资本密集型产业、技术密集型产业逐步演进；产业结构要从低附加值产业占主导地位向高附加值产业占主导地位做出转换，三个特征中的任意一个满足或都满足才能称为产业高度化。

2. 产业结构高度化的评价标准

在衡量一个国家或地区的产业结构是否达到高度化的过程中，经济学家们运用了与产业结构合理化一样的数理分析方法，通过常年数据的追踪和分析，以定量的数据或计算公式作为衡量标准，主要表现在两方面：一是"标准结构"法。通过将本国产业结构情况与其他国家产业结构情况做出对比，确定衡量产业结构高度化的"标准结构"数据。二是相似性系数法。将本国某个反映产业结构状况的经济指标（劳动力结构或产值结构）与参照国的同类产业结构指标相比较，以确定本国产业结构高度化的程度。公式表示为：

$$S_{AB} = \left(\sum_{i=1}^{n} X_{Ai} X_{Bi} \right) \div \left(\sum_{i=1}^{n} X_{Ai}^2 \sum_{i=1}^{n} X_{Bi}^2 \right)^{\frac{1}{2}} \quad (2-1)$$

式（2-1）中，S_{AB}为两国（A国和B国）两种结构的相似系数，其极限值为1，越接近1，表明两种结构越相似；X_{Ai}为产业i在A国结构中所占指标（产值或劳动力）的比重；X_{Bi}为产业i在B国结构中所占指标的比重。

3. 产业结构升级的动因

促进一个国家或地区进行产业结构调整升级的原因通常包含外部原因和内部原因两方面：第一，外部原因主要表现在环境的变化所带来的产业结构调整。众所周知，自然资源、劳动力、技术、资本等生产要素的供给是决定产业结构构成和产业运行的重要因素，理论上来说，自然资源和劳动力丰富的国家，劳动密集型产业发展较快；技术和资本丰富但劳动力稀缺的国家，资金密集型产业发展较快。但随着科学技术的发展，产业对自然资源和低端劳动力的依赖必将降低，因为人造合成材料和人工智能越来越普及。区域经济发展中，一个国家如果能迅速捕捉到国际贸易市场的动态，提前洞察供给需求变化，掌握产业结构升级的规律，就能结合本国实际情况制定合理的经济发展规划，大力扶持或优先发展具有潜力的明星产业，逐渐清退或限制落后的淘汰产业，推动产业结构沿着高度化的方向演进。第二，内部技术创新主要表现在重大技术的发明创造对产业结构升级的主导作用。从产业发展来看，产业结构高度化背后的巨大推力离不开重大技术创新，而技术创新总是围绕市场需求在提升技艺、变革技术、催生新产业，也引导生产朝着多极化、社会化、国际化的方向发展，其本身就是在新需求刺激、新产业扩张同时收缩市场需求不断萎缩的传统产业，将产业结构推向潜在的和更高层次的需求，这就是产业结构升级的重要内容。

(三) 产业结构的合理化与高度化关系

产业结构的合理化与高度化是区域产业结构优化中的重要核心概念，它们相互渗透、相互影响。从静态分析来看，产业结构合理化是高度化的基础，只有先满足合理化，并在其基础上实现的高度化才有现实意义。否则，脱离合理化，盲目追求高度化，必然会破坏产业结构的稳定发展，所表现出来的也只是没有良好经济效益的"虚高度化"。反过来，单纯追求合理化，排斥高度化，必然阻碍产业结构向更高水平的方向发展。

从动态分析来看，产业发展围绕需求将不断增加规模和种类，提升经济效益，这是需要产业结构合理化与高度化的辩证统一。首先，产业结构的高度化产生于合理化。产业门类齐全、生产规模扩大、结构效益提高等达到量变才能达到质变。同时，产业结构合理化本身是不断调整产业间比例关系和提高产业间关联作用程度的过程，包含了产业结构高度化的因素。因为对产业结构的调整，无论是存量还是增量调整，都需要创新技术，提高结构效益。其次，产业结构高度化过程也是产业结构由较低水平的均衡状态向较高水平的均衡状态发展的过程。产业结构发展水平越高，其结构合理化的要求也越高。因为随着结构水平的提高，产业间的要求就更高，因此，产业结构的高度化必须以更高层次的合理化为目标。

第二节　区域主导产业的选择与发展

一个区域的发展离不开它与生俱来的历史性，对于产业发展来说，地区资源优势会在长期发展中形成区域主导产业，而区域主导产业就是支撑区域经济发展的支柱产业，是区域专业化生产的重要前提。

一、地区生产专业化

（一）地区生产专业化的概念

地区生产专业化是指区域内按照资源禀赋或劳动地域的分工规律，大规模地组织集中生产、发展某个行业或某类产品，并向外输送，以凭借绝对优势或相对优势获取最大经济效益的过程。地区生产专业化不仅是产业高度聚集的表现形式，同时还是规模化生产的必然产物。工业化进程中，想要实现最大经济效益，就要利用现代机器设备扩大生产规模，实现规模经济，但这一过程中，随着时间的推移，技术势必在进步，基础设施势必在扩建，地区之间的各类经济成本也势必呈下降趋势，这将导致全国甚至全世界各地区因资源禀赋带来的地区生产专业化差异降低，加速地区之间互为原料地、互为生产地、互为市场的联系，共同构成一个不可分割的经济体系。

（二）地区生产专业化部门的概念

地区生产专业化部门是指一个地区内直接或间接为外区提供商品或劳务的部门。它具有特定的区域属性，一个县的专业化产品对于一个省来说就不一定是专业化产品，甚至还需要输入。对于一个省、一个大区来说也是一样的。

（三）地区专业化部门的判定

在区域经济学中，通常用区位商来判断一个产业是否构成地区专业化部门。区位商是指一个地区特定部门的产值在地区工业总产值中，所占的比重与全国该部门产值在全国工业总产值中所占比重之间的比值。计算公式是：

$$q_{ij} = \frac{e_{ij}/e_i}{E_j/E} \tag{2-2}$$

式（2-2）中，q_{ij} 表示 i 地区 j 部门的区位商；e_{ij} 表示 i 地区 j 部门的产值；e_i 表示 i 地区工业总产值；E_j 表示全国 j 部门的总产值；E 表示全国工业总产值。当 $q_{ij} > 1$ 时，可以认为 j 产业是 i 地区的专业化部门，q_{ij} 值越大，专业化水平越高；当 $q_{ij} \leq 1$ 时，则认为 j 产业是 i 地区的自给性部门。

学术界通过区位商判断产业的生产专业化状况，实际上是以全国产业结构的平均值作为参考值。当计算的区位商越大，说明这个地区某产业的产品产值比全国平均水平要高，那就意味着该地区提供的这类产品在满足本地区的消费需求后会有结余，这些结余就是该地区向外输出的重要保障，也是促进该地区成为专业化部门的决定因素。换句话说，区位商值越高意味着该产品产值比全国平均值高出越多，则可用于输出的产品也越多，专业化水平也就越高。

（四）地区专业化部门专业化水平的判断

一个地区某部门专业化水平是以该部门可以用于输出部分的产值与该部门

总产值之比来衡量。如果以 x 表示 i 地区 j 部门的专业化系数，则有：

$$x_{ij} = \left(\frac{e_{ij}}{e_i} - \frac{E_j}{E}\right) \times \frac{e_{ij}}{e_i} \qquad (2-3)$$

式（2-3）中各符号代表的经济含义与式（2-2）相同。

式（2-3）可以变换为：

$$x_{ij} = 1 - \frac{E_j}{E} \times \frac{e_i}{e_{ij}} = 1 - \frac{e_{ij}/e_i}{E_j/E} = 1 - 1/q_{ij} \qquad (2-4)$$

从式（2-4）可以看出，当 $q_{ij} \leq 1$ 时，$x_{ij} \leq 0$，表示 i 地区 j 部门的专业化水平低；当 $q_{ij} > 1$ 时，$0 < x_{ij} < 1$，表示 i 地区 j 部门的专业化水平高。

二、地区主导产业的选择与发展

任何专业化部门都是地区经济的重要组成部分，其中主导专业化部门在整个地区经济中具有引领和带动作用。

（一）地区主导产业的选择

如何衡量一个专业化部门能否成为地区经济发展的主导产业，一般看它是否满足以下四个条件。

（1）计算的 q 值在 2 以上或 x 值在 0.5 以上，表示某地区的某类产品生产或服务具有较高的区位商或专业化水平，区外覆盖能力较强。

（2）某地区的某类产品或服务在地区生产中占有较大的产值或税收比重，甚至能在一定程度上主宰地区经济的发展方向。

一般来说，主导产业的选择与地区规模呈反比。也就是说，一个地区范围越小，对区位商和产值比重的要求往往越高，因为范围越小的地区具有的外部性较强，反之，地区范围越大，意味着该地区具有较强的复杂性和综合性，对区位商和产值比重要求也就相对较低。根据各部门专业化水平的不同，学术界通常将区位商 ≥2（或专业化系数 ≥0.5）、产值比重 ≥15% 的部门称为一级主导专业化部门，将区位商 ≥1.5（或专业化系数 ≥0.33）、产值比重 ≥10% 的部门称为二级主导专业化部门。

（3）地区内上下游产业链间关联度越高，表明产业间的联系越紧密、越深刻，越能通过乘数效应带动整个地区经济的发展。

学术界通常使用产业影响力系数和感应度系数来衡量一个产业与其他产业技术经济联系的密切程度。其中，影响力系数是指某一部门增加一个单位最终使用时，对国民经济各部门所产生的生产需求波及程度。其计算公式为：

$$F_j = \frac{\sum_{i=1}^{n} \bar{b}_{ij}}{\frac{1}{n}\sum_{j=1}^{n}\sum_{i=1}^{n} \bar{b}_{ij}} \cdots j = 1, 2, \cdots, n \qquad (2-5)$$

式（2-5）中，b_{ij} 为完全消耗系数；$\sum_{i=1}^{n} \bar{b}_{ij}$ 为列昂惕夫逆矩阵的第 j 列之和；$\frac{1}{n}\sum_{j=1}^{n}\sum_{i=1}^{n} \bar{b}_{ij}$ 为列昂惕夫逆矩阵的第 j 列之和的平均值。

当影响力系数 $F_j > 1$ 时，表示第 j 部门的生产对其他部门所产生的波及影响程度超过各部门影响力的平均水平；反之亦然。影响力系数越大，该部门的发展对其他部门的拉动作用也越大。

感应度系数是指国民经济各部门每增加一个单位最终使用时，某一部门由此而感受到的需求感应程度，也就是需要该部门为其他部门的生产而提供的产出量。感应度系数的计算公式为：

$$E_i = \frac{\sum_{j=1}^{n} \bar{b}_{ij}}{\frac{1}{n}\sum_{i=1}^{n}\sum_{j=1}^{n} \bar{b}_{ij}} \cdots i = 1, 2, \cdots, n \qquad (2-6)$$

式（2-6）中，b_{ij} 为完全消耗系数；$\sum_{j=1}^{n} \bar{b}_{ij}$ 为列昂惕夫逆矩阵的第 i 行之和；$\frac{1}{n}\sum_{i=1}^{n}\sum_{ji=1}^{n} \bar{b}_{ij}$ 为列昂惕夫逆矩阵的第 i 行之和的平均值。

当感应度系数 $E_i > 1$ 时，表示第 i 部门所感受到的感应程度高于各部门感应程度的平均水平；反之亦然。

（4）按照波士顿矩阵划分，属于金牛和明星类的产业。主导产业通常不是一朝一夕内形成的，而是较长时间内对地区经济具有支撑和带动作用的产业，因而必须是有发展前途和富有生命力的产业，如何选择需考虑以下两个因素。

第一，按照区域所处经济发展阶段选择主导产业。处于工业化前期阶段的地区，主导产业对原生资源的依赖较大，一般具有劳动密集型及资金密集型特性，可以在轻工业和基础性的重工业领域选择；处于工业化中期阶段的地区，主导产业通过不断升级生产设备提高劳动生产率，具有资金密集型及技术密集型特性，一般可以在重工业中的深加工工业领域选择；处于工业化后期的地区，主导产业除关注生产率外，还重视市场需求，具有技术密集型及服务型特性，可以在技术密集型产业、高技术产业及新兴服务业中选择。

第二，按照产业发展的阶段来选择主导产业。产业生命周期理论表明，任何产业从产生到消亡都必须经历创新期、发展期、成熟期和衰退期四个阶段，主导产业的选择可以在前两个阶段进行，其中收入弹性是重要的衡量指标，当处于创新期的产业就显示出高收入弹性的特征时，意味着可以在科研期就加大主导产业的培育，且随着区域经济的发展，该主导产业将拥有更加广阔的发展市场。

综上所述，主导产业应该是能够充分发挥地区优势、具有较高专业化水平、在区域经济中占有较大比重、能够代表区域产业发展方向的产业。

(二) 地区主导产业的发展

地区主导产业不仅是地区经济的重要组成部分，还代表着地区的经济形象，其发展的水平和规模也决定了整个地区经济的发展水平和规模，因此，地区主导产业与地区经济呈现正相关性，如何让一个地区的主导产业在地区扶持下更好地发展，应注意三个问题。

第一，以生产技术武装主导产业。当前，一个地区的主导产业能否从市场中脱颖而出，关键在于其生产的产品或服务能否在技术水平上具有优势，这优势通常表现在地区主导产业是否具有先进的科学技术或工艺特色。例如，通过引用先进的生产设备提高产品工艺和劳动生产率，最终以高占有率抢占市场；而中国西部地区的主导产业往往无法具备这样技术水平上的优势，但它们通过凸显工艺特色，产品仍深受市场喜爱。

第二，依托大型企业集团发展地区主导产业。地区主导产业除了生产技术的支持外，还需要不断获得国内外同行业的前沿信息，以便明确产业发展动态。当然，在这个过程中，大型企业集团是地区主导产业的重要载体，它们通过雄厚的资金不断获取外部信息，同时也凭借先进的技术继续开展研发或与跨区域的经济体进行技术合作，为主导产业提供良性的发展条件。

第三，扶持具有发展潜力的幼小产业。主导产业作为代表区域发展方向的产业，总是能最先嗅到市场动向，由企业率先进行投资、生产方面的调整。例如，压缩技术层次较低或缺乏市场前景的主导产业，扶持技术层次较高或市场前景光明的主导产业，这势必是新旧主导产业交接的过程，需要政府在新兴主导产业市场竞争力不明显时给予大力扶持。

通过以上分析不难看出，地区主导产业总是由三部分构成：一是波士顿矩阵中所描述的明星产业，经过了时间和市场的考验，具有强大生命力，代表区域发展方向的产业，是地区主导产业的主体部分；二是波士顿矩阵中所描述的金牛产业，目前虽有较强生命力，但技术层次较低，想要再拓展市场占有率空间也较为困难的产业，它是上一轮主导产业发展的延续，在下一轮产业结构调整中面临着被逐步淘汰的风险；三是波士顿矩阵中所描述的问题产业，目前虽然比较弱小，但技术水平高、发展潜力大代表着市场发展的趋势，属于新兴产业范畴，其能否成为新的地区主导产业与地方政府是否因势利导、积极扶持密切相关。地区主导产业三个部分的每一次更替，不仅是区域产业结构的调整，还将影响区域经济发展，将其在工业化的道路上不断向前推进。

上述主导产业的三个部分中，前两个部分构成了区域支柱产业。可见，支柱产业是指在区域经济中占有较大比重、对支持区域经济增长具有重大作用的产业，它虽然在一定时期内代表着区域经济发展方向，但也可能在下一轮的发展中被压缩和淘汰，也就是说地区主导产业中包含着地区支柱产业，但地区支柱产业不一定是地区主导产业，这就是二者之间的区别所在。

三、主导产业与区域经济发展

（一）主导产业升级是区域经济发展的主要动力

区域经济的发展主要靠主导产业拉动，而增强主导产业的核心竞争力主要靠产业结构的优化升级，因此，突出主导产业在区域经济中的核心地位变得尤为重要，加速其升级目前主要通过两种途径。

（1）在同一产业内部，通过技术革新促进产业结构升级，或通过制度创新提高劳动生产率，或通过推动生产组织方式的重大进步焕发产业生命力，都能增强主导产业的市场竞争力。

（2）以全新的、更高技术层次的产业来替代原有产业成为新的主导产业。一般来说，在工业化进程中，三次产业结构的比重呈递进关系。例如，工业替代农业、服务业替代工业，随着经济社会的进步，其比重在不断增加；重工业替代轻工业、深加工工业替代原材料工业，此类技术密集型产业替代资本密集型产业，在科学技术的推动下，其比重也日益增加。与此同时，这些新的主导产业一旦形成，必然通过产业间的经济技术联系带动一批更先进的、技术水平更高的相关产业的发展，从而促进区域整体产业结构的升级。

（二）建立以主导产业为主体的产业结构，促进区域经济协调发展

一般来说，一个经济区域内不可能只有主导产业，通常是主导产业带动多产业协同协调发展。那么，如何处理主导产业与其他产业间的关系则是任何一个区域经济中不可回避的问题。

（1）配合主导产业，直接生产生产性或非生产性联系的产业。这类产业主要围绕主导产业进行配套生产，包括为主导产业直接供应原材料、利用主导产业进行深加工、为主导产业技术进步提供研究和开发、为主导产业的可持续性发展提供人才教育和培训以及其他为主导产业提供发展条件的产业。这些产业与主导产业一起构成地区主导产业群，且在区域经济中所占份额在50%以上。

（2）基础设施产业。基础设施包括经济社会活动赖以生存的道路交通、信息网络以及配套设施建设等外部环境，是投资的重要条件之一。目前，越来越多的地区尤为重视基础设施产业，力求以基础设施的技术水平和服务质量来吸引更多产业在区域内集聚。

（3）基础服务业。基础服务业主要指为地方生产和生活提供服务的传统和新兴服务业，包括餐饮住宿、卫生医疗、商务金融、旅游、教育、大健康、保险等产业。它们不仅为其他产业的发展提供了广阔的发展空间，同时还丰富着地区居民的生活，对就业和地方经济都具有重要的拉动作用。

第三节　产业布局的区位选择

产业布局是指一个国家和地区产业各部门、各要素、各环节在地域上的动态组合与分布，是国民经济各部门发展运动规律的具体表现。产业布局理论的形成与发展是人类生产活动与科学发展到一定阶段的必然产物。最早从事这方

面研究的是德国学者杜能、韦伯等，他们运用地租学说、比较成本学说等许多经济学研究成果创立古典区位理论（Location Theory）。前文已有详述。

一、产业布局理论研究内容

产业布局理论研究的主要内容有产业布局条件、特点、层次、机制与调控手段等。

（一）产业布局条件研究

产业布局条件是指产业布局时所考虑的物质化硬环境和非物质化软环境，通常与区域内的自然资源、地理环境、人口条件、生产力水平、生产方式有关，是影响或决定产业布局形式、特点和变化的外部环境。

（二）产业布局特点研究

产业布局的特点是各地区产业分布呈现差异化的重要表现部分。其形成主要通过三种方式：一是各地区根据自身的发展条件，扬长避短，形成具有地区优势的产业专门化；二是经过时间的洗礼，各地区在不同的经济发展阶段形成了不同的产业结构，它们是具有特色的多种产业地域组合；三是各产业受自身发展条件的限制，在布局上呈现不同的特征。

（三）产业布局层次研究

产业布局层次是指不同层次的地域在产业布局的规模和规律是不同的。例如，世界范围内的产业布局与全国性产业布局、全国性产业布局与地区性产业布局、东部产业布局与西部产业布局都存在较大差异。

（四）产业布局机制与调控手段研究

产业布局机制分为产业布局的市场机制和计划机制两大类，是指决定或制约产业空间分布与组合的各种因素相互影响、相互作用的运行机理。产业布局的市场机制类似市场经济的运行机理，其发展背景是在资本主义制度下，以经济利益为导向，通过企业实现利润的最大化；产业布局的计划机制类似计划经济的运行机理，其发展背景是在社会资源紧缺或匮乏下，为统筹国家整体利益，通过中央政府发布行政命令强制完成产业分布。

我国在产业分布上不是绝对的市场机制和计划机制，且随着经济社会发展阶段的不同不断做出调整。例如，改革开放前，生产资料较为贫乏，产业布局主要以计划机制为主，也就是由国家统筹全局，制定宏观的总体发展战略和各产业部门的发展战略，并以立法形式通过，动员全社会严格遵守，以保证总目标的实现；改革开放后，经济社会发展较快，国家对产业布局的调控手段也发生了很大变化，产业布局主要通过两种方式：一是科学划分中央和地方的经济管理权限，如财税决策权、投资决策权、外贸管理权等；二是建立强有力的调控系统，发挥市场在资源配置中的决定性作用，主要依靠经济杠杆，必要时采取法律措施和行政手段。

二、产业布局区位选择的基本要素

（一）地理位置因素对产业布局的影响

地理位置一般用来描述地理事物时间和空间关系，是指地球上某一事物与其他事物的空间关系。它能加速和延缓地区经济的发展。

（1）对农业布局的直接影响。农业是产业发展史上出现最早的产业，虽然随着科学技术的发展，人类不断攻克光、热、水、土等条件对农业发展的限制，但受科学技术普及广度和成本的影响，目前绝大多数地区的农业生产仍然依赖季节、土地等自然环境，这些环境还决定着农业的发展方向。同时，农业生产也受当地运输条件及其相应的市场供求制约。

（2）对工业布局的重要影响。综观各地工业布局，不难发现那些距离中心城区较近、交通便利的城郊，在开发过程中备受各类企业的青睐，在这些地区发展企业不仅具有远比选择中心城区投资少、运作成本低的优势，且其良好的交通条件将进一步促使企业取得更高的经济效益。另外，对资源依赖性较强的钢铁、建材等重工业，对地理位置的要求更为严苛，而以农副产品加工为主的加工工业也对以农产品为原料的地区依赖性较强。

（二）自然因素对产业布局的影响

自然因素由自然条件和自然资源构成。自然条件是指大气圈、水圈、生物圈、岩石圈等人类赖以生存的自然圈。自然资源是指人类为生产生活从自然条件中选择和利用的那部分。人类为繁衍所需的劳动对象和劳动资料都直接或间接来源于自然界，这就决定了自然因素是产业布局形成的物质基础和先决条件。

(1) 对产业布局的不同影响。产业布局通常与社会生产水平息息相关。以原始社会为代表的社会发展初期阶段，生产水平低下，人类多从自然界中直接获取生产资料，生产生活集中在自然条件、自然资源丰富的地区。以工业革命为代表的大生产阶段，生产加快发展，同时也让人们在生产中更加依赖煤矿、石油、天然气等工业原料，导致这些自然条件富足的地区迅速形成工业园区。随着科学技术的不断革新，以新技术新材料为代表的后工业革命时期，新兴工业对原料、燃料的需求减少，人们更加关注宜居的自然条件，清新的空气、适宜的气候、洁净的水源、方便的交通成为产业布局优选条件。

(2) 对不同产业布局的不同影响。自然因素对不同产业的布局具有决定性作用。第一产业由于生产资源直接来自大自然，其产业布局受自然条件、自然资源的制约性较强。第二产业的生产资料可以直接或间接来自大自然，这就决定了不同产业布局不同。以自然资源为主的采掘、冶炼、材料、机械等重工业，以及以农产品为原料的轻工业和食品加工业，它们多分布在工业自然资源或农业自然资源较丰富的地区。第三产业是继第一、第二产业的发展而发展起来的，主要围绕着居民的生产生活，对自然因素的约束也没有第一、第二产业大，但旅游业对水、气候、地形等自然因素要求较高。

(3) 直接影响产业布局的大格局。自然因素是产业布局的物质基础。地球上的自然条件、自然资源在分布上都具有地带性和差异性，外加劳动生产率、产品质量等也受自然因素的直接影响或间接影响，进而，在经济社会的发展中，自然因素直接影响着产业布局的大格局，逐渐形成了地区产业布局特色，也就是各地区根据不同的自然因素，形成一定规模各具特色的专业化生产部门用于发展优势产业，完成产业活动地域分工的大格局。

(三) 人口、劳动力资源对产业布局的影响

人是自然和社会的统一体，是社会生产、生活和消费的主体，其特殊属性决定了在产业布局上具有主导作用。

(1) 从生产角度看人对产业布局影响。经济社会发展中，人的数量和质量

是产业布局的重要考量因素。从新中国的经济发展轨迹来看，改革开放后，中国具有庞大的人口基数，这就决定了我国具有发展劳动密集型产业的先决条件，于是在发展基础较好的东部地区快速形成人口集聚促进产业集聚，这不仅解决了产业发展问题，同时也有效解决了劳动者就业问题。改革开放三十多年后，人口质量的高低成为影响产业布局产生的重大因素，高质量、高素质的人口和劳动力是发展技术密集型产业的基础，特别是对于知识密集型的产业尤为重要。

(2) 从消费角度看人对产业布局影响。人口的消费能力和消费习惯对产业布局有明显影响。各地区人口数量、民族构成和消费水平的差异，要求产业布局与人口的消费特点、消费数量相适应。消费水平较高的地区，需要多设立高品质的高档消费品产业布局。产业布局中，要根据人口的性别、年龄等差异，有针对性地选择项目种类和规模，让产业布局满足多元化的市场需求。

(四) 社会经济因素对产业布局的影响

影响产业布局的社会经济因素有很多，主要有历史基础、市场条件、国家的政策、法律、宏观调控、国际政治条件、金融与税收等。

(1) 社会历史因素对产业布局影响。产业布局不是另起炉灶，通常是在前人的基础上接续建设，因而产业布局具有历史继承性。不同区域的自然地理环境和发展条件，决定了其经济发展速度和水平的差异性，这就是各地区的历史基础。一般来说，原有经济基础较好的地区，可以进一步利用原有的基础设施，对产业布局产生积极影响，但也不排除陷入"资源诅咒"中一蹶不振，特别是普遍存在产业结构不合理、布局零乱，基础设施落后、污染严重等现实问题。这就需要产业布局时，视具体情况因势利导，充分利用积极因素，使其产业布局更加合理化。

(2) 市场条件对产业布局影响。任何生产都是为满足消费需求开展的，而市场正是产销沟通的场所。在发达商品经济中，市场俨然已成为影响产业布局的一个重要因素。首先，市场需求影响产业布局。企业家们在厂址的选择上，都不可回避地会考虑到区域内市场对产品的需求，较低的需求量通常难以满足产业布局。其次，市场的需求量影响产业布局的规模和结构。这是产业最终能否形成主导产业、辅助产业或特色产业的重要考量条件。最后，市场竞争可以促进生产的专业化协作和产业的合理聚集。产业布局在"看不见的手"影响下，会流向更有利于商品流通的合理区位。因此，市场调查和预测是产业布局的先决条件，也只有深入了解市场行情的变化趋势，才能让产业布局更加合理。

（五）科学技术因素对产业布局的影响

科学技术是重要的生产力，特别是在知识经济时代，它是影响产业布局的重要条件之一。其影响主要表现在以下三个方面。

（1）科学技术的进步，打破了产业布局对自然资源的依赖，不断向资源的利用领域拓展，这在一定程度上扩大了产业布局的地域范围；运费的降低和基础设施的完善，解决了能源的远距离运输问题，消除了产业布局中的时空障碍，改变了产业布局的面貌；资源综合利用能力的提高和全产业链的延伸，使单一产品的生产区变为多产品的综合集聚生产区。

（2）科学技术的革新，使劳动生产率不断提高，进而调整国民经济各部门在整个国民经济中的比重，改变国民经济的结构，使新兴工业部门不断涌现，也不断地改变着工业内部的结构。

（3）科学技术的发展，推动生产力诸要素地域结合状况的改变，也促进地区经济的内部结构调整，从而间接地影响产业布局的改变。

第四节　新产业区与高新技术产业布局

一、新产业区

区域产业布局的最新研究进展，是新产业区理论的出现。

（一）新产业区的概念和作用

学术界普遍认为，新产业区是指基于合理劳动地域分工基础上结成的网络，这些网络与本地的劳动市场密切连接，实现专业化分工。从这个定义出发，新产业区是产业地域集中的一种新的形式，除了一般的聚集意义外，还主张专业化和小企业集群，强调企业之间的合作与竞争，以及制度的建设。所以，新产业区可以称为"社会经济综合体"。

国内学者总结出新产业区的特点集中表现在以下两方面：

一是新产业区是一个由中小企业组成的地域系统。这决定了其具有的外在性，表现在企业间一边密切合作，一边又在创新的基础上存在激烈竞争。

二是新产业区是相互信赖的社会文化环境和积极的自助组织。它的出现对产业布局来说是一个新的现象，进一步开阔了产业布局的视野。表现在新产业区内，小企业的布局更有新意、更有规律可循。

小企业的聚集和产业群的出现为理想的专业化分工理论打下了现实基础。例如，浙江省一个县或几个乡镇在短时间内就聚集起数百或上千家生产同类产品的企业，这种小企业集群的生命力远远超过了大企业。更能说明问题的是，小企业集群对区域经济发展的带动力量很强，凡是小企业集群发达的地区，都是区域经济发展较快的地区。

（二）新产业区的分类

国外对新产业区的理论大致分为四类：第一类是由低内源力、低竞争力企业组成的无政府干预的地方生产系统；第二类是由低内源力、低竞争力企业组成的、存在相当政府干预的、具有一定创新能力的地方生产系统；第三类是由高内源力、高竞争力企业组成的、中小企业密切合作的、无政府干预的、创新力较强的地方生产系统；第四类是由高内源力、高竞争力企业组成的、有政府干预的、具有高水平创新能力的地方生产系统。改革开放后，我国的新产业区大多从第二类开始发展，东南地区的一些由市场作用而形成的、具有专业化分工的新产业区属于第三类，而高新技术开发区大多属于第二类，第四类虽竞争力较强，但数量不多。

从产业组成的分类来看，我国的新产业区大致包括三类。

（1）高新技术产业开发区。高新技术产业开发区是指由研究、开发和生产高新技术产品的大学、科研机构及企业在一定地域内组成的技术—工业综合体。包括：①科技园。依托大学和科研机构所形成的科技园，科研是开发的中心，高新技术企业处于从属的地位；②技术城。以技术开发为支柱，发展高新技术产品的生产为辅助，形成科研—生产的综合体；③高新技术产品加工区。

利用高新技术，生产高新技术产品，形成高新技术产品的生产基地。由上述三类新产业区组成的大型综合体，是高新技术产业带，如美国的硅谷、中国的中关村等。

（2）新工业区。新工业区是新产业区的一种普遍形式。其内容是不限定区内的企业是否为高新技术企业，而是以发展现代制造业为主体，形成产业聚集。包括：①工业园区。这类工业园区是以工业开发为宗旨，以招商引资为主线，以高新技术产业带动传统产业发展的企业集群形式；②出口加工区。它主要从事来料加工、面向国际市场的工业园区，往往具有免税的功能，与内部相互隔离；③专业性产业聚集区。以生产某一类或几类产品为主、没有固定区域界限的新产业区，是生产成本很低、竞争力很强的现代工业品生产基地。

（3）现代农业园区。现代农业园区是新产业区的一种扩展形式，着力推广先进的农业技术，加快培育区域的农业主导产业，形成农业的产业化经营，推进农业现代化的进程。它比一般农业区具有技术、资金密集等特征，能大幅提高农业劳动生产率。

二、高新技术产业布局

与新产业区相关联的是高新技术产业的布局，也是新产业区能否凸显"新"的关键。

（一）高新技术产业布局的特点

（1）接近市场。在技术日新月异、企业竞争激烈的情况下，只有接近市场、接近用户，才能及时捕捉需求，开发新类品，加快产品更新换代，以优质的服务获取更多用户。

（2）靠近科研机构和大学。科研机构和大学是高新技术和人才最重要的集聚地。靠近它们，对最新科技成果的获得和高科技人才的聘请具有得天独厚的优势，特别是与科研机构和大学保持良好的沟通和合作，不仅能共享其先进设备和实验设施，大幅削减企业研发成本，还能保证企业强大的产品研发能力和技术人才不断供给。

（3）具有高级的企业管理人才和高素质的劳动力。高新技术产业面临激烈的竞争，只有高级企业管理人才才能"稳好舵"；同时高新技术产业配有先进的生产设备，也只有高素质劳动力才能驾驭。

（4）具有优良的基础设施。水、电、气、路、通信齐全是基本的设施保障，如能靠近国际机场或海港、靠近高速公路，位于距离中心城市较近的城郊，将进一步控制企业运作成本。

（5）具有完备的辅助工业和发达的第三产业支撑。高新技术产业通常对所需要的设备、材料等上游产业和服务部门要求较高，这就决定了高新技术产业在布局上，通常选择综合配套能力强的发达地区。

（6）具有优良的营商环境。包括优惠的地方政策，一套行之有效、公平公正透明的具体法律、法规和监管程序，便利的财务、专利、工商及进出口服务等。

（7）毗邻投资机构。高新技术产业通常属于资金和技术密集型产业，具有高产出、高风险的特征，需要充足的风险投资来解决资金问题、传授经营管理经验。

（8）创业精神十足的城市氛围。"敢闯""敢试""敢为"的城市精神是吸引高新技术产业的"磁石"，也只有充满活力、催人奋进的城市氛围才能催生高科技产业的创业精神。

（9）具有聚集性。高新技术产业自带聚集效应，不同的高新技术企业布局在一起，可以在共享和竞争中相互利用和促进，因此，高新技术产业多选择在高新技术产业开发区布局。

（10）具有良好的生活配套。高新技术产业的从业人员素质高、收入高，也决定了他们渴望环境优美、空气清新、气候适宜、就医不愁、就学无忧、交通便利等居住条件优越的生活环境。

（二）国内外高新技术产业区布局

高新技术产业区是以智力为依托，以开发高新技术和开拓新产业为目标，促进产学研相结合，推动科学技术与经济、社会协调发展，以创新和技术为导向的高新技术企业集中布局的地区。高新技术产业区目前已有 50 多年的发展历史，全球著名的有美国的硅谷、日本的筑波、中国台湾的新竹等。高新技术产业开发区从发展模式来看，主要有五种：一是以高新技术产业为核心，自发形成的开发区，如硅谷；二是以高新技术产业为核心，由政府规划和创建的开发区，如上海浦东空港工业园；三是以高新技术产业为核心，通过国际合作共同组建的开发区，如中国与新加坡合建的苏州工业园区；四是以大学、科研机构为中心建立的研发型企业模式，如筑波；五是以传播、经营和销售高新技术产品为特色的开发区，如中关村。目前，世界上著名的高新技术产业区布局代表有：美国的硅谷，以斯坦福大学为依托，聚集了1500多家生产电脑、半导体的电子企业。该区所生产的半导体集成电路和电子计算机约占全美1/3和1/6。日本的筑波科学城，以日本国立研究院为主的近10个研究所和近50所高校为依托建立起来的，聚集了数万名科研人员和数千家企业，是亚洲最大的综合性高科技产业区之一。俄罗斯新西伯利亚高科技区，拥有30个包括自然科学、技术科学等在内的综合科研实体，聚集了近30个国立研究所和大学，有科技人员2万余人。加拿大卡尔顿高科技区，集中了近400个大学、科研机构及高新开发公司，聚集了数千家高科技公司，被称为"北方硅谷"。我国台湾新竹科学工业园区拥有340家以上高科技公司，其中超过100家是海外留学者回来建立的，共创造了73万多个就业机会，年产值远超4000亿新台币。

（三）我国高新技术产业布局

1. 我国高新技术产业布局特征

（1）高新技术产业发展地带性和地区性差异显著。区域经济发展水平基本上决定了高新技术产业的区域宏观分布格局。从三大地带来看，东、中、西地区发展差距明显，高新技术产业主要分布在东部沿海地区。我国高新技术产业的地区差距通常与经济发展水平的地区差距保持一致。

（2）形成三大高新技术产业的集聚中心，地区差异性显著。目前，我国初步形成具有配套能力的三大高新技术产业基地。一是以深圳和广州为核心的珠江三角洲高新技术产业基地；二是以上海为龙头的长江三角洲高新技术产业基地；三是以北京和天津为核心的环渤海高新技术产业基地。从省份来看，广东、江苏、北京和上海是我国经济最发达的地区，同时也是我国高新技术产业发展水平和发展速度最快的地区。2021年我国高新技术企业数量的10强省份有广东、江苏、北京、浙江、上海、山东、湖北、河北、安徽、湖南，占全国的74%，其中广东占17%，常年稳居全国第一。

（3）中西部部分地区依托大城市成为高新技术产业的结集点。中西部分大城市根据自身优势发展独具特色的高技术产业，产业集聚的雏形逐渐形成。无论是高新技术产业发达的东部地区，还是中西部地区，高新技术产业基本都是依托城市密集带和大都市区进行布局的，换句话说，大城市、大都市是高新技术产业的强大磁场，是能否形成高新技术产业空间格局基本形态的重要决定因素。

（4）高新技术产业园区以及各类创业园区是高新技术产业发展的微观集聚中心。各类经济技术开发区和高新技术产业区的优势在于灵活的管理机制、优惠的政策以及配套的基础设施建设，特别是管家式的营商环境吸引着众多的高新技术企业。高新技术产业开发区已经成为我国各地发展高新技术产业的培育基地，为其提供最佳生存环境。

2. 不同类型区域的高新技术产业布局及发展战略

（1）珠江三角洲。珠江三角洲高新技术产业发展的第一桶金来源于外资，改革开放的春风率先吹绿了珠江三角洲，外向型高新技术产业随之发展起来。该地区充分利用CEPA实施的机遇，与中国香港和中国澳门地区建立更为密切的经济、技术合作关系，凭借香港的国际化平台与欧美等发达国家加强联系。大力发展"9+2"泛珠江三角洲经济技术合作，扩大经济腹地，提升高新技术产业的区域整合能力。高新技术产业以电子信息为基础，逐步向其他高科技产业延伸，构造多元化的产业集群。转变技术发展重点，也由主要对国外和中国港澳台地区输入技术的应用、模仿，转变为引进、消化、吸收、再创新，立足科技自立自强，特别是增强具有自主知识产权的高新技术研究和开发。

（2）长江三角洲。充分发挥上海的龙头作用，既突出其在国际经济、贸易、金融和航运的中心位置，又不断强化对外的辐射功能，围绕提高城市综合竞争力这一主线发展。以上海为龙头、苏南浙北为两翼，打破地区分割，提高长江三角洲地区高新技术产业发展的整体创新能力。特别关注苏中南和浙北地区，因为它们是我国工业总产值最高的地区，尤其在高科技制造、技术产品配套服务、电子电器产品等产业方面具有比较优势，这就需要利用好当地雄厚的科技实力，加强拥有自主知识产权的核心技术开发力度，强化产业整合，培育具有国际竞争力的区域产业群落。坚持生态环境治理和保护，坚决遏制由于工业化和城市化迅猛发展所带来的人口密度高、土地承载压力大以及生态环境急剧恶化走势，走生产发展、生活富裕、生态良好的可持续发展道路。

（3）环渤海地区。加强京津冀协同发展，发挥北京的辐射带动作用，打造以首都为核心的世界级城市群。全方位对接支持雄安新区规划建设，建立便捷高效的交通联系，支持中关村科技创新资源有序转移、共享聚集，推动优质公共服务资源合作。充分发挥北京和天津高新技术产业的联合效应和带动作用。将沿京津塘高速公路的北京实验区（中关村、丰台、昌平园区），天津市高新技术开发区，北京（亦庄）技术经济开发区，廊坊经济技术开发区，廊坊新技术开发区、武清新技术开发区、北辰经济技术开发区、天津市经济技术开发区、天津保税区、天津逸仙国际科技园等建成京津塘高新技术产业带，并以此为核心，促进包括山东半岛、辽东半岛在内的环渤海经济圈和包括河北、河南在内的大华中经济圈的抱团，从而建成振兴我国北方经济的龙头。加强环渤海地区高新技术产业发展中的分工协作，打破行政界限，优化资源配置，形成整体优势和竞争力。加强科研机构和企业改制力度，提高企业的科技创新意识和科技创新能力，提高科技成果的转化率。推进政府职能改革，营造良好的发展环境。

（4）东北老工业基地。借助国家振兴东北老工业区的战略契机，高起点谋划，把东北建设成为高科技产业创新新高地。开发新型产业，广泛使用高新技术和先进适用技术，提高产业的整体竞争力和科技水平；将制造业信息化、装备制造业现代化作为产业发展的重中之重；依托城市，强化企业的市场主体作用，特别是把大型国有企业作为创新的主战场，发挥整合优势，优化社会科技资源配置，建立行业技术开发基地和技术创新服务体系。

（5）中西部地区。借助西部大开发、长江经济带等国家战略，从根本上解决资源困境，实施跨越式发展。中西部地区在高新技术产业布局和发展上，整体上落后于东部沿海地区，发展高新技术产业必须实施跨越式战略，其核心就是让资本、技术、人才、信息等生产要素快速积累和聚集。这不仅是量的增加，更体现在质的提升。这就需要重视高新技术产业，特别是以科技园区为依托，加快中西部地区的高技术产业发展，加快形成区域性的高新技术增长极。以西安、重庆、成都、武汉、昆明等一批高新技术产业开发区和科技园区为重点，通过产业链拓展和技术扩散带动区域经济加快发展。中部地区，湖北、河南的高新技术产业发展处于前列，特别是医药制造业、电子计算机及仪器仪表制造业方面已形成一定优势，应通过此类产业，带动中部地区高新技术产业发展。西部地区，陕西的航空航天器制造业优势非常明显；四川、重庆的航空航天器制造业产值比重在全国也名列前茅；此外，四川的电子通信设备制造业和重庆的医疗设备及仪器仪表制造业也具有相对优势。这就需要围绕这些产业继续夯实人才、研发、金融和服务等发展基础，加快搭建高新技术产业发展的信息、技术和管理平台，完善产业发展保障体系。

第三章
区域优势产业理论基础

第一节 区域分工理论

区域经济学是在现代经济学和地理学的相关理论研究基础上,对特定空间内的经济社会组织和社会经济活动及相互关系进行研究的综合学科。其形成和发展最早源于1826年德国经济学家杜能提出的农业区位论,于20世纪50年代以一门独立学科呈现。在西方漫长的经济发展中,西方学者对区域经济理论的研究日益成熟,形成了一批拥有广泛影响力的区域经济理论。目前,区域经济学已从传统的单个厂商区位选择为主要研究对象,演变为宏观认识社会经济活动的空间集聚及为各级政府区域经济活动提供决策咨询的理论依据。相比而言,我国政府和学者对区域经济发展问题的认识和研究较晚。1978年以前,我国研究的重点在统筹全国生产力布局上,几乎不存在相对独立的区域经济。改革开放之后,尤其是2001年中国加入世界贸易组织以来,不少研究人员将西方的经典理论与中国区域经济发展的实际情况相结合,产生了中国区域经济发展问题的深入和个性研究。

到目前为止,与区域优势产业相关的理论主要有区域分工理论、比较优势理论、竞争优势理论。这些理论是本书重要的理论基础。

经济发展的过程,就是优胜劣汰的反复过程。在这个过程中,效率高者得以存在和发展,效率低下者被淘汰出局。协调和合理的分工协作则是提高经济效率的重要基础。区域分工是社会经济活动依据一定规则在地域空间上的有机组合,社会分工或劳动分工首先表现在部门分工上,而部门分工则要落在空间上。区域分工主要体现在部门分工层次上,即依靠发展专业化部门来体现分工,区域分工的实现途径是区域之间的贸易。

一、区域分工的基础

空间差异性是区域分工的基础。在区域经济发展过程中,由于各区域的区位条件、资源禀赋、经济发展水平和地区制度的不同,呈现出地域的空间差异性。

对于区域分工形成的原因,众多学者进行了细致的研究。马克思指出:"不是土壤的绝对肥力而是它的差异性,和它的自然产品的多样性,形成社会分工的自然基础。"绝对成本学说代表人亚当·斯密认为,任何区域都有其绝对有利的生产条件,若按绝对有利的生产条件进行分工,然后进行区域交换,会使各区域的资源得到最有效的利用,从而提高区域劳动生产率,增进区域利益。比较成本学说代表人物大卫·李嘉图指出,在所有产品生产方面具有绝对优势的国家没有必要生产所有的产品,而应在多种产品中择优,即选择生产优势最大的那些产品进行生产;在所有产品生产方面都处于劣势的国家不能什么都不生产,可以选择不利程度最小的那些产品进行生产。赫克歇尔与俄林在分析比较利益产生的原因时,提出了要素禀赋理论。他们认为,各个国家和地区的生产要素禀赋不同,这是国际或区域分工产生的基本原因。以上各学派观点虽有不同,但都承认一个事实,即区域差异是区域分工存在的客观依据。

二、区域分工理论

区域分工理论主要有亚当·斯密的绝对成本学说,大卫·李嘉图的比较成本学说,赫克歇尔和俄林的要素禀赋学说,瑞典学者林德以及日本学者小岛清所研究的条件相似的区域分工理论。

(一) 绝对成本学说

绝对成本学说是运用生产成本的绝对比较优势来解释国际分工的一种理论。亚当·斯密1776年出版的《国民财富的性质和原因的研究》一书中提出了绝对成本学说。他认为每个国家都有适合生产某些特定产品的绝对有利生产条件,国际贸易产生的原因在于各个国家因地域、自然条件不同而形成的商品成本绝对差异,每个国家都根据绝对有利的生产条件去进行专业化生产,就可以使成本绝对降低。继而,在市场中进行产品交换,则对交换国家都有利。假设,各个国家都能够利用优势条件发展专业化生产部门,就可以提高劳动生产率、降低成本,使各国的劳动力和资本得到合理的分配和最有效的利用。在自由贸易条件下,用成本最低的产品就能换回更多的商品,从而比各国各自围绕需要去生产所有的东西更能节省生产时间,还增加了国民财富。因此,亚当·斯密主张国际分工的原则是,就某种商品而言,如果别的国家生产的成本比本国低，那么该国就不应该再生产这种商品；输出本国绝对成本低的商品去换来货币，然后购买他国生产的廉价商品，从成本上来说会更经济、合理。

亚当·斯密认为国际分工是各种分工形式中最高级的形式，国际分工的基础是有利的自然禀赋或后天的有利条件。亚当·斯密认为，国与国之间在自然禀赋和后天的有利条件上是存在差异的，但这也决定着本国生产条件，同时为国际分工提供了基础。有利的自然禀赋或后天的有利条件让一个国家生产某种产品的成本绝对低于别国，让它在该产品的生产和交换上处于绝对有利地位。如果各国均按照各自的有利条件进行分工和交换，将会使各国的资源、劳动和资本得到最有效的利用，大大提高劳动生产率和增加物质财富，并使大家都从贸易中获益。这便是绝对成本说的基本精神，这一学说从劳动分工原理出发，在人类认识史上第一次论证了贸易互利性原理，纠正了重商主义者认为国际贸易只能对单方面有利的片面看法。这种贸易分工互利的双赢思想，到现代也没有过时，但是，它也有不足之处。按照亚当·斯密的观点，如果一个国家与其他国家相比，在商品生产方面都处于绝对劣势，那么就很难甚至不可能发生国际分工和贸易。这显然与国际分工和贸易的实际相矛盾。解决这一矛盾的就是大卫·李嘉图。

（二）比较成本学说

比较成本学说是李嘉图在1817年出版的《政治经济学及赋税原理》一书中提出的。他认为，资本和劳动力在国家间不可能完全自由地流动和转移，不应该单纯以绝对成本的大小作为国际分工和贸易的原则，而应依据比较成本来开展国际分工与贸易更为合理。假设有两个生产率水平不相等的国家，其中一个国家生产任何一种商品都处于绝对有利的地位，但有利的程度不同；另一个国家生产任何一种商品都处于绝对不利的地位，但不利的程度不同，在这样的情况下，两个国家仍然可以通过国际分工和贸易达到共同获利。因为，一个国家无论处于哪种发展阶段，经济力量如何，都有其相对优势，即使处于劣势，也能从中发现相对优势。在自由贸易的条件下，各国应该把资本和劳动用于具有相对优势的产业部门开展生产，再利用国际分工和贸易完成相互之间的互补，从而达到使用和消耗等量资源的情况下，提高资源利用效率，实现本国经济快速发展。

不难理解，按照比较成本理论进行分工生产会使社会总收入扩大，双方进行贸易交换后，也会使双方的收入扩大。下面就比较成本理论进行分析，以论证分工可以带来更大的收益。假设有甲乙两个地区，甲地区生产 X 产品需 5 个单位劳动，生产 Y 产品需 6 个单位劳动；乙地区生产 X 产品需 10 个单位劳动，生产 Y 产品需 8 个单位劳动。将 X 产品和 Y 产品视为一个单位产品，那么在未进行区域分工之前，两个地区同时生产单位产品共需投入 29 个单位劳动，其中甲地区需投入 11 个单位劳动，乙地区需投入 18 个单位劳动。甲地区在生产两种产品时都具有优势，而乙地区则都处于劣势，根据比较成本理论，甲地区应该选择优势更大的产品 X 进行生产，放弃比较优势较小的产品 Y。乙地区不能什么都不生产，所以应该选择比较劣势较小的产品 Y 进行生产。这时，甲地区生产了 11/5=2.2 个单位产品，乙地区生产了 18/8=2.25 个单位产品，甲乙两个地区共生产 2.2+2.25=4.45 个单位产品，比分工前增加了 0.45 个单位产品，从整个社会来看，劳动生产率提高了。从甲地区来看，除了保留 5 个单位的劳动用以生产一个 Y 产品自用外，剩下的 6 个单位劳动可以生产 6/5=1.2 个单位 Y 产品用以交换 X 产品；乙地区除了保留 8 个单位的劳动用以生产 1 个 X 产品自用外，还剩余 10 个单位劳动可以生产 10/8=1.25 个单位 X 产品用于交换 Y 产品，均比分工前增加了积累。

显而易见，如果进行了区域分工，处于绝对优势的甲地区不必生产全部产品，只需集中生产本地区内具有最大优势的产品；处于绝对劣势的乙地区也不必停止生产全部产品，只需生产本地区具有相对优势的产品，并进行自由交换。整个过程浑然天成，能够使各区域充分发挥各自优势，形成专业化分工；更加合理地利用资源，促进生产技术的革新和创新，提高生产质量和管理水平；节约社会劳动，增加产品消费，在充分发挥各区域经济效益和国民经济发展总体效益中，促进两个地区共同发展。

比较成本学说进一步阐述了国际贸易所具有的互利性，它证明了各国通过出口相对成本较低的产品，进口相对成本较高的产品就可能实现贸易的互利。李嘉图比较成本学说的核心是比较优势理论。比较成本学说揭示了人类分工协作的可能性和必要性，自创立一百多年来，一直被西方国际经济学界奉为经典，并成为国际贸易分工理论发展的主线。即使在当代，它也是研究国际贸易理论的逻辑起点。比较成本学说的启示是：各国应积极参加国际分工、实行自由贸易，才能确保利益最大化。然而这个理论也有局限性，虽然提出了国际分工的重要性，但没有分析国际分工形成和发展的主要原因和价值规律。

(三) 要素禀赋学说

要素禀赋学说是由赫克歇尔和俄林提出的。1919年，赫克歇尔就提出了要素禀赋的有关论点。在此基础上，俄林在1933年出版的《区际贸易与国际贸易》一书中比较全面地论述了要素禀赋学说。所以，后人也把要素禀赋学说称为赫克歇尔—俄林模型或H-O学说。该理论继承和发展了李嘉图的比较成本理论，进一步解释了导致产品比较成本差异的是区域差异，其关键原因就在于要素配比的不同。相对成本差异是由区域间生产要素禀赋差异引起的，从而导致生产要素相对价格也存在差异，即供给量较丰裕的要素，其相对价格较低，密集使用这一要素的产品的相对成本也低；供给量稀缺的生产要素，其相对价格较高，密集使用这一要素的产品的相对成本也必然较高。这就导致各区域在密集使用其拥有量丰裕的要素的产品上具有比较优势。

该理论的基本假设为：

(1) 要素投入方面，两个国家分别生产的两种产品中，每种产品至少要投入劳动和资本两种生产要素。

(2) 生产技术方面，两个国家在产品生产中，方法相同、技术相同，具有相同的生产函数，产量是因变量，要素的投入为自变量。

(3) 市场竞争方面，商品市场和要素市场是完全竞争的。

(4) 市场流动方面，生产要素在国内可以自由流动，国与国间则不能。

(5) 两个国家，一个资本要素禀赋比较丰裕，即拥有资本与劳动的比例高于另一个国家的资本与劳动的比例；另一个劳动要素比较丰裕，即拥有劳动与资本的比例高于第一个国家劳动与资本的比例。两种产品一种是资本密集型产品，即生产该产品的资本与劳动要素的投入比例要高于另一种产品；另一种是劳动密集型产品，即生产该产品的劳动与资本要素的投入比例要高于第一种产品。

(6) 国际贸易方面，国与国之间的贸易是自由的，没有贸易壁垒。

(7) 规模经济方面，两国在生产过程中，单位生产成本不随产量的变化而变化，未考虑规模经济效益问题。

(8) 消费偏好方面，两国均未考虑消费偏好问题。

(9) 贸易平衡方面，两国之间只有货物贸易，而且贸易是平衡的。

要素禀赋理论为资源小国积极参与国际分工和贸易提供了理论依据。要素禀赋理论关于国际贸易可以代替生产要素流动,弥补要素禀赋差异的观点,对于各个国家特别是资源小国参与国际分工和国际贸易,实现经济发展具有重要的指导意义。这也被国际经济发展的现实所证实。西方经济学界认为该理论对古典学派李嘉图比较成本说构成了重大挑战,奠定了现代国际贸易理论的基石,有助于我们分析、判断和预测世界各国的贸易模式,并制定相应对策,在充满风险的国际竞争中知己知彼,掌握主动权。

从动态角度分析,一国市场要素实际上是变量,随着生产力的提高,科技和教育的发展,生产要素的数量、质量和结构相应发生变化。要素禀赋理论关于技术水平相同的假定,忽视了技术因素在国际贸易中的作用,与经济现实也不相符合。事实上,当代技术革命已经改变了要素的内涵,促进了人力资本、技术创新、信息资本等无形要素和有形要素的融合,技术进步能够改变一国在自然资源禀赋方面的劣势地位,赋予生产要素全新的内涵。此外,要素禀赋论将一种生产要素视为同质的假定与经济事实不相符合。在实际生产过程中,同样的生产要素并非具有同等的生产能力,如熟练工人与非熟练工人决不能相提并论。并且,要素禀赋理论主要是从供给方面分析,忽视了来自需求方面因素对国际贸易结构的影响。因此,我们不能片面静止地对待要素禀赋上的比较优势,这是借鉴俄林理论应持有的科学态度。

从本质上讲,要素禀赋学说并不是对比较成本理论的否定,仅是从微观的生产要素角度来探析成本产生优势的原因,承认成本优势对产业国际分工的决定性影响。因此,要素禀赋学说的实质是对比较优势理论的继承和深化拓展。比较优势形成的基础是资源禀赋差异,不同的经济区域依据比较利益原则进行产业分工,从而形成区际间的产业利益结构。

(四) 条件相似的区域分工理论

瑞典学者林德以及日本学者小岛清等对此进行了研究。该理论认为:国际贸易是国内贸易的延伸;产品的出口建立在国内基本需求基础上;产品出口结构、流向、贸易量取决于两国需求偏好的相似程度;一国需求偏好取决于该国的平均收入水平,平均收入水平越高,对消费需求的质和量都会越提高,对先进的资本设备的需要也越高。因此,两国人均收入相同,需求偏好相似,两国间贸易范围可能越大。

林德认为,平均收入水平是影响两个国家需求结构的主要因素,因而它也是影响国际贸易的重要因素。两个国家或地区的平均收入水平愈接近，其需求结构就愈相似。商品分为消费品和资本品两类，不同收入水平的国家对这两类商品有不同的需求结构。就消费品而言，不同收入水平国家的需求结构存在两方面的差异：一是总的需求结构；二是个别的需求结构。就资本品而言，不同收入水平国家的需求结构存在间接联系。如果两个国家的需求结构完全相同，其进口商品结构和出口商品结构也将基本相同。不同收入水平的两个国家和地区间，其收入分配越不平均，两国的贸易量也将越大，因为这时高收入水平国家的低收入阶层的需求结构与低收入水平国家的高收入阶层的需求结构更为相似，它们可能需要各类相同的商品，从而产生更多的贸易。该理论在一定程度上弥补了俄林只从供给角度解释国际贸易问题的不足，但只从需求的角度或者说仅从人均收入的角度来说明问题也有失偏颇。因为一国的需求结构，除了受人均收入的影响外，还受风俗习惯、产业结构和生产的技术水平等多种因素的影响。

日本学者小岛清认为，经济一体化组织内部如果仅仅依靠比较优势原理进行分工，不可能完全获得规模经济的好处，反而可能会导致各国企业的集中和垄断，影响经济一体化组织内部分工的发展和贸易的稳定。小岛清提出了运用协议分工理论来解决这一问题。小岛清指出，即使两国在不存在比较优势差异的极端情况下，也可以实现规模经济和协议分工。这种协议分工有两个特点：第一，从表面上看，有关国家并不存在明显的技术差异或要素生产率差异；第二，通过达成协议实现国际分工，获得规模经济。从根本上看，这种国际分工既不是建立在天然禀赋的基础上，也不是建立在技术差异的基础上，而是借助所达成的协议引发的国际分工。

三、区域分工的类型及意义

（一）区域分工的类型

从区域分工的发展历史来看，分为区域垂直分工、区域水平分工与区域等级分工。

第一，区域垂直分工。这是指不同区域在初级产品、中间产品与最终产品生产之间的分工，即不同生产阶段和不同生产水平之间的分工。这种分工一般出现在不发达国家，是依据各区域的经济技术发展水平而形成的，如农业区域与工业区域的分工，东部与西部的分工。

第二，区域水平分工。这是指不同产业部门或同一制造业的不同生产阶段，不同种类的产品在不同区域间的分工，即生产水平基本相近的区域间的分工，可以分为部门内的水平分工和部门间的水平分工。

第三，区域等级分工。同一企业的总部与下属企业在区域间的分离，会因税收体制的原因，造成各区域间收益上的差异。

在区域经济发展过程中，区域间垂直分工和水平分工有可能同时存在，故又将其称为区域混合性分工。

（二）区域分工的意义

第一，区域分工推动专业化经济发展。经济学研究的经典命题就是探索以资源稀缺为基本背景的各国经济增长背后的原因，以及如何有效组织生产以促进经济增长。但主流经济学家们极其注重对规模经济的边际描述，而忽视对专业化分工的超边际分析，事实上暗含了一个分工给定不变的错误假设，当代经济理论因脱离了专业化分工，从而使经济学研究走进了一个缺乏应用和解释能力的"发展陷阱"。研究表明，人类历史上有目的的经济增长开始于以交换为目的的商品经济的产生，显著的经济增长则起始于社会化市场经济的竞争刺激，而各类交换活动产生、存在和发展的根本原因之一就是专业化分工。也就是说，分工始终与专业化密切联系在一起。

正是由于专业化分工的发生，才在原始自然经济的缝隙之中孕育出了简单商品经济，也是由于分工发展导致了产业革命，从而使自然经济和简单商品经济一同被社会化市场经济所替代。市场经济中交易的所有商品，无非是专业化分工所带来的剩余产品，商品也无非是剩余产品的交易形态。无论是从历史上考察还是从逻辑上分析，都是如此。

专业化是产业化的基础。正是由于专业化分工的不断拓展，才导致了一轮又一轮的经济增长和经济发展，并在经济增长的强力推动下形成了此起彼伏的现代化浪潮。

第二，合理的区域分工促进区域经济整体效益的提高。早在17世纪，威廉·配第就认识到专业化对生产力进步的意义。18世纪，亚当·斯密提出了专业化分工的重要假设：分工水平由市场大小决定，市场大小由运输效率决定，资本是间接生产部门发展分工的工具。杨小凯等在20世纪80年代创立了新兴古典经济学，用新兴古典贸易模型来讨论专业化。该理论运用超边际分析方法，将古典经济学中最有价值的分工思想形式化。该学派认为，各种经济现象都是劳动分工的内生演进引起的，贸易作为劳动分工的一个侧面，也可以从分工角度进行解释。专业化可以提高生产率，但同时也会增加交易费用，当交易效率低时，人们选择自给经济；当交易效率高时，分工的水平上升，分工水平达到最优的条件是分工的边际效益等于边际交易费用；当交易效率达到一定水平时，贸易演进到国际贸易。

综合起来说，区域分工的利益主要体现在三个方面：（1）区域分工有利于促进资源的有效配置。能够使区域内各小区域或城市充分发挥资源、要素、区位等方面的优势，进行专业化生产，更快速地推进生产技术的提高和创新，提高产品质量，提升整个区域的经济效益和社会效益；（2）充分发挥生产专业化和集中化的效益。各个地区专门生产某种产品，有时是某一类产品，甚至是产品的某一部分。各区域进行专业化生产，有利于合理利用资源，推动生产技术的提高和创新，提高产品质量和管理水平；有利于提高各区域的经济效益和国民经济发展的总体效益；（3）区域分工有利于增强区域间的经济联系，形成相互依赖、相互影响的一体化经济区，从而扩大地区影响力。

第二节 竞争优势理论

一、竞争优势的基本内涵

第二次世界大战之后，特别是20世纪80年代以来，国际贸易以前所未有的速度快速发展，将世界各国联系得更加紧密，极大地推动了各国的经济增长，并呈现出一系列新的特点。原有的国际贸易理论对众多新生现象已经无法解释，各种以不完全竞争和规模经济为基础的国际贸易新理论被提出。其中最为有名的当属20世纪90年代美国著名经济学家迈克尔·波特教授提出的竞争优势理论。微观经济学意义上的竞争优势是从企业层面展开研究的，主要是指企业在向顾客提供有价值的商品或劳务时所创造的独特的并能持久的属性，即竞争优势是一个企业或一个国家的企业与他国企业相比较时所具有的竞争力。将竞争优势扩大到区域、国家层次，就产生了区域竞争优势、国家竞争优势等现实问题。

迈克尔·波特认为："生产要素的比较优势并不足以解释丰富多元的贸易形态……生产要素比较优势法则的假设不考虑经济规模，认为技术具有普遍性、生产本身没有差异性，连国家资源也被设定。这个理论还假设资金与熟练工人不会在国家之间移动。然而，绝大多数产业的实际竞争行为却几乎与这些假设无关。生产要素的比较优势发展只能解释贸易的各种形态，而无法应用于国家在个别产业的进出口表现……是一个全然静态的概念。"

针对比较优势理论的不足，1990年，迈克尔·波特教授通过对世界上10个发达国家中的100多个企业的发展和经营状况进行研究，提出了国家竞争优势理论，以竞争环境的差异来解释不同国家和地区之间产业竞争能力和生产力水平的差距，同时引入并发展了"产业簇群"的观点，将产业作为竞争优势的主要载体。迈克尔·波特教授认为，完备的相关产业和支撑配套产业是国家竞争优势的关键因素。他还认为："在现代全球经济下，繁荣是一国自己的选择，竞争力的大小也不再由先天承继的自然条件所决定。如果一国选择了有利于生产率增长的政策、法律和制度，比如提升本国所有国民的能力，对各种专业化的基础设施进行投资，使商业运行更有效率等，则它就选择了繁荣。""《国家竞争优势》反对产业政策……政策的主要角度是改善生产率增长的环境，比如改善企业投入要素和基础设施的质量和效率，制定规则和政策来促使企业升级和创新。"

二、竞争优势的建立

迈克尔·波特认为，一个国家的竞争优势形成的关键在于优势主导产业的建立，优势产业的建立有赖于提高生产效率，能否提高生产效率取决于企业是否具有创新机制和充分的创新能力。他认为主要有四种因素对企业创新能力构成重要影响。

1. 生产要素

迈克尔·波特认为，生产要素包括人力资源、天然资源、知识资源、资本资源和基础设施。要素间存在两种分类方式：（1）初级生产要素和高级生产要素。前者包括天然资源、气候、地理位置、融资和非熟练劳动力等，后者包括现代化通信的基础设施、高等教育人力和各大学研究所等；（2）一般性生产要素和专业性生产要素。前者包括公路系统、融资、受过大学教育且上进心强的员工，后者则指技术型人力资本、先进的基础设施、专业知识领域等。迈克尔·波特认为要建立竞争优势，必须发展高级生产要素和专业性生产要素。

2. 需求条件

国内需求提供了企业发展、持续投资和创新的动力。健康稳定的外部环境导致消费者需求的变化、升级，有助于企业提高产品质量和服务水平，从而获得竞争优势。

3. 相关产业和支持产业的表现

迈克尔·波特认为相关产业和支持产业的价值不仅在于能以最低价格为优势产业提供投入资源，还有利于企业之间传递信息，交流创新思路，促进企业的技术升级，形成良性互动的产业集群，从而获得竞争优势。

4. 企业的战略、结构与竞争对手

迈克尔·波特指出，良好的管理体制要适应企业内部条件和所处产业性质，也要适应企业所面临的外部环境的变化，政府应为企业创造公平竞争的环境，竞争有利于企业不断提高生产效率。

迈克尔·波特认为，一国的竞争优势不是天然取得的，而是经过不断地大量投资、创新和升级所取得的高级要素。他还认为一群在地理上互相靠近、在技术和人才上互相支持并具有国际竞争力的相关产业和支持产业所形成的产业链，是国家竞争优势的重要来源，并且认为竞争优势来源于苛刻的市场需求，来源于企业的发展战略和激烈的市场竞争，所以政府要努力创造一个支持生产率提高的环境。同时他也认为企业外部机遇和政府政策对创造竞争优势同样具有重要作用：（1）如基础发明、战争、重大技术创新、良好的政治环境等，对企业和产业均具有重要影响；（2）良好的经济政策有助于提高企业的积极性，优化要素分配，提高生产效率。

竞争优势概念的革命性影响在于从市场竞争观念入手描述一国的产业优势，使各种类型的国家都可以通过对影响竞争优势的四大环境因素进行调整，推动本国产业竞争优势的提升，从而参与国际产业分工，分享全球化带来的经济利益。迈克尔·波特将四大环境要素放置在一个图中，该图被称为"钻石模型"。

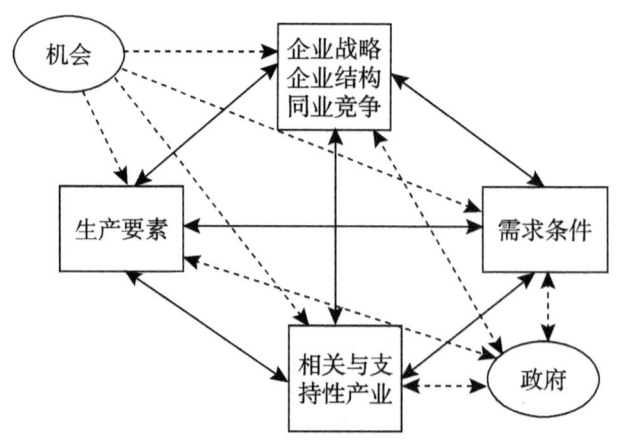

图 3-1 完整的钻石体系

从图 3-1 中可以看到,钻石体系是一个双向强化的系统,其中任何一个因素发生变动必然影响另一个因素的状态及相应的作用。

三、竞争优势与比较优势

比较优势理论和竞争优势理论是影响当今国际贸易的两大基础理论,学者们认为在经济发展前期或欠发达阶段,比较优势理论更有助于选择并发展符合区域利益的优势产业。随着区域生产效率的提高,市场逐渐由卖方市场转为买方市场,需求因素对经济发展的约束日益突出。迈克尔·波特的竞争优势理论从企业、产业、国家三个相关层面讨论竞争优势的形成和发展,对经济现实做出强有力的解释和指导,也让越来越多的经济学者主张以竞争优势理论指导并建立区域优势产业。但对于任一国家内部的相关经济区域而言,发挥比较优势才是区域协调发展的关键。因为各个区域之间并不是市场竞争的关系,而是在服从于整体经济系统利益最大化前提下追求区域经济利益的最大化,属于合作中包含竞争的关系。也就是说,一国内部的区域优势产业是以比较优势为基础,在发展中创造竞争优势的结果。

许多学者认为比较优势理论与竞争优势理论属于替代关系,即竞争优势理论将取代比较优势理论的主导地位,但也有不少学者认为竞争优势理论是比较优势理论的深化发展,两者属于相互补充的关系。笔者综合两种观点认为,它们是国际产业分工发展的不同阶段的产物，各自的理论观点既有对立也有相互认同，故两者之间是对立统一的关系。

（一）比较优势理论和竞争优势理论的区别

1. 理论前提不同

比较优势理论的基点在于完全竞争和缺乏规模经济的假定，认为生产要素只能在区域内流通而不能跨越区域，它是在卖方市场环境中形成并发展的，主要是从供给角度对优势产业进行定义；竞争优势理论则适当放宽前提条件限制，充分考虑需求、竞争和相关产业的影响，重视企业营销理论在产业中的应用。

2. 潜在性和现实性的不同

比较优势理论关注资源要素和生产效率所导致的机会成本，主张根据区域内现存各类资源生产要素的有利状况选定优势产业，较少考虑该类优势资源生产要素的生产配置是否优化，因此它注重潜在性优势；竞争优势理论则关注潜在优势是否已转化为现实优势，强调优势的现实存在性。

3. 静态与动态的不同

区域内生产要素和资源在较长时期内是相对稳定难以变化的，因此，比较优势理论所认为的优势具有静态特征；竞争优势理论则认为只要存在创新能力，形成创新机制，并在产业价值链中的某个环节占据优势，就可以转化发展为区域优势产业，因此它所认为的优势具有动态性。

4. 优势产业比较层面不同

比较优势理论主要应用于区域内外不同产业之间的比较，竞争优势理论则多应用于区际间的同一产业的比较。可以说比较优势理论论证的核心观点在于国际产业分工和互补的关系，而竞争优势理论则是论证产业冲突和产业替代的因果关系。比较优势理论倡导国际贸易中的货物互通有无，体现产业合作关系；竞争优势理论则是倡导占领国际市场，获取国际贸易的最大利益，因此它更为强调竞争性。

（二）比较优势理论和竞争优势理论的联系

全球化背景下的产业分工和发展不可能是某一优势作用的结果，而是比较优势和竞争优势共同作用的结果。一国具有比较优势的产业只有形成较强的国际竞争优势，才能真正获得贸易利益，而比较优势转化为竞争优势的"门槛值"较低，因此，比较优势是竞争优势的内在因素，比较优势通过竞争优势体现，二者相互依存。同时，比较优势和竞争优势最终均体现在生产率的优越性方面。

从现实角度来看，比较优势理论仍是主流理论。对于发展中地区而言，充分发挥现有比较优势是将本地区产业体系融入外部系统的要求，而培育产业竞争优势则有利于发展中地区摆脱"比较优势陷阱"，提升本地区产业经济在宏观层面分工体系中的层次，实施赶超战略。因此，在系统开放性背景下，充分发挥比较优势并推动比较优势向竞争优势转变，是实现本地区经济可持续增长的实质，也只有这样才能使本地区在参与产业分工合作、竞争时分享利益及获得相对平等的发展机会。

综上所述，比较优势理论和竞争优势理论在不同的经济发展阶段有着不同的理论和现实意义。区域产业分工发展必须依托比较优势理论，也需要逐渐促成、发挥和保持竞争优势理论。区域优势产业的形成取决于区域比较优势的大小和企业竞争优势的大小。宏观层次的比较优势仅仅是区域优势产业发展的必要基础和前提条件，微观层次的企业竞争优势则是决定区域优势产业发展的充分条件。一个比较理想的发展战略是重点发展那些既具有较大比较优势，又具有较大竞争优势的产业。

竞争优势理论主要应用于国家间的产业竞争分析，与分析一国内部区域间产业竞合关系有所不同，即同一国中不同区域产业的发展，必须在优先考虑如何进行区域的合理分工和建立产业发展互补机制的前提下，兼顾区域作为单独经济利益主体的角度，谋求形成不同区域的竞争力，只有这样才能达到"1+1>2"的整合效果，使国家宏观福利实现最大化。

本书主要基于一国内部进行的以行政区域为基本单元的区域优势产业研究，因此在对优势产业进行界定时，比较优势原则应作为产业分工的出发点和理论基础，同时也重视比较优势理论和竞争优势理论的结合，即抓住比较优势，重点勾画评价竞争优势特征，从而确定区域优势产业的具体定义。

第四章
区域优势产业的基本概念和特征

第一节 区域优势产业现有定义的研究述评

我国产业经济学领域，对区域优势产业尚无认可度较高的定义，不同的学者从不同的角度出发，所提炼出的优势产业定义及内涵均存在不同程度的差异。但总的来说，国内关于区域优势产业定义的研究角度主要有三种。

一、市场竞争力角度

目前国内学者主要依据区域优势产业的外在表现特征进行定义。

刘丽琴、李秀敏认为，一定时期内，一个国家或地区的众多经济产业中会有某个或某几个产业经济效益好、增值率高、发展速度快、具有发展壮大的趋势和前景，这种产业就是该国或该地区的优势产业；陆晓庆则认为优势产业是指以地区比较优势为基础，能够利用和发挥地区特色和有利条件，资源配置基本合理，资本运营效率高，在一定空间区域和时间范围内有较高投入产出率，并能够体现、巩固和创立地区竞争优势的产业部门。这些定义都是在对区域内产业市场竞争力进行分析的基础上，注重依据财务指标、发展速度、市场需求成长等产业竞争力的外在表现特征提炼出的区域优势产业的本质和定义。

竞争力研究是现代产业经济学研究的热点。"优势"本身就是一个市场的概念，优势产业最终将体现为其对应的产品在市场上的竞争能力。

二、综合角度

不少学者从产业资源要素优势性的具体表现角度出发对区域优势产业进行定义。如唐昭霞认为优势产业是指自然资源禀赋好，在一个区域内具有资源、技术、人才以及现有生产条件优势的产业，它在产业链条中具有很强的推动力或拉动力，表现在市场需求旺、增长潜力大、收入弹性高、竞争能力强，对一个地区的经济发展程度具有决定性影响。

从现实中看，很多政府在规划本地区的优势产业时大多从优势要素资源出发，结合优势资源发展优势产业，这往往也是比较现实的一种方法。换句话说，对于众多落后地区而言，在社会经济发展的初始阶段，由于缺乏产业发展所需要的资金、技术，就只能依赖本地区所拥有的资源发展资源性产业了。

该类定义虽然在研究上有所深化，但仍未提炼出区域优势产业的本质特征，区域优势产业与主导产业、支柱产业的趋同度较高。

三、指标角度

众多学者针对传统优势产业的定义，虽描绘了优势产业的特征，从量化优势的目的出发提出了优势产业的定义，但未能量化其优势的程度。孔庆峰主张以显性比较优势系数（某种产品占一国出口总额的份额与世界该类产品占世界出口份额的比率）衡量不同资源密集产品在国际贸易中的地位，大于1的为比较优势，小于1的则为比较劣势，从而判定优势产业。

现实不可能仅靠单一指标就对区域优势产业进行定义。区域产业的优势不仅局限于比较优势系数，主导产业和支柱产业的比较优势系数也同样存在，故该类定义同样不能揭示区域优势产业的本质特征。

笔者认为，从产业市场竞争力的外在表现特征和产业资源要素优势角度对区域优势产业进行定义，仅揭示了区域优势产业的部分属性，不能完全体现优势产业的本质特征，具有一定片面性，而且也容易造成区域优势产业与特色产业、主导产业、支柱产业等概念的混淆。必须综合考虑各方面影响因素，更加全面地提炼出区域优势产业的概念。

第二节　区域优势产业的定义

一、区域优势产业研究的假设前提

笔者通过文献整理和分析，设定区域优势产业研究有区域的界定、区域产业系统的发展目的以及区域间关系三个假设前提。

（一）区域的界定

区域是一个空间概念，它在地球表面占有一定空间，由不同物质客体组成，按不同学科定义可分为地理区域、经济区域、行政区域、社会区域等。

在区域经济研究中，区域是指便于计划、组织、协调、控制经济组织，而从整体出发加以考虑的以行政区划为基础的一定空间范围的地域。它具有组织区内经济活动和区外经济联系的能力，常由一个或一个以上的中心城市，一定数量的中心城镇以及广大的乡村地区组成。20世纪60年代，法国经济学家布德维尔（Boudeville）在吸收佩鲁在《经济空间：理论与应用》一文中提到的空间方法框架和地理学的区域思想的基础上，将区域分为均质区域（Homogeneous region）、极化区域（Polarizable region）和计划区域（Planning region）。其中，"均质区域是指有某些同类性的一定空间范围，如农作物种类或者消费观念的一致性。极化区域又称节点区域，是指被某种形式流量联系在一起的一定空间范围，如区域中拥有对周围有吸引力的中心，及与周围形成某种信息、物质、能量的交换，从而构成极化区。计划区域是指一定空间范围被置于同一计划权威或者行政权威之下，如行政区域"。

从总体上看，传统区域经济理论研究认为，区域的研究不能离开行政区划基础。胡佛认为："区域是根据叙述、分析、管理、规划或制定政策等目的，作为一种有效实体来加以考虑的一片地区，它可以根据内部同质性或功能同一性而加以划分。"胡佛还指出："把区域视为一种聚合体，可以减少所掌握处理的数据和事件，这有助于描述区域。在大多数情况下，人口普查区、县的统计总量和平均数所提供的信息量与大量的单项普查所包含的信息量是同样丰富的。但在分析、处理上，前者比后者容易得多。同样，聚合体能够简化对信息的分析过程，这在一个地区内存在大量相互依赖的单元或活动，而这一整体又不仅仅是各个个体的总和时尤其重要。最后，由于同样的原因，这一聚合体对于计划、管理以及公共政策的制定和实施都是必需的。从这些可以看出，最适宜的区域划分应遵循行政区域疆界。"在我国，一般而言，不同区域经济系统都依附于一定的行政区域，行政区域内通常拥有功能结构完整的经济系统，但由于经济系统是开放的，行政区域不能阻隔不同经济系统的对接开放。因此，按不同层次的划分，经济区域和行政区域有所区别。

新兴古典经济学认为，区域又是一种经济组织，这种组织是市场选择的结果，而非人为安排的结果，它是随城市的形成而出现的。安虎森在其主编的《区域经济学通论》中指出："本书所讨论的区域都是具有较强的自组织能力的城市及其影响范围，是指能够独立地生存和发展，具有比较完整的经济结构，能够独立地与其他区域的经济相联系的空间组织。这样，根据新兴古典经济学的思路，区域为以具有较强自组织能力的城市为中心、通过某一城市体系进行交易活动的所有消费—生产者的居住空间。"

可以看到，无论从哪个角度界定区域，它都应该具备两个基本属性：一是行政权力延伸的连续性和社会经济活动的连续性，决定了区域具有连续性的特定空间；二是该特定空间内社会经济活动相互影响，且存在区内某种事物具有明显的同类性和关联性，高于区外相关事物的联系。从实际操作角度考虑，我们研究的区域主要是指基于行政区域划分的省域及省域内的市域及县域（如云南省），或者因为有国家统一政策支撑而形成的跨行政区的经济区域（如成渝经济区），这种区域界定具有较强的政策导向性，也具有可度量性、整体性、系统性、结构性、相对性等特征。

（二）区域产业系统的发展目的

区域产业系统是指由区域内各类产业和它们之间的经济关系共同构成的整体，具有系统复杂的结构体系，主要包括一国产业大系统与其内部各区域产业系统的关系，区域产业系统内的各种关系，各区域产业系统之间的内部关系。它既是区域经济系统的主要内容，也是国家产业系统的子系统。区域产业系统内包括第一、第二、第三产业之间的比例关系，也包括区域内主导产业、支柱产业、基础产业等产业的比例关系和数量构成。

区域产业系统与区域经济系统密切相关，它决定着区域工业化、现代化进程，同时也深刻地影响着国民经济产业系统。区域产业系统发展的目的在于通过优化区域产业结构，增强区域产业的竞争力和获取最大限度的经济福利，同时充分发挥不同区域产业系统的比较优势，促进区域经济的协调发展和国民经济产业的系统发展。

因此，在区域优势产业内涵的界定上，我们不仅需要考虑区域优势产业在区域产业系统内的地位和作用及它与其他产业的关系，还需要将该区域放到国家宏观环境中，综合考虑该区域优势产业在推动不同区域产业系统发挥各自比较优势、实现区域产业的互补协调发展过程中的地位和作用。区域产业系统内优势产业的选定与国民经济产业系统内的不同定位发展战略也是密切相关的，可以说，区域优势产业是不同区域产业系统和国民经济产业系统中利益冲突的核心表现点。

在区域经济的实践中，我国提出了主体功能区概念。主体功能区是指基于不同区域的资源环境承载能力、现有开发密度和发展潜力等，将特定区域确定为特定主体功能定位类型的一种空间单元。一定的国土空间具有多种功能，但必有一种主体功能。我国幅员辽阔，各地区的自然环境和资源条件差别迥然，不可能按照统一的模式发展。划分主体功能区时，就要考虑自然生态状况、水土资源承载能力、区位特征、环境容量、现有开发密度、经济结构特征、人口集聚状况、参与国际分工的程度等多种因素。推进形成主体功能区时，根据不同区域的资源环境承载能力、现有开发密度和发展潜力，统筹谋划未来人口分布、经济布局、国土利用和城镇化格局，将国土空间划分为优化开发、重点开发、限制开发和禁止开发四类主体功能区；确定主体功能定位，明确开发方向，管制开发强度，规范开发秩序，完善开发政策，形成人口、经济、资源环境相协调的空间开发格局。这是全面贯彻落实系统观，统筹城乡发展、统筹区域发展、统筹人与自然和谐发展的重大举措，关系到我国经济社会的发展全局和中华民族的长远发展。从区域主体功能区定位角度出发考虑的区域优势产业，则是指满足或者提升主体功能区区域功能定位的相关支撑产业，其发展不仅是主体区域自身经济可持续发展的需要，更重要的是从整体国土合理有序开发的角度，体现区域的主体功能，这种类型的产业在实际中才具有发展空间。

区域产业系统发展的目的从狭义来讲是本区域社会经济可持续发展的经济支撑，从广义来说是基于区域功能定位的产业支撑。

（三）区域间关系的假定

本书主要从省域经济范围内选择优势产业进行研究，属于中观层次的经济问题，因此在对区域间关系进行假定时，不仅需要考虑宏观、中观、微观的纵向关系，还要研究同一层面上各区域间的横向关系。

一国经济体系中，宏观、中观、微观的纵向关系是引导和服从、制约和发展的关系，高层次系统拥有信息的整体优势和资源优势，所进行的产业规划、功能定位更具宏观指导性和综合统筹性，因此低层次产业系统的发展应坚持局部服从整体的原则，以顺应更高层次系统的发展方向和定位为制定本区域系统产业政策的首要前提，形成自上而下、同向而行的良好氛围。

作为同一国家中的不同区域或不同经济子系统，各区域既有各自的地区利益，也有共同的宏观目标和统一的国家宏观协调机制，因此它们应该加强合作，合理进行产业分工以实现国家经济福利最大化。不同区域的同一产业所面对的市场是相同的，互为竞争对手，不同区域经济的发展都意味着对资源要素的排他性占有、利用，对公共产品的竞争性利用，因此它们还存在竞争关系。所以，同一层次上不同区域产业的横向关系既有合作也有竞争。同时，在区域经济一体化和经济全球化的时代背景下，要尽量发挥互补性，使区域合作大于竞争，从而谋求整体上的福利最大化。总而言之，同一层面不同区域产业的发展关系应该是互补性合作大于竞争。本书正是基于区域间较为理想的状态开展研究的。

二、区域优势产业的定义

区域优势产业本身就内含相对性，即它相对于一定的时间和空间而言具有一定优势。因此，优势产业也应该是动态性的，在不同的时间或空间维度下，它是会发生变化的。区域优势产业的考虑不应仅仅局限于区域内优势的发挥，还应当考虑一国背景下区际间的合作与竞争，它的发展不只是单纯有利于优化区域产业结构，更应是在促成区域产业互补效应充分体现的前提下，实现区域优势的发挥。因此，从全局来看区域优势产业的动态发展，除体现在区域内产业结构优化发展方向上，还应体现在国家对不同区域进行不同功能定位的战略意图中。

区域优势产业的发展基础在于对区域内各种优势要素产业资源的充分运用。一方面，充分发挥市场在资源配置中的决定性作用，积极促进区域内优势资源集聚到相应的优势产业中，加快该产业发展；另一方面，充分发挥有为政府的作用，制定政策引导甚至直接促进资源流动，推动相关产业快速发展以促进区域内经济协调、协同、协作发展，最终提升区域经济整体效应。进一步地，在经济全球化进程加快、现代科技进步和产业生命周期极大缩短的背景下，各种新兴产业迅速崛起，这势必会使产业要素功能也发生相应的变化，从而让某一个区域内固有的比较优势难以持久。依托区域内的比较优势，通过形成并发挥竞争优势，把潜在优势转化为现实优势，使优势产业本身具备一定的自组织和自发展机制，这样才能保证区域优势产业的可持续发展。

综上所述，可以从时间和空间两个维度界定区域优势产业的内涵：所谓区域优势产业，是指在特定空间范围内，以区域的主体功能定位为基本立足点，在市场机制和政府引导的共同作用下，面向国内外不同层次的市场，系统运用区域内所拥有的产业资源，将比较优势转化为竞争优势，在产业价值链中的某个环节或多个环节有着决定性影响、产业绩效高、产品市场空间广阔的产业或产业集群。

第三节　区域优势产业的基本属性、特点以及形成机制

一、区域优势产业的基本属性

区域优势产业作为经济客体对象，有着其作为区域经济系统和产业经济系统的一般属性，通过分析它的基本属性有助于我们把握区域优势产业的本质。笔者认为区域优势产业的基本属性包括系统性、相对性、动态性和综合性四个方面。

（一）系统性

钱学森将系统定义为由相互作用和相互依赖的若干组成部分结合而成的具有特定功能的有机整体。系统的本质特征是整体性和功能性。从系统经济学出发，世界是由大小不一的无数系统单位构成的，大系统包含子系统，子系统下还包括子子系统，不同系统间虽然层次不一致，但基本功能是一致的。区域产业结构的重要特点之一就是其产业结构具有非均衡性，这是区域产业结构与国家产业结构的区别。另外，区域优势产业本身就是区域产业经济系统中的一个部分，其本身也是一个完整的系统，有其完整的功能特征，优势资源、合理的制度安排在该系统内共同作用，完成生产加工，最后产出具备市场竞争优势的

产品，以此类推，周而复始，产品的优势扩张为产业优势，最终形成优势产业。同时区域优势产业既是相对的高级系统，在它内部存在包括厂商、消费者群体、政府产业规制部门在内的若干子系统；它又是相对的低级系统，在它的外部存在众多平行性系统、高层次系统，因此区域优势产业系统又是大系统中的重要组成部分，执行着一定的重要职能。所以区域优势产业具有系统性属性。

意大利经济学家帕西内蒂将一个经济系统视为一系列"纵向联合的部门"之和，这些"纵向联合的部门"在生产方面是彼此相对独立的，对整个系统的贡献主要依赖于本部门的技术效率和产出需求。部门间的不同技术效率和需求差异以及资源如何在不同部门间进行转移就成为该系统总量增长的重要影响因素，这是区域优势产业形成的支撑条件。

区域优势产业的系统性强调了该产业发展与区域空间功能定位的吻合，强调了区域内支撑优势产业发展的区位因素的集聚、区域优势产业与优势企业及产品的有效组合、优势产业资源与市场需求的有效结合。

（二）相对性

系统间总是存在层次性。区域优势产业在不同的经济系统中有不同的选择，也有着不一样的效用。承认区域优势产业具有层次性，就必然认可它具有相对性。不同层次的经济系统既是认识主体，也是认识客体，对经济系统的认识不仅包括同一层次经济系统之间的认识，也包括不同层次经济系统之间的相互认识；既包括作为认识主体的经济系统对外部经济世界的认识，也包括指向自身的认识。不同区域经济系统的认识主体对区域资源、比较的特征、时空尺度、自身的知识、信息、偏好和对未来的预期及目标都存在偏差，从而导致区域优势产业的界定有着相对性。进一步地，区域优势产业总是相对于区域内非优势产业而言的，其发展能提升区域社会经济发展的整体实力，能在区域之间的合作竞争中为本区域提升分工收益。任何产业都有生命周期，区域优势产业的相对性还表现在特定的优势产业总与一定的区域经济发展阶段相联系，与时间相对应，具有时间上的相对性。

区域优势产业的相对性强调了优势是一个比较的概念，是相对于区域内其他产业以及区域间同一产业而言的，这就需要从市场需求的角度考察能否更好地满足消费者的需求偏好，更好地为区域的整个产业经济系统服务的相关问题。

(三) 动态性

从现代技术革命角度出发，动态性是新技术不断涌现，使传统经济学中资源有限的问题更加凸显，资源的替代性变得更加紧迫。新技术一方面让既有资源要素更好地使用，改变当前产业的资源配置；另一方面加大资源利用率，将一些在既有技术条件下认为无用甚至是包袱的资源转变为可以利用的资源，从而促进区域内新产业的崛起。

从长期来看，区域优势产业的资源要素禀赋处于动态变化状态，其优势会因时间变化而产生变化。

认识区域优势产业的动态性，有助于我们及时捕捉经济社会发展趋势，及时调整区域优势产业的发展方向，优化区域产业结构，从而实现区域经济的可持续发展。

(四) 综合性

区域优势产业的优势是一个综合性的、共同作用的系统，仅具有单一的优势是不可能形成优势产业的。资源、技术、产品上的优势是最为基础性的构成。例如，储量大的资源才能形成强大的产品生产能力，才能有高的市场占有率。同等条件下，具有规模经济效益，更容易成为优势产业。几种优势并非简单的叠加，而应通过某种特定的机制把其有机联系起来。各种单一优势相互联系、相互作用，把优势进一步放大和扩张，从而整合成产业的优势。更进一步说，全球经济一体化程度加深，基础设施互联互通对区域优势产业的支撑作用日益突出。

区域优势产业的综合性，要求我们从区域产业发展的支撑要素、从资源和市场的结合、从产业到企业、从产业到产品再到品牌整体，认识区域优势产业。

二、区域优势产业的特点

结合区域优势产业的定义和基本属性分析，笔者认为区域优势产业主要具有以下特点。

（一）市场导向性

优势产业既是区域内众多优势产业资源在市场或政府政策导向下共同作用的产物，也是对优势产业资源开发利用的平台。区域优势产业具有较强的资源要素配置能力，具备较强的核心竞争力，区域内其他产业或区域外同一产业难以模仿。在社会经济发展的不同阶段，资源对优势产业的支撑力度也不一样。在社会经济发展的原始时期，对自然资源需求更大，随着市场的扩大，交通运输条件所对应的产业成本优势和生产组织优势将产生更加明显的支撑作用。随着经济全球化进程的加快和知识产业的加速发展，市场需求以及科技进步等产业资源对区域优势产业发展的支撑作用凸显。

（二）优势具有时空性

不同的经济发展阶段（或时间维度）有着不同的优势产业，不同的区域层次（或空间维度）也有着不同的优势产业选择，因此区域优势产业具有较强的时空概念。区域优势产业必须从产业发展的时空以及市场的角度考察区域内所具备的综合优势产业资源，离开特定时空，产业优势也就无从谈起。

随着现代交通技术的发展和信息技术的普及，区域之间的空间联系方式发生了改变，从而引发了资源空间组合的新特征，既有的经济空间联系因为新的交通方式、交通渠道而得以变化和发展。区域优势产业的发展一方面是供给推动，另一方面则是需求拉动。需求与社会经济发展阶段和区域产业的空间半径相关，是时间和空间的有效组合。从供给角度考察，区域优势产业所需要的资源要素与特定阶段的科技要素组合、科技对资源的利用能力以及区域内企业对资源空间半径的运用能力相关，因此也是一个时间和空间的组合。

（三）发展速率较高

优势产业利用优势资源发展或有着较好的经营管理体制、创新机制，需求市场比较稳定，外加收入弹性高等因素的影响，发展空间较大，产业增长率较高。

区域优势产业按照市场需求，充分发挥区域内的优势资源，促进供给与需求相匹配，从而有效提升产业竞争力，故相对于区域内其他产业而言，区域优势产业拥有较高的发展速率。

（四）拥有创新产品或形成合理的创新机制

优势产业的优势最终表现为产品的溢价能力，因此优势产业优势的维系很大程度上源自拥有受市场欢迎的创新产品。区域产业的创新产品源自制度创新、管理创新、技术创新、生产流程创新等企业创新机制，其发展一方面依赖于区域创新机制的建立，另一方面也促进了区域创新机制的演绎和发展。

（五）一定的产业关联性

区域经济是一国国民经济的重要组成部分，一般不要求也不应该发展所有的产业，而是大力发展与其优势和地位相匹配的区域优势产业。进一步说，区域并不只有优势产业，而是由若干与优势产业相关的产业共同组成，区域优势产业既是社会产业行业分工和区域分工的产物，又是区域内各相关产业共同作用发展的结果。

区域优势产业的发展需要区域内外相关产业的支撑，同时还对相关产业形成强力的拉动或推动作用。

三、区域优势产业的形成机制

区域优势产业的形成机制是指使区域优势产业得以确立并发展的区域内各产业之间或产业内各组成部分间的关系和影响的共同作用方式。

区域优势产业的形成发展机制按驱动主体的不同可分为市场机制和政府引导扶持机制，按驱动力类型的不同划分，又分为内生因素主导型和外生因素主导型。根据不同区域优势产业的组成部分进行归纳分析，结合不同区域优势产业的发展实例，笔者认为区域优势产业的形成发展机制可通过以下函数形式来表示：

$$区域优势产业 = f\begin{pmatrix}资源要素、生产状况、专业分工和交易\\效率、政府力量、产业转移承接……\end{pmatrix}$$

其中，括号内各要素代表对区域优势产业建立和发展产生影响的因素，f 代表区域优势产业各影响因素的作用方式,即其在形成和发展区域优势产业过程中的作用力量对比和关系。

由以上函数可以直观地看出,区域优势产业的形成和发展是多种因素共同作用的结果,且因各因素作用大小不同,导致区域优势产业的主要驱动因素也不同。因此,按区域优势产业确立并发展的主要驱动因素的不同,可以将区域优势产业的形成机制归纳为六种类型。

(一) 资源要素主导型

优势产业的优势直接体现在产品优势上,产品优势的重要源泉在于资源要素、区位条件。当区域内具备某种优势资源要素时,对其进行加工提炼并进而形成合理的产品链条,容易取得优势产品,从而获得较好的市场竞争力。资源优势—产品优势—企业优势—产业优势,是资源要素主导型优势产业的形成机制,属于外生比较优势类型,如云南省玉溪市易门铜矿的发展、昆明市东川铜矿的发展等。

(二) 先发优势主导型

区域优势产业的形成不仅需要考虑资源要素状况,还必须考虑不完全竞争下的规模经济效应和产品差异化状况。区域内可能并不具备发展该产业所需的优势资源要素,但由于该区域经济发展水平较高或发展该产业的历史较长,有良好的经济基础和产业基础,所以相对容易获得产业内产品生产的规模经济效应,生产成本较低,从而获得市场竞争力。根据林德贸易需求理论,收入水平较高的地区对产品差异性要求也较高,从而使得差异性的产品开发同样容易获得市场竞争力。此外,当该区域的产业已形成规模生产发展时,激烈的市场竞争将提高该产业的准入门槛值,使得其他区域发展该类产业需要付出较高成本。先行发展该产业—获得规模经济效应(资本准入门槛高)—产品差异化生产(技术壁垒形成)—产业准入门槛提高—取得产业优势—发展成为优势产业,是先发优势主导型优势产业的形成机制,如美团的团购、滴滴的网约车等。

(三) 内生比较优势主导型

区域优势产业的重要优势来源是内生比较利益。当区域劳动分工不断发展，交易效率不断提高时，区域分工也将进一步演进。经济发展、贸易及市场结构完善现象则是演进过程中不同角度的反映。伴随交易效率提高、分工演进深化、专业化水平提升、生产效率提升、市场容量扩大、人与人之间依存度提高、内生比较利益增加、经济结构多样化，专业分工下的产业成为区域优势产业。因此，专业分工—劳动生产率提高—市场容量扩大—内生比较利益增多—经济结构多样化—获取产业优势，是内生比较优势主导型优势产业的形成机制，如江苏省南通市的轻纺业是中国该类产业的核心区域。

（四）产品周期阶段主导型

随着区域经济一体化进程的加快和国际新一轮产业结构调整浪潮的到来，区域内产业的发展不能仅依靠自主发展，还要建设更高水平开放型经济新体制，主动承接和对接区域外产业。根据产品周期理论，产品生产可分为进入期、成长期、成熟期、衰退期，在产品的不同阶段，区域间产品生产要素的比例也将发生变化，比较利益将在不同区域间转移，从而形成不同的优势产业。转移出本区域已失去优势的产业，承接外区域转入的、符合本区域产业调整方向的产业，并依托本区域优势将其发展成为优势产业是产品周期阶段主导型优势产业的形成机制，如南亚东南亚国家主动承接发达国家资源密集型产业转移，逐渐形成产业结构雁形形态格局。

此外，科学技术的飞速发展，不断完善既有产品或者更新既有产品，一边有效延长区域优势产业的生命周期，一边在技术裂变下淘汰市场上的既有产品，使原来的区域优势产业由优势变成劣势，从而缩短既有区域优势产业生命周期，促使区域新优势产业的形成。

（五）政府主导型

某些优势产业有可能在既没有资源要素禀赋优势，也没有市场竞争机制下形成的优势，是因为区域内政府为实现产业结构的完善及优化或者某方面的战略意图，制定相关政策措施进行引导和扶持，选定某些产业进行赶超性发展，从而形成优势产业。政府选定—政策措施引导及扶持—获得产业优势，是政府主导型优势产业的形成机制。它是政府治理市场失灵问题或实施赶超战略的重要机制，多见于发展中地区或政府调控管理色彩较浓的国家，同时也是发达国家维护国家利益的重要调控手段。

国家通过对主体功能区进行发展规划，界定了各个区域的发展任务，实施区域开发政策，促进了某些区域的跨越式发展。在这个区域内，国家可以通过批准或者否定相关产业项目，对区域优势产业的选择及发展进行主导和给予支持。

（六）市场需求导向型

产业发展的最终决定力量是市场需求。市场需求导向型的区域优势产业更多与社会经济发展阶段相对应的居民消费需求有关。不同的社会经济发展阶段会有相对应的主导产业，能与之有效匹配的产业才能更好地获得发展空间。特别是现代知识型产业发展对传统资源要素的需求减少，对快速满足市场需求的要求较高，从而市场需求对产业发展的作用大于资源。外加跨国公司全球布局，从全球产业链条打造和满足本地化市场需求角度考虑，某个区域布局某种产业会有优势，其实质是企业内部需求和外部市场需求的有效结合。从整体看，市场需求对区域产业的引导作用日益突出。

第四节 区域优势产业与主导产业、特色产业、支柱产业的比较

在前面的研究中，笔者已通过界定区域优势产业的定义、特点、基本属性和形成机制等分析了区域优势产业的本质内涵。接下来将通过对区域优势产业和主导产业、特色产业、支柱产业进行对比分析，以明确区域优势产业的本质特征，为区域优势产业选择奠定基础。

一、区域优势产业与主导产业

主导产业是指能够依靠科技进步或创新获得新的生产函数，能够通过快于其他产品的"不合比例增长"作用有效带动其他相关产业快速发展的产业或产

业群。主导产业代表着国民经济中产业发展的方向。罗斯托认为主导产业具备三个特征：能够依靠科技进步或创新，引入新的生产函数；能够形成持续的高增长率；能够具有较强的扩散效应。主导产业既对其他产业起到引导作用，又对国民经济具有支撑作用。

（一）区域优势产业与主导产业的关系

结合上文对区域优势产业的分析，笔者认为区域优势产业与主导产业存在以下关系。

第一，区域优势产业和主导产业都注重科技进步或创新。区域优势产业优势可持续的根源来自创新能力和创新机制，主导产业只有通过科技进步或创新才能形成新的生产函数，领先其他产业以不合比例的增长速度带动其他产业的发展。

第二，区域优势产业与主导产业都注重产业发展的增长率。优势产业竞争优势的最直观的表现就是有较快的产业发展速度，而主导产业的重要特征就在于它不合比例的高增长速度。

第三，区域优势产业与主导产业都认同产业关联效应的作用。区域优势产业如果具有一定的产业关联效应，就能获得相关产业或价值链条上各产业的支持而快速发展，进而带动支持产业的发展。主导产业作为国民经济的战略产业，对其他产业的引导、支撑作用决定了其在国民经济发展中有不可替代的作用和地位，因此也更为强调产业关联效应。

（二）区域优势产业与主导产业的区别

尽管区域优势产业和主导产业存在许多相同点，但是仍然存在以下本质性的不同。

第一，两者的关联效应大小不同。区域优势产业的关联效应可以很小甚至可以忽略，比如说地区性特色资源优势产业，如采矿业，它与本区域其他产业的关联效应即便很小，也不会影响它成为区域特色性优势产业。主导产业则不然，其关联效应必须较大，否则难以起到主导作用。

第二，两者在区域经济发展中的地位和作用有所不同。主导产业强调它在整个产业体系中的核心地位，其演变决定着整个区域产业体系的发展方向，而区域优势产业则更多地从合理利用本区域有利条件的角度出发，突出本地区优势，扬长避短进行具有侧重性的发展。

第三，两者在产业生命周期中所处的阶段不同，主导产业多处于产业发展周期理论中的成长阶段，潜在优势产业有可能处在产业成长的初期阶段，但区域优势产业多处于成长或成熟阶段。

第四，区域优势产业的优势性可以是潜在的也可以是现实的，因此区域优势产业未必一定表现为具备良好的市场竞争力，它需要经过某个时间、空间阶段的培育。主导产业则必须具有较好的市场竞争力才能保持持续的高增长率，因此区域优势产业可以不是主导产业，但它经过特定条件和环境的作用有可能成为主导产业；主导产业也未必是区域优势产业，因为产业关联度高的产业容易被模仿，形成重复建设，从而未必能发展为地区的优势产业。

二、区域优势产业与特色产业

特色产业是指具备产业形成所需的基础独特、产品与服务的制造或提供过程独特、产品与服务的使用价值或品质独特等特征的产业或产业群。

区域优势产业和特色产业都注重对区域内特色资源要素的开发，强调对资源要素的配置利用要达到最优，但两者也存在以下区别。

第一，区域优势产业的产业基础或优势来源更加多元化，特色产业的产业基础则较为单一。区域优势产业不仅要考虑区域内资源要素状况，还要考虑规模经济和产品差异化、专业分工、产业转移承接、政府主导力量等因素，而特色产业的形成基础则主要考虑区域内资源要素的发展状况。

第二，区域优势产业表现为不同区域比较之后的差异性或者优势性，而区域特色产业则更多体现不同区域产业比较之后的特殊性。两者的选择角度有所不同。

因此，特色产业和区域优势产业在同一区域中可能存在一定交叉，不过不一定重合，但部分特色产业有可能会发展成为区域优势产业。

三、区域优势产业与支柱产业

支柱产业是指在国民经济体系中占有重要战略地位，其产业规模在国民经济中占有较大份额，并起着支撑作用的产业或产业群。区域支柱产业则是在区域经济增长中对总量扩张影响大或所占比重高的产业。

某产业是否能成为区域支柱产业主要依据其在国民经济中的产业份额比重来判断，侧重的是产值和利润水平，是区域财政最重要的收入来源；强调的是大规模的产出、就业容量，其评价标准较为单一。但区域优势产业的判断标准则是复合的、多元的，产业份额比重只是其中的细分标准之一，在指标体系中所占据的权重也不大。

支柱产业通常处于产业发展的成熟阶段，而区域优势产业则有可能处于成长或成熟阶段。

区域支柱产业更多是从区域内部各个产业对区域经济发展的支撑作用考察，而区域优势产业则是从区域内的产业比较和区域间的产业比较来考察不同产业在市场上可能的不同表现。

区域优势产业也有可能发展成为区域支柱产业。

第五章
区域经济发展理论与区域优势产业的发展

第一节 区域经济发展的基本理论

区域经济发展理论于20世纪30年代到40年代萌芽,在20世纪50年代形成。经过几十年的理论发展、实践检验和逐渐完善,区域经济发展理论已经较为成熟,适用范围不断扩大,现实指导性也越来越强。充分借鉴与合理运用经济发展理论,促进区域优势产业的发展是推动区域经济增长的现实路径。

迄今为止,区域经济发展的基本理论主要包括区域经济均衡发展理论、区域经济非均衡发展理论、区域经济增长阶段理论以及区域经济可持续发展理论。每一种理论都有其侧重点,虽然不尽完善,但是相互补充。

一、区域经济均衡发展理论

区域经济均衡发展理论产生于20世纪40年代,早于其他几大区域经济发展理论。这一理论主张通过平衡部署生产力与投资规模,实现地区之间和产业之间同步发展,达到区域经济平衡发展的目的。

区域经济均衡发展理论主要包括罗森斯坦·罗丹的大推进理论,纳克斯的贫困恶性循环理论和平衡增长理论,赖宾斯坦的临界最小努力命题论,纳尔森的低水平陷阱理论等。其中,罗森斯坦·罗丹的大推进理论,纳克斯的贫困恶性循环理论和平衡增长理论对后来研究的影响较大,本书主要介绍这两种理论。

(一) 罗森斯坦·罗丹的大推进理论

罗森斯坦·罗丹在研究第二次世界大战后东欧和东南欧落后地区工业化问题时,提出了大推进理论。他认为社会分摊资本过程中具有明显的不可分性和不可逆性,对于社会分摊资本项目的投资,要以连续的、大量的、全面的方式进行规模经济。特别是在没有充分可供选择的国外市场存在的情况下,需求具有不可分性,为了防止其中一个或部分产业因缺乏需求难以为继,需要广泛地、大规模地在多个产业或部门进行投资;而储蓄是投资的主要来源,但储蓄增长是有限的,且储蓄也具有不可分性,因此为了突破"储蓄缺口"对经济发展的约束,需要全面加快发展中国家的经济建设规模。

大推进理论并不是对国民经济的所有部门同时进行投资。罗丹指出,当发展中国家处于工业化初期时,应该将资本总量的30%~40%投到电力、交通、通信等社会基础设施建设部门以及轻工业部门,而不应该将投资重点放在重工业部门,需要的重工业产品可以通过进口得到。他强调,大推进过程必须由政府计划组织实施。

大推进理论对发展中国家和欠发达国家的经济发展起到了一定的推动和促进作用,但因为将投资重点设在轻工业部门,以及过分强调政府的作用而忽视市场的自发调节作用,导致该理论的实施并不一定能够达到预期的效果。

(二) 纳克斯的贫困恶性循环理论和平衡增长理论

纳克斯在1953年提出著名的"一个国家之所以穷是因为它穷"的贫困恶性循环理论。一个国家因为收入水平低下,就会通过两种途径回到收入水平低下的起点:其一,因为收入水平低下、储蓄不足,导致资本缺乏、投资力度不够,造成生产率得不到提升,最终回到收入水平低下的起点;其二,因为收入水平低下,购买力不强,市场有效需求不足,对投资的吸引力不够,抑制了生产率的提高,最终陷入收入水平低下的恶性循环。

纳克斯指出,要摆脱贫困的恶性循环,就需要全面加大投资力度,使各产业部门同时扩大生产规模,产生规模经济效益,从而打破收入水平低下的贫困恶性循环链条。

纳克斯的理论提出之后,虽然遭到一些质疑,但是仍然受到了一些发展中国家和政府的重视,也对这些国家的经济发展起到了一定的积极作用。

用区域经济均衡发展理论可以解释发展中国家和欠发达地区的贫困原因,并能够通过实证研究得出相应的政策建议,对部分国家和地区的经济发展起到了促进作用。不论是罗丹的大推进理论,还是纳克斯的贫困恶性循环理论,都突出了投资对于区域经济发展的重要性,尤其是对于基础设施的投资,这不仅在当时很有价值,而且对于现阶段我国的西部等后发区域来说,同样具有启发性。区域均衡理论注重社会各产业部门的平衡发展,有利于实现社会公平、缩小区域之间的差距,但是这种理论也具有较大的局限性。其一,强调均衡发展,投资分散,抑制了竞争性,不利于效率的提高;其二,没有考虑到发展中国家或者欠发达地区在工业化前期,通常缺乏足够多的资本来推动所有地区和产业均衡发展;其三,从理性观念出发,两种理论均采用静态分析方法,没有考虑到阶段性和时限性,把问题过分简单化,想要达到所设想的理想效果约束条件较多。

二、区域经济非均衡发展理论

与区域经济均衡发展理论相对应的是区域经济非均衡发展理论。区域经济非均衡发展理论在很大程度上是针对区域经济均衡发展理论的弊端所提出的。区域经济非均衡发展理论认为,欠发达区域,由于缺乏原始资本,不可能同时全面而均衡地在所有产业部门之间进行投资,而且考虑到各产业部门之间的增长速度,以及对区域经济的影响程度不同,强调区域之间、产业部门之间应该进行非均衡发展,并且着力将投资优先集中于能够产生较大带动效应的产业部门,然后通过这些发展较好的产业部门带动其他产业部门,进而推动区域经济整体发展。

区域经济非均衡发展理论主要包括佩鲁的增长极理论,缪尔达尔的循环累积因果理论,阿尔伯特·赫希曼的不平衡增长理论,弗里德曼的中心—外围理论,威廉姆逊的倒"U"型理论以及克鲁默、海特等的梯度推移理论等。本书重点介绍前三种非均衡发展理论。

(一) 佩鲁的增长极理论

法国经济学家弗朗索瓦·佩鲁在1955年正式提出增长极概念,并于1961年充分论述了增长极理论。佩鲁把在一定时期内不仅会迅速增长而且会通过乘数效应对其他部门或者区域经济发展起到较大支配和辐射带动作用的单位定义为"增长极",它不仅可以特指主导产业部门,也可以特指区位条件优越的区域。增长极的形成要满足一定的条件,首先是在区域内存在具有创新能力的企业家群体和企业群体,这是对熊彼特创新学说的反映和运用;其次是需要具备大规模的资本、技术、人才存量,能够产生规模经济效应;最后是需要有经济与人才创新发展的外部条件和环境。当这三个要素同时具备时,增长极才可能产生。一旦增长极产生,就会产生极化效应和扩散效应。在经济发展的初期,极化效应起主导作用,它促进各种生产要素不断地流向增长极,形成聚集经济效应，促进增长极进一步发展壮大。但是当增长极发展到一定程度之后，会出现外部不经济，生产要素不再向增长极流入而是向周围区域流动，极化效应会逐渐减弱，扩散效应替代极化效应起主要作用，此时增长极通过扩散作用带动邻近区域发展。

增长极理论主要针对不发达区域的经济发展，主张政府发挥主导作用，通过建立集聚点在短时间内就能看见改革成效，从而弥补市场经济的不足，并且对社会经济发展过程的描述比较真实，注重创新的作用，鼓励技术革新，强调经济的动态发展，因此增长极理论为其他非均衡发展理论的发展起到了促进作用，陆大道的点轴理论就是在此基础上产生的。确切地说，由于它具有实用性，且效果显著，也受到了很多发展中国家和落后区域政府的追捧。

但是，增长极理论也存有缺陷，它过分强调早期的极化效应而忽视了周围地区的经济发展，扩大了核心区域与周围区域的经济发展差距，尤其是城乡差距。缪尔达尔的循环累积因果理论对此进行了一定程度上的弥补。

（二）缪尔达尔的循环累积因果理论

瑞典经济学家缪尔达尔在1957年提出了循环累积因果理论。他认为，社会经济过程是处于不断变动之中的，社会各种因素通过相互作用最终影响经济发展。当一种社会因素发生变动时，就会同时引起与之相关的其他社会因素的变动，其他社会因素再影响更多的社会因素变动，从而形成一个逐渐累积的过程，导致整个社会经济发生变动。对于区域优势较好、发展基础较好的区域来说，在循环累积过程中，这些区域会不断积累有利因素继续领先发展；对于欠发达和落后区域来说，在循环累积过程中，这些区域会不断积累不利因素继续滞后发展。这一过程不断持续，最终会导致地理空间上的"二元经济结构"。因此，该理论意味着，在区域经济发展中，政府应该让有优势条件的区域优先发展，然后再通过回波效应和扩散效应以及相应的鼓励措施带动和激励落后区域发展，以缩小区域间的差距。

该理论在增长极理论的基础上进一步将社会经济发展放在一个动态的变化过程中，强调经济因素相互之间的影响作用，在肯定市场力量的同时，也注重政府在区域间的重要调控作用。

（三）赫希曼的不平衡发展理论

1958年，美国发展经济学家赫希曼从主要稀缺资源应得到充分利用的认识出发，提出了不平衡发展理论，该理论也被称为极化—涓滴效应理论，进一步完善了极化和扩散理论。

在他看来，区域之间的不平衡增长是不可避免的，总是会有一些区域领先其他区域发展。经济发展较好的区域，由于收益差异会诱导其他区域的劳动力、人才、技术、资金、资本等要素集中于此地，加速该地发展，同时落后区域由于缺乏相关要素的支撑，会继续落后。事实上，发达区域在发展过程中，一边不断向欠发达区域购买资源性原材料，一边会输出一定的资本和技术，由此便在一定程度上带动了欠发达地区的发展，赫希曼将这种带动作用叫作涓滴效应。极化效应与涓滴效应同时存在，只是在不同的发展阶段所起到的作用大小不同。这就需要政府采取行政手段缩小区域差距。

由前面对三种非均衡理论的阐述可知，非均衡发展是区域经济发展的常态，是客观存在的。相比较而言，区域经济非均衡发展理论比均衡发展理论更具有现实指导意义，但是两者并不是完全对立的，都有其优缺点。一般来说，在经济发展的早期阶段，资源稀缺，无法保证所有区域同时均衡发展，采取非均衡发展战略是首选；随着经济的发展，二元经济必须要向一元经济，即区域一体化发展，最终，区域还是要回归到均衡发展。

三、区域经济增长阶段理论

经济发展的历史告诉我们，区域经济的发展具有明显的阶段性。在关于区域经济增长阶段理论中，较有代表性的有胡佛—费希尔的区域经济增长阶段理论以及罗斯托的经济增长阶段理论。

（一）胡佛—费希尔的区域经济增长阶段理论

1949年，美国区域经济学家胡佛与费希尔指出，任何区域的经济增长都存在"标准阶段次序"，经历的过程大致相同，他们将区域经济增长划分为五个阶段。

第一阶段是自给自足阶段。农业是主要的经济活动，区域间的经济往来很少，封闭性较强。第二阶段是工业初始发展阶段，也就是乡村工业崛起阶段。在农业发展较好的地区，以农产品、农业剩余劳动力和农村市场为基础的乡村工业开始兴起。第三阶段是农业生产结构转换阶段。随着经济的发展，贸易往来更加频繁，农业生产方式逐渐开始发生变化，由原来的粗放型逐步向集约型和专业化方向转变。第四阶段是工业化阶段。区域工业开始兴起并逐渐成为促进区域经济增长的主要力量。最初是以农副产品为原料的食品加工业、纺织业等，后来是以工业原料为主的机械制造业、化学工业等。第五阶段是服务业输出阶段。服务业快速发展，资本、技术、专业化服务的输出成为推动区域经济增长的中坚力量。

（二）罗斯托的经济增长阶段理论

罗斯托在全方位分析世界各国，尤其是美国和英国经济增长历史的基础上，将一个国家或区域的经济增长划分为六个阶段。

第一阶段是传统社会阶段。传统社会是人类社会发展的初期，原始农业是主要的经济部门，社会生产力水平低下，产业结构单一，经济增长非常缓慢。第二阶段是经济起飞的准备阶段。此阶段主要经济部门逐渐由农业向工业转变，家庭手工业和商业逐渐兴起，简单的扩大再生产开始进行，市场的不断发展使得金融业兴起，企业家阶层逐步形成，经济活动地域得到突破，出现了早期的专业化分工与协作，为经济起飞创造了有利的条件。第三阶段是起飞阶段。经过前期的积累，量变引起质变，在此阶段，经济在较短时间内发生结构和生产方式的突变，经济由过去的缓慢增长进入持续、快速的增长，开始"起飞"。工业部门成为主导，农业技术进一步提高，人均收入快速增长，劳动力、资本等向工业领域集中。起飞阶段是人类社会从传统社会向现代社会演变，进入工业化阶段的转折点。第四阶段是成熟阶段。起飞之后60年左右，经济增长进入成熟阶段。此时经济增长的速度开始减缓，重化工业成为带动经济增长的主导部门，劳动力持续向工业转移，劳动者素质日益提高，人民生活水平提高，人口开始向城市集中。第五阶段是高额消费阶段。经济水平的提高使得人们开始进入高消费时期，增加对耐用消费品和劳务服务的需求，企业竞争更加激烈，垄断开始形成，政府的干预变得必要。第六阶段是追求生活质量阶段。人们开始追求精神生活，追求文化娱乐方面的享受，第三产业逐渐发展壮大，教育、文化、旅游、金融、保险等服务业成为新的主导部门。

虽然不同学者对经济增长的阶段划分不一，但是大体没有差异。经济增长阶段理论指出了每一个阶段都有其突出特征，虽然后来学者对此有过争论，但是借鉴经济增长阶段理论的划分标准，因地制宜地制定区域经济发展分阶段走的步骤，具有现实意义。此外，不少国家和地区经济起飞的事实，已经在实践中验证了它的正确性。

四、区域经济可持续发展理论

第二次世界大战以后，发达国家和发展中国家都致力于加快发展本国经济，而忽视了环境保护。20世纪60年代以来，在经济高速增长的同时，也带来了日益严重的环境问题，人们将更多的目光转向环境保护。1987年，以挪威前首相布伦特兰夫人为首的世界环境与发展委员会（WCED）提出了可持续发展的概念，可持续发展自此成为世界研究的热点问题之一。1987年，联合国在《我们共同的未来》报告里面明确界定了可持续发展的内涵：可持续发展是指既能满足当代人的需要，又不对后代人满足其需要的能力构成危害的发展。这一定义被国际社会广泛接受。可持续发展观的提出，不仅在区域经济发展的理论方面具有重要意义，而且对于区域经济发展的政策制定和实施方面也具有重要价值，成为当代社会进步的指导原则，成为人地关系理论发展最佳形态的阐述。

自1992年联合国环境与发展大会召开以来，可持续发展思想日益深入人心，世界各国都在考虑本国的可持续发展问题，并着手制定了本国的可持续发展战略。1994年3月，中国政府正式发布了《中国21世纪议程——中国21世纪人口、环境与发展白皮书》，这是我国的可持续发展战略，也是制订经济、社会发展计划的纲领性文件。之后，中国政府部门、学术界对区域可持续发展展开了系列研究与实践，并取得了辉煌的成果。

区域可持续发展是一项涉及自然、经济、社会三个子系统组成的动态、开放的复杂系统，其研究内容涉及地理学、生态学、环境科学、人口学、系统工程、经济学、社会学等许多相关领域，其思想有着极为深刻的哲学背景、社会背景乃至心理背景。同时，由于区域在空间上、时间上以及自然、经济、社会、文化背景上的差异，形成区域经济活动的高度复杂性，继而在区域发展过程中，不可避免地产生了一系列的问题和矛盾。解决这些问题和矛盾并最终实现区域可持续发展的核心就是优化区域的人地关系，对区域进行系统调控，通过政府制定区域发展政策或发挥系统自平衡能力，使区域经济发展、社会进步、资源环境支持和可持续发展能力之间达到一种理想的优化组合状态，以便在空间结构、时间过程、整体效应、协同性等方面使区域的能量、物流、人流、信息流实现合理流动和分配，从而提高区域可持续发展的能力。

第二节 区域优势产业发展与区域经济增长

一、区域经济理论与区域优势产业

区域经济发展理论从不同角度指引着区域优势产业的发展。

区域均衡发展理论主张各部门、各产业间均衡发展，因为每个产业的地位和作用都一样，只要大规模地进行全面投资，让每个行业的每个部门都同等地分配到资本、劳动力等要素，那么无论每个行业的发展基础如何、发展前景怎样，都可以推动区域经济的整体发展。故区域均衡发展理论意味着没有必要选择区域优势产业，因为区域优势产业发展的好坏，对于区域经济增长的影响并不大。

区域经济非均衡理论承认经济部门之间、产业之间发展的客观差异性，且不同产业对经济增长的贡献作用不同，因此有必要着力扶持一批发展基础较好、产业关联度大、辐射带动作用较强的产业先行发展。从前文对区域优势产业的定义中可以清晰地看到，区域优势产业具备成为区域经济发展中增长极的条件。将区域优势产业作为增长极，充分发挥区域优势产业的极化效应，不断积聚区域中的人流、物流和资金流向优势产业，集中、壮大优势产业规模，积极进行生产设备和管理技术革新，使优势产业的发展更上一个台阶。与此同时，注重优势产业扩散效应和涓滴效应的发挥，通过优势产业的发展，增加与之相关的前向关联产品和后向关联产品的需求，诱导其他产业发展。此外，加强优势产业领域的技术推广和资本、劳务输出，带动相关产业发展，从而推动区域经济发展。

　　区域经济增长阶段理论表明，经济发展有明显的阶段性，应针对不同阶段的具体特征，因时因地制定不同的发展策略。区域优势产业本身就具有时空性和相对性，在不同的区域以及不同的时期，区域优势产业的具体内容是不同的，它处于动态变化之中。因此，区域优势产业的发展应该充分考虑到区域经济发展理论所分析的每一个经济阶段的特性，在不同的经济阶段选择不同的产业作为优势产业。在经济发展的初期，即胡佛—费希尔区域经济增长阶段理论中的自给自足阶段，以及罗斯托区域经济增长理论里农业占主导的传统社会阶段，区域应该选择自然禀赋较好的农业为优势产业；在经济发展的早期至中期阶段，即农业社会向工业社会转变，工业逐渐发展时期，优势产业就应该转变为工业内部具有较大增长潜力的产业，如纺织业、初级加工业等；在经济进入快速发展的中期阶段，优势产业也须随之变化为对其他部门有带动作用的产业，如重工业；当经济发展进入成熟阶段，即人们生活水平提高，市场需求变动，第三产业发展迅速时，应该选择区域第三产业中发展空间较大、辐射作用较强的产业作为新时期的优势产业。当然，这只是说明了在某个阶段对区域经济增长有较大促进作用的主要区域优势产业的选择，并不意味着对于某一个区域的发展而言，在某个特定的时期一定要选择相对发展较好的产业作为优势产业。这就需要根据区域的特定经济发展情况、市场化程度、资源禀赋、消费需求等因素综合考虑区域的优势产业。比如某个区域正处于经济发展的中期，它完全可以根据区域自身的各项条件和发展环境选择纺织业、初级加工业、第三产业中的某些细分产业作为优势产业，不一定非选择重工业。需要说明的是，影响区域经济发展的各项要素处于动态变化之中，区域优势产业也须不断地进行更替才能适应经济发展的需要，从而促进区域经济增长。

　　区域经济可持续发展理论从另外一个角度影响着区域优势产业的选择和发展。随着经济的不断发展，环境问题日益凸显，必须转变过去的增长方式和发展战略。区域经济可持续发展理论表明，区域优势产业的发展不能以牺牲环境为代价，不能以满足自身发展而忽视他人利益为前提。区域优势产业不应该仅仅是发展基础好、带动作用强、增长潜力大的产业，更应该是对环境污染小、耗能低、有利于可持续发展的产业。只有具有可持续发展能力的优势产业才能推动区域经济的可持续发展。确切地说，从外部市场需求和区域内外相关联产业的支撑角度入手，区域优势产业的发展是可持续的发展。不断优化区域发展环境，不断应用现代科技对区域优势产业进行产品升级和产业升级，提升区域优势产业适应因消费者需求多元化、现代科技导致产品生命周期缩短而引发的市场变化的能力。

总之，区域需要根据各种区域经济发展理论的启示，统筹考虑各方面因素，引导区域优势产业健康发展，从而促进区域经济健康发展。

二、区域产业系统与区域优势产业的构建

（一）确定要组建的区域产业经济系统的具体目标

人类所有经济活动都是在满足一定规律前提下的有目的性的活动。区域产业经济系统目标的确定对于区域经济发展具有现实指导意义。经济全球化下的一国某个区域产业发展首先是确定该区域在国际产业分工中所处的位置，适当的国家战略将对区域产业的选择以及竞争定位起影响作用。一般说来，区域产业经济系统构建的目标是实现区域整体竞争力的提升，从而推动区域社会经济的可持续发展。

从经济发展战略角度而言，依据不同区域在国家社会经济体系中地位的不同和发展目标的不同，各自在不同的经济发展阶段或时期就会采用不同的发展战略定位，从而建立起与之相适应的产业经济系统。

（二）根据区域产业经济系统的目标，确定构成产业经济系统的各个产业单元，最终形成产业经济系统

有了产业经济系统的目标，紧接着要解决的就是到底发展什么样的产业参与国际经济循环，即确认构成产业经济系统的产业单元（或经济元）。资源禀赋、比较优势等理论也就成为指导区域参与国家乃至全球经济循环，实现本区域产业经济系统目标的指导原则。

（三）围绕经济系统的目标，建立各产业经济元之间的经济关系，使之相对于产业经济系统的目标而言具有整体性

区域产业经济构成了一个相对完整的产业经济系统，要求系统之中的产业经济元之间必须具有较强的相互关联，从而实现产业的系统整合效应，而不是

简单地将各个产业效应加总之后得出产业的系统整体效应。恰当关联关系的建立是促进产业关联效应并最终实现区域产业经济系统效应的基础。以区域优势产业为核心的产业经济元，将有助于区域产业链条和产业生态的打造。

（四）根据经济全球化下政府经济管理的一般原则和模式建立产业经济系统管理的具体方案和办法

经济全球化的发展模式以市场的全球化为依托，市场将对全球范围内产业资源的配置起导向和调节作用。但这并不否认政府在区域产业经济发展中起重要的作用，尤其对广大的落后区域而言更是如此。毫不夸张地说，在经济全球化时代来临的时候，政府对于区域产业经济系统国际竞争力的提升有十分重要的作用。迈克尔·波特指出："事实上，国家在全球化产业竞争中的角色不减反增。尽管在国际竞争下，国家对企业的影响似乎不如过去，但是当保护障碍排除后，以产业技术与现场经验为支柱的国家，重要性将大大提高。"也正是因为市场将在全球范围内对资源配置起调节作用，发达国家才能打着市场自由竞争的旗帜，以市场优胜劣汰的自然规则，对发展中国家政府干预产业经济发展进行指责。因此，发展中国家和地区必须寻求适应新的国际产业系统竞争规则与新的产业经济系统管理方法，以此实现产业跨越式发展的预定目标。

第六章
区域优势产业的选择

第六章 区域优势产业的选择

第一节 区域优势产业评价的基本原则

如前所述，区域优势产业是指在特定空间范围内，以区域的主体功能定位为基本立足点，在市场机制和政府引导的共同作用下，从国内外产业市场角度充分运用区域内所拥有的产业资源。面向国际国内不同层次的市场，将比较优势转化为竞争优势，在产业价值链中的某个环节或多个环节有着决定性影响、产业绩效高、产品市场空间广阔的产业或产业集群。根据这一定义，结合区域优势产业的研究背景及研究目的，按照区域优势产业的特征以及产业评价的一般方法，笔者认为区域优势产业评价必须遵循包括系统性、相对性、市场需求导向、静态分析与动态分析相结合、定量分析与定性分析相结合的五条主要原则。

一、系统性原则

（一）区域优势产业的系统性认识

系统论是由美籍奥地利理论生物学家 L. 贝塔朗菲创立的一种新的学科方法论，是 20 世纪各门学科方法论的结晶。它通过用整体的、非线性的思考方法，把研究对象看成一个整体，并以问题状况为导向，重点考虑系统结构和动态过程。L. 贝塔朗菲明确指出，系统的运行具有一定目标，且系统中部件及其结构的变化都可能影响和改变系统的特性。系统思想强调，物质世界是由很多相互联系、相互制约、相互作用的事物和过程所形成的统一整体。

一般来说，可以把产业经济系统（H）用公式表述为：

$$H = (A, f) \tag{6-1}$$

式（6-1）中，$A = \{A_i | i = 1, 2, \cdots, n\}$，为不同产业 A_i 组成的集合；f 定义为在 A 上的各种关系。

众所周知，整个社会经济系统从组织规模的大小角度依次可以划分为家庭经济系统、企业经济系统、产业经济系统、区域经济系统、国家经济系统和全球经济系统六个层次。而产业经济系统实质就是一国范畴的产业经济系统中的行政区域产业经济系统。区域经济系统是整个国家产业经济系统中的一个子系统。系统经济运行遵循三大基本原理：一是社会经济活动最经济原理，具体是指社会经济活动的广义代价趋于最小可能值；二是社会福利原理，即区域社会福利水平趋于最大可能值；三是可持续发展原理，即实现经济系统的持续发展水平不降低。

评估系统设计的系统性原则要求在现实工作中，综合考虑区域产业经济系统和国家经济系统的相关要素，构建起能通过区域产业经济系统推动整体国民经济可持续发展的系统关系。

区域优势产业是一个系统性、综合性极强的概念。所谓区域优势产业的系统性和综合性主要包含两层意思：第一，影响区域优势产业形成和发展的因素很多，区域优势产业由各种条件支撑形成，而不是因某方面的单刀突进或片面发展而形成；而且这些因素和条件相互影响、相互制约，只有当它们处于一定的良性互动结构当中，保持互补与动态的协调关系时，才能形成一股强大的合力推动优势产业的形成与发展。第二，区域优势产业的系统性源于区域自身的系统性和层次性：低层次区域的优势产业是高层次区域优势产业形成的基础；高层次区域优势产业寓于低层次区域优势产业及其关系当中，由低层次区域优势产业相互耦合而成。此外，相同层次区域优势产业之间也应维持一种合理有效的竞合关系。因此，区域优势产业的评价不仅要考察其是否有利于改善本区域的经济福利，而且应顾及在一定程度上乃至其他区域的上层区域的整体利益和长远利益。

（二）区域优势产业评价系统性原则

区域优势产业的形成与发展以及效应的发挥受各方面条件的制约与相互作用。从成因来看，它既是区域优势条件造就的产物，又是区域内各经济主体积极奋斗的结果。从表现来看，它既应具有相对较高的效率与效益，更应具备较大规模与相对较强的市场控制能力。就效果而言，它既应增进本区域的总体福利，提高综合效益，也必须具备有效承担上层区域某项功能分工的能力。就状态而言，它既可以是已表现出强大优势的现实优势产业，也可以是崭露头角或蓄势待发的潜在优势产业。所以，针对区域优势产业的系统性、综合性特点，在选择和评价区域优势产业时我们不能顾此失彼，而应通盘考虑，按照各方面条件与因素的轻重缓急程度统筹安排，遵循系统性原则。换句话说，遵循系统性原则就是要坚持以下三个基本点。

1. 比较优势与竞争优势评价相结合

由相关文献及本书前述优势产业的内涵可以得知，评判优势产业的出发点有二：比较优势和竞争优势。在现实生活中，区域某一产业的比较优势和竞争优势的组合状态存在以下四种情况：(1) 既具比较优势又具竞争优势；(2) 既无比较优势又无竞争优势；(3) 有比较优势但无竞争优势；(4) 有竞争优势但无比较优势。组合(1)中的产业必定是区域的优势产业，组合(2)中的产业则毫无疑问不是区域优势产业。但是区域优势产业不是某产业比较优势与竞争优势的简单组合或堆砌，而是二者的相互融合，对其评价也应将比较优势与竞争优势有机结合起来，并将这一思路贯穿整个评价过程之中。因此，对于组合(3)与组合(4)是否属于区域优势产业需进一步具体分析，其基本思路是区域的经济发展阶段、发展水平是否与一定时期内该产业本身固有的经济技术特征相适应。

对于组合(3)，即具有比较优势但无竞争优势的产业，由于该产业可能在企业组织、管理、区域运输条件乃至相关的区域经济制度等各方面存在某些问题，因而从当前的现实结果来看，还不是区域的优势产业。但如果能采取有效措施将比较优势转化为竞争优势，则有可能成为区域的优势产业，这也正是本书所倡导研究的待扶持潜在优势产业。对于组合(4)的评价则更为复杂。若该区域是相对落后的区域，则不管该产业是否属于低端产业，都应该鼓励其发展成为区域优势产业，其发展方向是保持乃至增强其优势；若该区域是发达区域，且该产业是低端产业，则其产业优势的形成很有可能是在违背比较优势的前提下，以挤占落后区域的发展空间和贻误自身的进一步发展机遇为代价的，这是区域产业发展惰性的一种表现，不能成为区域优势产业，至少不能成为长期性的区域优势产业。

在现有有关区域优势产业选择评价的文献中，绝大多数提出需要将竞争优势与比较优势相结合的观点，认为具有比较优势的产业不一定是具有较强竞争力的产业，因而需要在发挥比较优势的基础上培育竞争优势，增强区域产业的综合竞争力，扶持优势产业。笔者完全赞成以上观点，即同样认为竞争优势是评价区域优势产业的一个至关重要的准则。但是，笔者同时也认为这些文献大部分只看到了竞争优势的重要性，在一定程度上忽视了比较优势特别是非生产要素决定的动态比较优势的重要性，未能将比较优势的发挥与区域产业结构的动态调整、优化升级与对外转移相结合。在自然资源及生产要素流动性大大加强的今天，即使不具备比较优势的产业也可以在经济发展水平较高、产业创新环境较好的发达地区发展成为具有竞争优势的产业，但同时也在资源流出地产生"产业洼地"效应。虽然从现实的经济运行结果看，布局在发达地区的某些传统产业仍然具有强大的竞争优势，不过若能将这些产业向具有比较优势的落后地区顺利实现梯度转移，则该产业的竞争优势势必会更加明显。然而现实中往往由于未采取有效措施降低传统产业的退出成本、降低新兴产业的接替发展门槛，导致某些应该退出的产业迟迟不能退出，产业的区际梯度转移无法实现，因而加大了发达地区经济发展的机会成本（本来可以通过传统产业向外转移的方式为新兴接替产业腾出发展空间），也使以资源输出为主的欠发达地区的现代工业无从崛起与壮大，发达地区和欠发达地区的比较优势均无法发挥。所以，即使某个区域的某个产业（特别是发达区域的传统产业）已经具备了竞争优势，也需要结合区域经济发展的具体阶段及区际分工的要求考察其是否违背了比较优势原则，从而增进区域总体经济福利。

2. **兼顾局部利益与整体利益**

区域的优势产业和产业的优势区域是同一个问题的两个方面。这一简单的论断包含着关于整体与局部关系的深刻道理：从本区域角度看，应有利于优化区域产业结构，提升区域经济发展水平；从上层区域乃至国家角度看，区域优势产业的遴选与错位发展在本质上是一个优化产业空间布局的问题。因此，在评价区域优势产业时，必须从整体利益和局部利益两个层面出发，将二者有机结合起来，使优势产业既可增进本区域的经济福利，也能在提高专业化分工水平的过程中，有效地承担上层区域和国家对本区域赋予的该项产业分工任务，从而促进整个国民经济的持续、快速、健康发展。此外，当维护局部利益和顾全整体利益目标发生了一定冲突时，某区域的优势产业扶持与发展，不应以损害自身优势和牺牲其他区域正常健康发展的利益为代价，优势产业不能与整体利益的维护和增进方向相背离，实际上这也是比较优势与竞争优势相结合评价准则的延伸与深化。

3. **注重综合效益评价**

从上述的分析中可以看出，扶持和发展区域优势产业的根本目的在于促进区域经济的快速健康发展，提高人们的生活水平，增进区域经济总体福利，因此，区域优势产业的经济效益评价准则不容置疑。但是在人口、资源、环境约束作用日益凸显、我国加快转变经济增长方式的总体背景下，对区域优势产业的评价，不能仅从经济效益的角度出发，还要关注甚至需要更加关注其社会效益与生态环境效益；不但需要将区域优势产业显性的经济成本与收益纳入评价体系，隐性的社会成本与收益、生态环境成本与收益也绝对不能忽视。换句话说，除良好的经济效益外，区域优势产业还应具有较强的就业吸纳能力，有助于缩小区域差距与贫富差距，促进区域经济协调发展，有利于提升区域发展的总体水平。区域优势产业的发展不能以浪费自然资源、破坏生态环境为代价（如为低价出口一次性筷子毁坏大片宝贵的森林、以牺牲环境为代价进口洋垃圾等），也不能不顾该区域的特定的社会问题而一味强调经济效益（如不发达的人口大省不顾就业和社会分配问题片面发展资本密集型产业和技术密集型产业）。因此，对优势产业的评价应避免单一的经济效益准则，而应以经济效益为主，兼顾社会效益和生态效益，将该产业的社会效益、生态效益与经济效益结合起来进行综合效益评价。

二、相对性原则

区域优势产业是指在一定的时空范围内能够占据有利的控制性地位并承担一定功能分工的产业，它在区内和区际的横向对比中产生，是一个具有空间层次性和时间动态性的相对概念。由于区情差异，不同区域（或者不同时期）的同一优势产业不会固守同一发展模式，而是表现出明显的灵活性和相对性，因此相对性原则是评价区域优势产业的一条重要原则，主要包含以下两个基本点。

（一）区内比较与区外比较相结合

优势是一个相对概念，因此优势产业也是一个相对概念。在评价优势产业时，必须根据一定的目标选择可供比较的参照系来判别某一产业的强弱、优劣属性及其程度。就区域优势产业的评价而言，该参照系应能将区内比较与区外比较的范围予以涵盖，即不仅要甄别某产业在本区域范围内是否具有效率、规模、效益等方面的优势，更要通过与区外产业相比较以判断该产业是否占据，或在将来一定时间内能否占据有利的控制性竞争地位。有关资料显示，多数区域产业评价模型局限于"眼光向内"的总体思路,即仅仅在本区域范围内就各产业进行权衡取舍,其结果通常是狭窄的比选视野,会促使形形色色的"区域产业选择雷同"问题产生,故各区域纷纷将产业结构较优越的产业作为自己的重点扶持产业,殊不知只有将区内比较与区外比较相结合,才能更加全面地审视区域产业发展的有关情况,进而准确定位区域优势产业。不难发现,不论是从理论还是从实践方面来看,优势产业的比较和选择都必须从区内和区外两个方面进行,区内比较与区外比较相结合的原则是判定区域优势产业的首要原则。在研究过程当中,笔者试图采用构建部分相对指标(包括与区内相比的相对指标和与区外相比的相对指标)而不是纯粹采用绝对指标的方法来落实这一基本原则。必须指出的是,由于数据收集条件有限,在进行区外比较时,技术上不可能对本区域与其他各个区域分析产业的表现一一作出比较,而是采用本区域某产业与上层区域(或全国)该产业的总体运行情况相比较的方法近似地代替区外比较。

(二)坚持差别性

一定时期内,非均衡发展是区域经济发展过程当中必然遵循的普遍规律。因为各区域经济发展状况千差万别,其优势产业也理应有所不同,甚至优势产业的评判标准在一定程度上也应有所调整(就定量评价而言,可以适当调整指标本身,也可以在同一指标赋权的重要性程度方面适当斟酌,当然二者的幅度都不能过大,以免失去横向比较的基础),因此在评价区域优势产业时,必须坚持差别性准则。差别性准则可以从两个方面理解:一方面,从评价基础层面看,它是比较优势的必然延伸,一个区域的区位条件、资源禀赋、社会经济发展水平、所属上层区域的区际分工和竞合关系状况等,对其都会产生一定的制约作用,各区域唯有根据区情,因地制宜发挥优势,才能培育壮大优势产业,从而在区域经济竞争中立于不败之地。另一方面,从评价目标层面看,任何区域在发展过程当中都有可能面临特定的主要社会经济问题,如有些经济发达的地区环境污染问题较为突出,而西部这样的不发达地区,则有可能面临经济发展落后和生态破坏严重的双重尴尬局面。因此,在评价各个区域的优势产业时,衡量的标准不是整齐划一的,而应有针对性地将是否有助于解决该区域所面临的主要区域问题的偏斜性标准纳入该标准,不同的区域根据其特殊的区情,让优势产业的个别指标具有差别性,而不应简单划一地纳入综合考量。

三、市场需求导向原则

必须注重市场优先。随着区域经济一体化与世界经济全球化的深入发展，尤其是加入世界贸易组织之后，我国外向型经济体制更加凸显，市场因素成为影响区域经济发展的重要因素之一。区域经济的发展不再局限于依靠区域范围内部的有限市场，区域外部的更广阔的市场变得越来越重要。在市场经济条件下，一个区域发展什么产业不能光看当地的资源禀赋和产业基础，而应该在全面认识区情的基础上，以市场需求为导向，发挥自身优势，生产适销对路的产品，甚至延伸产业链条，发展市场所需要的产业，这是任何产业在发展过程中都必须遵循的一般原则，优势产业也不例外，否则就会脱离市场需求，陷入供需失衡的困境，资源、能源浪费问题也会日益严重。

四、静态分析与动态分析相结合原则

优势产业是在一定时间和空间范围内能够保持甚至巩固其优势地位的产业。某些产业在现阶段运行良好，竞争力较强，但随着宏观经济条件、市场需求状况、资源和生产要素供给能力及微观层次的企业管理水平等方面的变化，其持续发展能力就会日渐式微甚至优势丧失殆尽，这就不能称为真正意义上的优势产业。优势产业应具有持续发展壮大的能力和强劲的发展势头，它们不仅能在现阶段脱颖而出，在将来一定时间段内也应保持强势的发展劲头。从这一特征出发，优势产业的选择应将某产业的发展现状与发展潜力结合起来分析，系统评价该产业是否属于该区域的优势产业。

五、定量分析与定性分析相结合原则

与主导产业、支柱产业的选择相似，优势产业的界定与评价也应该以定量分析为主。但是优势产业的某些重要特征可能无法量化成为具体的指标（特别是在当前，与比较优势有关的某些"潜在"属性指标难以设计，该属性的优势程度更是无法量化和细化）。因此，为深入研究优势产业的有关问题，在评价优势产业时必须坚持定量分析与定性分析相结合的原则，使两种分析方法相得益彰，互为补充，从而得到更加全面、科学的结论。

区域优势产业的评价原则有很多，以上五条原则只是区域优势产业评价的主要原则（如计算指标相关数据的可获得性原则等评价的普遍原则，因过于一般化而未予以单独列出），其中系统性原则和相对性原则是区域优势产业区别于其他产业评价的特殊原则，也是区域优势产业评价最重要、最根本的原则；市场需求导向原则则是所有产业评价的一般原则；动静分析结合原则和定量定性分析结合原则是评价区域优势产业的方法论原则，受特殊原则和一般原则的共同制约。

第二节 区域优势产业的评价思路及方法

一、区域优势产业评价思路

区域优势产业发展的评价属于多属性（或多指标）评价问题，各指标综合反映了一个问题。图6-1表示了区域优势产业的评价思路。通过国家统计局、各区域的统计局网站、各种类别的统计年鉴以及官方数据库等渠道收集比较权威的有关区域经济发展的原始数据，选择合适的模型、评价指标和评价方法，对区域的各产业进行综合评价，总结评价结论，从而辨别出区域的优势产业以及非优势产业。对于非优势产业，需要进一步将各综合评价还原到各子目标上，考察其子目标对综合评价的贡献程度，从而得到各产业在微观方面的具体情况，判断该产业是否可以扶持。

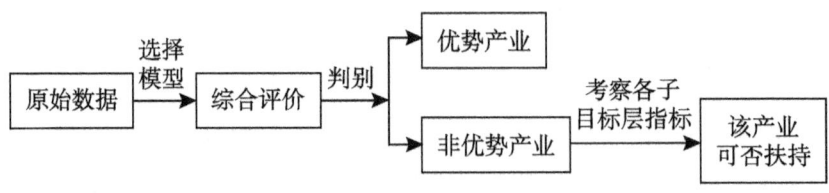

图6-1 区域优势产业评价思路示意图

二、区域优势产业综合评价的方法

评价区域优势产业，仅有数据和各项评价指标并不能达到目的，还需要依据一定的评价方法。区域优势产业归根结底为产业，但毕竟不同于一般的产业，它有自己的特色，所以需要从产业综合评价的常用方法中选出适合区域优势产业的评价方法。

（一）产业综合评价的常用方法

产业综合评价的方法很多，如层次分析法、灰色关联评价法、数据包络分析方法、主成分分析法等。各种方法都有其优点和缺陷。

1. 层次分析法（AHP）

层次分析法（Analytic Hierarchy Process，AHP）是美国运筹学家托马斯·塞蒂（T. L. Saaty）于20世纪70年代中期创立的一种实用的多准则决策方法。它的基本思想是将影响决策系统的各因素按其隶属关系由高到低排序，即建立合理的递阶层次结构（如目标层、决策层、措施层）。然后，研究下层元素对上层元素的贡献程度，由专家通过两两比较重要程度的方法，对各层子元素对上层元素的重要性一一给予评分，构成判断矩阵。其步骤如下。

假设评价目标为 A，评价因素集为 $F\{f_1, f_2, f_3, \cdots, f_n\}$，构造判断矩阵 $P(A-F)$：

$$P = \begin{bmatrix} f_{11} & f_{12} & \cdots & f_{1n} \\ f_{21} & f_{22} & \cdots & f_{2n} \\ \vdots & \vdots & \ddots & \vdots \\ f_{n1} & f_{n2} & \cdots & f_{nn} \end{bmatrix} \qquad (6-2)$$

式（6-2）中，f_{ij} 表示因素 f_i 对 f_j 的相对重要性的数值（$i=1, 2, \cdots, n$；$j=1, 2, \cdots, n$），根据 f_i 较 f_j 的重要程度确定 f_{ij} 的取值，同等重要取1，稍微重要取3，明显重要取5，强烈重要取7，极端重要取9（$f_{ji}=1/f_{ij}$）。根据上述判断矩阵，利用和积法或幂法求得最大特征向量，对这个向量作归一化处理后可作为各因素的权重。用权重与各因子分别相乘，求其和，就得到了各产业的综合评价。

2. 数据包络分析方法（DEA）

数据包络分析（Data Envelopment Analysis，DEA）由美国运筹学家查恩斯（Charnes）、罗兹（Rhodes）和库伯（Cooper）创立于1978年，是处理多个投入和多个产出的多目标决策问题的有效方法。目前，该方法已经被运用到越来越多的评价领域，并得到广泛认可。

数据包络分析把所评价地区的各种产业作为决策单元（DMU），设有n种被评价产业，每个产业都有m种类型的"输入"与s种类型的"输出"，x_{ij}为第j个决策单元对第i种类型输入的投入变量，如产业的固定资产总额、劳动投入等；y_{rj}为第j个决策单元对第r种类型输入的产出变量。投入变量和产出变量是统计或预测获得的已知量，并且满足$x_{ij} > 0$，$y_{rj} > 0 (i = 1, 2, \cdots, m; r = 1, 2, \cdots, s; j = 1, 2, \cdots, n)$，$v_i$是第$i$种类型输入的一种度量（权重），$u_r$是第$r$种类型输入的一种度量（权重），如图6-2所示。

$$
\begin{matrix}
v_1 & 1 \to \\
v_2 & 2 \to \\
\cdots & \cdots \to \\
v_m & m \to
\end{matrix}
\left\{
\begin{matrix}
x_1 & x_{22} & \cdots & x_{12} & \cdots & x_{10} \\
x_{11} & x_{33} & \cdots & x_{23} & \cdots & x_{20} \\
\cdots & \cdots & \cdots & \cdots & \cdots & \cdots \\
x_{12} & x_{13} & \cdots & x_{13} & \cdots & x_{10}
\end{matrix}
\right.
$$

$$
\left.
\begin{matrix}
y_{11} & y_{12} & \cdots & y_{11} & \cdots & y_{10} \\
y_{11} & y_{12} & \cdots & y_{11} & \cdots & y_{10} \\
\cdots & \cdots & \cdots & \cdots & \cdots & \cdots \\
y_{11} & y_{12} & \cdots & y_{11} & \cdots & y_{10}
\end{matrix}
\right\}
\begin{matrix}
1 \to u_1 \\
2 \to u_2 \\
\cdots \to \cdots \\
s \to u_z
\end{matrix}
$$

图6-2　DEA法评价产业的数据矩阵

每种产业相应的效益评价指数为：

$$h_j = \frac{\sum_{r=1}^{s} u_r y_{rj}}{\sum_{i=1}^{m} v_i x_{ij}} \cdots (j = 1, 2, \cdots, n) \tag{6-3}$$

将$\max h_j$转换为线性规划及其对偶问题，利用每种产业多年输入、输出变量，拟合出输入、输出变量的权重，最终获得各种产业相对有效性的评价得分。

3. 主成分分析法（PCA）

主成分分析法（Principal Components Analysis，PCA）是一种利用降维思

想，把多指标转化为几个综合指标的多元统计分析方法。其基本原理是，设研究某经济问题涉及 p 个指标，这 p 个指标构成的 p 维随机向量为 $X=(x_1, x_2, \cdots, x_p)$。对 X 作正交变换，令 $Y=UX$。其中 U 为正交矩阵，Y 的各分量是不相关的，使得 Y 的各分量在整体经济过程中的作用容易解释。这就使得我们又可能从 Y 的主分量中选择主要成分，剔除对经济过程影响微弱的部分。通过对 Y 的主分量的重点分析，达到原始变量的经济分析目的。这种方法最早于1901年由培生（Pearson）提出，发展至今已相对比较成熟。

利用主成分分析法评价产业时，是在已选出的 m 个主分量 Y_1，Y_2，$\cdots Y_m$ 中，以每个主分量 Y_i 的方差贡献率 α_i 作为权数，构造综合评价函数：

$$F = \alpha_1 \hat{Y}_1 + \alpha_2 \hat{Y}_2 + \cdots + \alpha_m \hat{Y}_m \tag{6-4}$$

式（6-4）中 $\hat{Y}_i(i=1, 2, \cdots, m)$ 为第 i 个主成分的得分，当计算出每个产业的主成分得分后，可由主成分得分衡量每个产业在第 i 个主成分所代表的指标方面的程度及地位。当把 m 个主成分代入式（6-4），即可计算出每个产业的综合评价得分。

（二）优势产业评价的适用方法

优势产业评价方法的选择应根据其定义，重点考虑方法的全面性、客观性、准确性和可操作性。首先，评价方法要从不同的侧面，反映优势产业的属性和特征；其次，评价方法要尽可能地排除评价者主观因素的影响；再次，针对多指标综合评价方法，要排除指标之间的相关性，减少信息重复；最后，评价方法要尽可能适用当前指标体系的计算，以此来分析各评价方法的适用性。

数据包络分析方法要求数据必须是产业多年的收入（如科研经费、投资等）和产出数据（如资金利税率、产业产值等），分析评价各种产业在物资转化效率上的差异。该方法可以排除人为因素，消除数据间的相关性，但是优势产业的很多指标很难将其划分为投入或产业指标，如就业吸纳率。所以数据包络分析方法只考虑了投入和产出的转化率，即经济效益，来描述优势产业，具有一定的片面性。此外，数据包络分析方法要求提供多年的产业数据，收集起来也有一定难度。

层次分析法在产业评价中运用非常广泛，其优点在于：第一，通过建立多层次指标体系逐层打分确立权重，评价较为全面；第二，对原始数据的类型没有要求,具有很强的可操作性,但是层次分析法本身的一个最大弱点就在于确定权重时受人为主观因素影响较大,在一定程度上削弱了其客观性。

主成分分析法也是产业评价中的常用方法。该方法对多指标进行综合评价,评价较为全面,同时主成分分析法的权重是自行生成的,排除了主观因素的影响。但是尽管通过合并相关性较高的指标形成数量少、相关性小的主成分,它却要求最初的原始指标之间具有较高的相关性,并且主成分分析法也相应忽略了一些方差贡献率较小的指标,因而其准确性受到一定影响。

通过对几种常见产业评价方法的比较(见表6-1),笔者认为,层次分析法和主成分分析法都可用于评价优势产业,两种方法各有利弊。

表6-1 几种常见产业评价方法比较

区别评价方法	层次分析法	数据包络分析方法	主成分分析法
全面性	好	一般	好
客观性	一般	好	好
准确性	好	一般	一般
可操作性	好	差	好

第三节 区域工业优势产业的评价指标体系

一、区域工业优势产业的评价标准

根据第一节叙述评价的基本原则,结合前面阐述的区域优势产业的内涵,按照产业发展的时间顺序和逻辑顺序,笔者认为可以从区域产业的发展条件、运行效果、可持续发展能力三个方面设定区域优势产业的三条主要评价标准。

(一)发展条件标准

区域优势产业的发展离不开一定的优势条件作为发展基础,良好的产业发展条件是成就区域优势产业的助推器,因此产业发展条件是衡量和评价区域优势产业的一条基本标准,这一标准涵盖自然资源条件、劳动力成本条件、制度条件、企业集聚条件四个标准。

1. 自然资源条件

在科学技术不断进步的条件下,虽然自然资源的区际流动性以及可替代性大大增强,但是自然资源仍然是产业发展的重要基础。一般而言,自然资源禀赋状况越理想,产业发展条件越优越。区域某产业的发展若与该区域的自然资源禀赋结构完全相适应,则能表现出得天独厚的发展优势,并极有可能成为区域优势产业。不过由于统计技术上的某些原因,与各产业发展直接相关的自然资源条件难以量化成为基础性数据。

2. 劳动力成本条件

任何产业的发展或多或少都需要一定的劳动力,特别是在某些技术业已成熟,生产过程接近标准化阶段的产业,劳动力因素已成为制约产业发展的关键性因素之一,劳动力资源的富足与否、人口素质的高低都是影响劳动力成本的重要因素,对该产业发展起着举足轻重的作用。

3. 制度条件

区域经济制度如果特别有利于某产业的发展,则该产业就拥有较之区内其他产业更为宽松与友好的发展环境,即该产业将获得优越的制度条件,激励和推动其不断发展壮大,甚至最终成为区域优势产业。

4. 企业集聚条件

现代区域经济发展过程中,某产业发展壮大的一个重要原因在于该产业内企业集聚成群、相互配套,并在竞争与合作有机交织中迸发出强大的竞争优势,因此企业集聚条件也成为区域优势产业发展的有利条件之一。在一定的空间范围内,某产业企业数量越多,企业平均规模越大,则该区域这一产业的优势越明显。区域科学把产业集聚看作一种产业分布的空间形态。按照区位理论,资源流动性和可交易性程度的提高使得特定地点的重要性下降,但现实产业的空间分布却并不尽然。美国经济学家马尔库森(Marcusen)于1996年指出:"在滑溜溜的世界中存在着一些黏滞的区域,吸引生产活动在这里聚集。"也就是说,地点的重要性,或者说特定产业对于特定区域的依赖性,在现代社会显得越发突出。

（二）运行效果标准

某产业之所以能成为区域优势产业，其根本是因为该产业能够正确地利用发展条件，有效地整合发展资源，取得了骄人的经济运行成绩，从而较之区内其他产业和区外同一产业表现出明显的优势，并占据有利的控制性竞争地位。由此，产业的运行效果理所当然地成为评价区域优势产业的一条至关重要的标准。结合前述区域优势产业的内涵及特征，笔者认为产业的运行效果标准主要由效率基准、效益基准、规模基准、产品实现能力基准四个标准组成。

1. *效率基准*

从竞争角度来看，发展区域优势产业有利于各区域之间有序竞争，避免区域产业同构和低水平重复建设，减少资源浪费；从功能分工角度来看，发展区域优势产业能优化上层区域乃至国家的产业布局，使各产业处在最适合发展的区域，从而增进包括本区域与其他区域在内的国家总体经济福利。评判优势产业运行效果的首要基准就是效率基准，因为只有高效率才能避免同构承担区域功能分工，从而促进区域经济协调发展；只有高效率才能提高上层区域的总体经济福利水平，这也是选择和扶持区域优势产业的初衷。

2. *效益基准*

对于上层区域而言，效率是评判区域优势产业运行效果的一个极其重要的基准；而对于区域自身而言，除了效率基准外，区域优势产业还应该能为它带来可观的经济利益，即效益基准，否则特别是对于落后地区而言，很有可能重新陷入我国以往东部地区专门从事深加工、中西部地区供给资源和原材料产业的传统模式。在"产品高价、原料低价、资源无价"的扭曲价值链条下，中西部地区获得了效率却丧失了效益，进而导致发展经济的积极性受到严重的挫伤。因此，区域优势产业应将其绝大部分经济利益收归于区内，这既是区域优势产业成为优势产业的前提，也是其不断实现自我激励加速发展的原动力。

需要强调的是，根据前述综合效益评价准则，这里的效益不仅局限于经济效益，还应兼顾社会效益和生态环境效益，包括区域优势产业在吸纳就业方面的能力，"三废"的排放及资源、能源的消耗等方面是否具有较好的表现等。

3. *规模基准*

区域优势产业能够在同类产业中发挥重要作用，而要发挥这一重要作用的一个必要条件就是区域内该产业必须达到一定的经济规模，从而能对全国范围内该产业产品价格、产品总产出量、产品的主要规格品种和技术标准等方面产生举足轻重的影响；同时在面临某些突发性的特殊情况（如受宏观经济政策、地区动荡等影响，市场出现疲软）时，能够表现出较强的稳定性并做出积极有效的反应。此外，规模经济效应显著的产业，规模的大小直接决定产品成本的高低，进而影响产业竞争力的强弱，在这种情况下规模的优势就构成了产业的优势。因此，规模基准是评判区域优势产业运行效果（特别是其产业影响力）的一个重要基准。

4. 产品实现能力基准

区域优势产业是在发挥比较优势的基础上已表现出竞争优势的产业，是比较优势和竞争优势的结合体，其着眼点在于将比较优势转为竞争优势，即竞争优势的培育与形成，而产业竞争优势的大小又最终体现为产业竞争力的强弱，即产品实现能力（或者在一定程度上可以说是产品销售能力）的高低。产品实现能力的高低表现为该产业是否具有较强的产品销售能力，或者在产业链条上的某个环节是否具有强大排他性的竞争能力，在市场竞争中能否占据有利地位甚至控制性地位，从而能够直接体现某产业是否有优势及优势程度大小。产品实现能力与前述的效率、效益、规模等因素密切相关，但它并不是这些因素的简单的线性加总，而是众多影响因素相互作用、相互制约的综合结果。因此，产品实现能力基准是评价优势产业的一个关键综合性基准。

总之，高效率是区域优势产业发挥区域比较优势、有力承担功能分工的前提条件，高效益是保证产业高绩效、保持该产业迅速发展的必要激励条件，一定的规模是优势产业发挥重要影响的门槛条件，强大的产品实现能力是区域优势产业取得有利竞争地位的保障。对区域优势产业运行效果的综合评价必须从效率、效益、规模与产品实现能力四个基准出发，通盘考虑，权衡取舍。

（三）可持续发展能力标准

拥有优越的发展条件和良好的运行效果是成为区域优势产业的必要条件，同时在面向未来进行综合评价时，区域优势产业还应具有强大的可持续发展能力，这既是区域优势产业自身动态性特征的必然要求，也是社会经济发展总体规律的客观要求。区域优势产业不仅需要在现阶段占据有利地位，而且在未来一定时期内也应表现出强劲的发展势头。如前所述，区域优势产业不仅需要有良好的经济效益，还须保持较高的社会效益与生态环境效益。所以，包括发展潜力基准和综合效益基准在内的可持续发展能力标准也是区域优势产业评价的一条重要标准。

1. 发展潜力基准

除了现阶段表现出明显的比较优势或者竞争优势之外，优势产业在未来一段时间内也应具备持续的快速发展能力，故而区域优势产业可持续发展能力的评价必须构建与之相对应的发展潜力基准。发展潜力基准包括两个相互关联的方面：需求约束与供给约束。前者要求该产业需求性状良好，即需求收入弹性较高，产业发展前景广阔；后者则要求区域内该产业具有持续的投资和创新能力，以便在将来日趋激烈的竞争中保持自身优势。因为尽管某产业在未来一段时间内可能具有强劲的需求，但它毕竟只是该产业本身的、一般的经济技术特征，而不是区域产业的特征，所以该产业要成为某区域的优势产业，势必要求该区域在这一产业的供给能力上可以迅速及时且高效有力地跟进，以取得或者维持其控制性的有利地位。

2. 综合效益基准

区域优势产业只是区域产业的一个组成部分，不可能与整个区域的可持续发展完全等同起来。另外，由于区域优势产业在区内起着举足轻重的作用，在区外也有不容忽视的影响，故区域优势产业对于本区域乃至全国范围内的资源高效利用、社会和谐进步和环境永续发展都负有不可推卸的责任。由此可见，考察区域优势产业的可持续发展能力必须以综合效益作为评价基准。基于区域优势产业在本质上隶属于经济范畴的考虑，在综合效益评价基准当中，应以经济效益评价为主，兼顾其社会效益与生态环境效益。除经济效益评价外，综合效益评价基准也将涉及区域优势产业对区域就业、资源利用效率、生态环境效益等方面影响的综合评价。

二、区域工业优势产业的评价指标体系

根据本章前文的评价标准，笔者将区域优势产业的评价指标相应地分为三大类，即发展条件类指标、运行效果类指标、可持续发展能力类指标，并在此

基础上依据其具体基准，最终构建区域工业优势产业评价指标体系。

(一) 发展条件类指标

从劳动力成本条件、制度条件、企业集聚条件三个基准层面考虑，关于发展条件类指标主要设计了以下几个评价指标。

1. 劳动力成本比较优势系数

这个指标表示区域某产业与区内其他产业，以及区外同一产业相比在劳动力成本上表现出的比较优势，它由区域该产业平均工资水平和区域各产业平均工资水平之比与全国该产业平均工资水平和全国各产业平均工资水平之比相除而得，其计算公式是：

$$CLCA_{ij} = \frac{CL_{ij}/CL_i}{CL_j/CL} \quad (6-5)$$

式 (6-5) 中，$CLCA_{ij}$ 表示 i 区域 j 产业劳动力成本比较优势系数，CL_{ij} 表示 i 区域 j 产业平均工资水平，CL_i 表示 i 区域所有产业平均工资水平，CL_j 表示全国范围内 j 产业平均工资水平，CL 表示全国范围内所有产业平均工资水平。若 $CLCA_{ij} > 1$ 则表示 i 区域 j 产业在劳动力成本上具有比较优势，反之亦然。

2. 政府科研支持优势系数

这个指标表示政府对产业发展在政策上的支持和倾斜，用区域某产业从政府获得的科研活动经费占该区域财政支出中科技活动经费的比例表示，其计算公式是：

$$SSGI_{ij} = \frac{SSG_{ij}}{SSG_i} \quad (6-6)$$

式 (6-6) 中，$SSGI_{ij}$ 表示 i 区域 j 产业政府科研支持优势系数，SSG_{ij} 表示 i 区域 j 产业从各级政府部门获得的计划用于科研科技活动的经费，SSG_i 表示区域财政支出中科技活动经费的总支出。$SSGI_{ij}$ 介于 0 到 1 之间，指标值越大则表示该产业获得的政府支持越多，发展的制度条件就越优越，反之亦然。

3. 企业集聚优势系数

在其他方面差异不大的条件下，区域某产业现有的企业数量越多，则表明该产业越具吸引力，集聚条件越好。企业集聚优势系数反映了某产业企业集聚优势的强弱，它由区域某产业企业数量比与全国该产业企业数量比相除而得，其计算公式是：

$$EAAI_{ij} = \frac{NE_{ij}/NE_i}{NE_j/NE} \quad (6-7)$$

式（6-7）中，$EAAI_{ij}$ 表示 i 区域 j 产业企业集聚优势系数，NE_{ij} 表示 i 区域 j 产业现有企业个数，NE_i 为 i 区域所有企业个数，NE_j 为全国 j 产业现有企业个数，NE 为全国企业总个数。$EAAI_{ij} > 1$ 则表示 i 区域 j 产业在企业集聚条件上具有比较优势，该指标小于 1 则表示在企业集聚条件上处于劣势。

4. 企业平均规模优势系数

企业集聚优势系数只是反映了企业集聚的数量信息，未反映企业集聚的"质量"，即单个企业规模方面的信息，企业平均规模优势系数可以弥补以上缺陷，它表示区域某产业企业平均规模与全国该产业企业平均规模之比，其计算公式是：

$$ESAI_{ij} = \frac{GS_{ij}/NE_{ij}}{GS_i/NE_i} \quad (6-8)$$

式（6-8）中，$ESAI_{ij}$ 即 i 区域 j 产业企业平均规模优势系数，GS_{ij} 表示 i 区域 j 产业总产值，GS_i 表示 i 区域所有产业总产值。$ESAI_{ij}$ 越大则表明与区内其他产业相比，j 产业企业平均规模相对越大，具有较为显著的单个企业规模优势。

（二）运行效果类指标

根据区域优势产业效率、效益、规模、产品实现能力等基准，笔者认为关于区域优势产业的运行效果类指标主要包括以下一些指标。

1. 效率基准指标

劳动生产率优势系数。根据有关劳动生产率与比较优势关系，以及比较优势的评判研究文献，笔者采用劳动生产率优势指标来衡量区域某产业的比较优势和效率。该指标表示区域某产业以价值量方法表征的劳动生产率与该区域所有产业劳动生产率的平均水平的相对值与全国相应值之比，既可在一定程度上揭示该产业劳动生产率在区内是否具有比较优势，也可表明与全国其他区域相比其相对劳动生产率是否更高，其指标计算公式为：

$$EAI_{ij} = \frac{e_{ij}/e_i}{e_j/e} \quad (6-9)$$

其中，EAI_{ij}表示i区域j产业劳动生产率优势系数，e_{ij}表示i区域j产业的以价值量方法计算的劳动生产率，e_i表示i区域所有产业（工业产业）的平均劳动生产率，e_j表示上层区域或全国j产业的劳动生产率，e表示上层区域或全国所有产业（工业产业）的平均劳动生产率。以价值量方法计算的劳动生产率等于单位时间内该产业增加值与全部从业人员工资额的比值。$EAI_{ij}>1$，说明i区域在j产业上具有生产率优势；$EAI_{ij}<1$，则说明i区域的j产业在生产效率上处于劣势地位。

2. 效益基准指标

（1）总资产贡献率。这个指标反映了区域某产业企业全部资产的获利能力，是企业管理水平和经营业绩的集中体现，是评价和考核企业及产业盈利能力的核心指标。其计算公式为：

$$总资产贡献率(RGAC_{ij}) = (利润总额 + 税金总额 + 利息支出) \div 平均资产总额 \times 12 \div 累计月数 \times 100\%$$

$RGAC_{ij}$越高，则表明i区域j产业盈利能力越强，优势越大。

（2）产品销售率。产品销售率反映某产业产品已实现销售的程度，能分析某产业产销衔接情况、销售能力及销售优势，并研究该产业产品满足社会需求的指标，其计算公式为：

$$产品销售率(RSP_{ij}) = 工业销售产值 \div 工业总产值(现价)$$

该指标是正向指标，即该指标值越大，则说明区域该产业的经济效益越好。

（3）相对投资效果系数。相对投资效果系数表示区域某产业投资效果与全国该产业投资效果相比较是否具有优势，其计算公式是：

$$RIEI_{ij} = \frac{\Delta GDP_i/\Delta I_{ij}}{\Delta GDP/\Delta I_j} \tag{6-10}$$

式中，$RIEI_{ij}$表示i区域j产业相对投资效果系数，ΔGDP_i和ΔGDP分别是i区域和全国国内生产总值增量；ΔI_{ij}表示i区j产业的投资总量，ΔI_j表示全国j产业的投资增量。$RIEI_{ij}>1$则说明i区域j产业投资效果相对较高，具有比较优势，反之亦然。

（4）利税增长率。区域优势产业一般是发展较快、效益较高的产业，其经济效益呈逐步提升的态势。利税增长率是反映产业经济效益动态变化的一个观测指标，它表示从基期到报告期内某产业的利税年均增长率，其计算公式是：

$$GRPT_{ij} = (PT_{ijt1}/PT_{ijt0})^{1/(t1-t0)} - 1 \qquad (6-11)$$

式（6-11）中，$GRPT_{ij}$表示i区域j产业的年均利税增长率，PT_{ijt1}和PT_{ijt0}分别表示i区域j产业报告期和基期利税总额。该指标值越大，则表明该产业动态经济效益越好。

3. 规模基准指标

区域优势产业的规模标准既要考虑绝对规模优势，也须衡量相对规模优势；既要求该产业在区域内具有一定的规模优势，也要求它在全国占据一定的比重。笔者主要使用专业化系数（显性比较优势系数）这一指标来表现区域优势产业的规模，它是区域某产业总产值占区域所有产业总产值比重与全国该产业总产值占全国所有产业总产值比重之比，其计算公式为：

$$SAI_{ij} = \frac{GS_{ij}/GS_i}{GS_j/GS} \qquad (6-12)$$

式（6-12）中，SAI_{ij}表示i区域j产业专业化系数，GS_{ij}表示i区域j产业的总产值，GS_i表示i区域所有产业（工业产业）的总产值，GS_j表示上层区域或全国j产业的总产值，GS表示上层区域或全国所有产业（工业产业）的总产值。$SAI_{ij} > 1$说明i区域在j产业上专业化程度较高，具有相对规模优势；$SAI_{ij} < 1$则说明它在j产业上的专业化程度与上层区域或全国相比较低，处于相对规模劣势地位。

4. 产品实现能力基准指标

（1）市场占有率。市场占有率表示区域某产业销售收入占全国该产业销售收入之比，该指标处于0到1，市场占有率越大，则说明区域该产业的市场竞争能力越强，其计算公式为：

$$MO_{ij} = \frac{SR_{ij}}{SR_j} \qquad (6-13)$$

式（6-13）中，MO_{ij}表示i区域j产业的市场占有率，SR_{ij}表示i区域j产业的产品销售收入，SR_j表示全国j产业的销售收入总量。

（2）显性输出比较优势系数。市场占有率和市场份额优势指数反映了区域某产业在全国范围内市场销售能力的强弱状况，但作为区域优势产业除了具备强大的销售能力之外，其竞争力更集中体现在产品对外（包括区外和国外）输出能力上。为此，构建显性输出比较优势系数来表现区域某产业的相对输出优势，它表示区域某产业产品输出量占区域总输出量的比重，与全国范围内各区域该产业产品输出总量占各区域输出总量比重的比值，其计算公式为：

$$RCAI_{ij} = \frac{X_{ij}/X_i}{X_j/X} \qquad (6-14)$$

式（6-14）中，$RCAI_{ij}$ 表示显性输出比较优势系数，X_{ij} 表示 i 区域 j 产业产品输出量，X_i 表示 i 区域所有产业输出总量，X_j 表示全国范围内各区域 j 产业输出总量，X 表示各区域所有产业输出总量。$RCAI_{ij} > 1$ 说明 i 区域 j 产业具有输出相对优势，$RCAI_{ij} < 1$ 则说明 i 区域 j 产业输出能力较弱。

（3）技术创新竞争力指标。现代产业的竞争不仅直接体现在产品销售能力上，而且更为根本地体现在产业技术创新上，因此在选择区域优势产业时必须构建相应的技术创新评价指标。为此，笔者借用设备新度显性比较优势系数来近似代替产业技术创新竞争力指标。设备新度指标高意味着单项设备普遍较新或全部设备中新设备比重较大，而新设备一般来说代表技术水平高，因此，设备新度系数高就意味着产业技术进步水平高，其计算公式为：

$$NFAI_{ij} = \frac{NFA_{ij}/DFA_{ij}}{NFA_j/OFA_j} \qquad (6-15)$$

式（6-15）中，$NFAI_{ij}$ 表示 i 区域 j 产业设备新度显性比较优势系数，NFA_{ij} 和 DFA_{ij} 分别表示 i 区域 j 产业固定资产净值和固定资产原值，NFA_j 和 OFA_j 则分别表示全国 j 产业固定资产净值和固定资产原值。$NFAI_{ij} > 1$ 则说明该区域该产业在技术创新竞争力上具有相对优势。

(三) 可持续发展能力类指标

区域优势产业评价可持续发展能力类指标，按照发展潜力基准和综合效益基准主要可以构建以下具体指标。

1. 综合效益基准指标

综合效益基准指标具体又可分为社会效益类指标和生态环境效益类指标。

（1）社会效益类指标

就业吸纳弹性系数。对于地处西南的云南省而言，其优势产业应能承担一定的特殊的社会功能，即具有相对较强的就业吸纳能力。就业吸纳弹性系数是反映某产业吸纳就业能力的相对量指标，它表示区域某产业增加值变动引起的就业量变动的百分比，其计算公式为：

$$EAEI_{ij} = \frac{\Delta E_{ij}/E_{ij}}{\Delta AV_{ij}/AV_{ij}} \quad (6-16)$$

式（6-16）中，$EAEI_{ij}$ 表示 i 区域 j 产业就业吸纳弹性系数，ΔE_{ij} 表示一定时期内 i 区域 j 产业就业变动量，E_{ij} 表示基期就业量，ΔAV_{ij} 表示该产业增加值变动量，AV_{ij} 表示基期增加值。该系数越大则说明该产业吸纳就业能力越强。

（2）生态环境效益类指标

生态环境效益应当从资源能源消耗情况和生态环境影响两个角度综合评价，为此，笔者相应地设计了三个主要的生态环境效益评价指标。

①万元增加值综合能耗系数。经济效益只能反映产业发展的货币成本，并不能完全反映该产业的实际成本耗费状况。万元增加值综合能耗即某产业能源消耗合计量（单位：吨标准煤）与该产业增加值（单位：万元）的比值，它直接表征产业发展对能源的综合耗费情况，其计算公式为：

$$EAV_{ij} = CEE_{ij} \div AV_{ij} \quad (6-17)$$

式（6-17）中，EAV_{ij} 表示 i 区域 j 产业万元增加值综合能耗系数，CEE_{ij} 表示 i 区域 j 产业的综合能耗，AV_{ij} 表示 i 区域 j 产业增加值。该系数越大，说明该区域该产业的综合能耗越大，能源利用效益越低；该系数越小，则说明该区域该产业能源利用效益越高。由此可见，该系数是一个负向指标，在进行综合评价时首先应予以正向化。

②单位增加值废水排放量。如前所述，除经济效益和社会效益外，优势产业的选择还必须构建生态效益评价指标。然而生态效益的衡量本身就是一个综合的评价过程，其原始数据在性质、量纲等方面无法直接统一，故如果对产业的生态效益进行全面的综合评价将极其复杂，且统计数据的搜寻成本会大大升高，所以笔者尽量采取极具代表性的指标对其进行简化。云南省位于长江上游地区，是全国重要的生态屏障之一，其水质的优劣对于全国而言具有极为显著的影响。因此，笔者采用产业单位增加值废水排放量作为生态效益评价的近似测度指标。其计算公式为：

$$WDAV_{ij} = WD_{ij} \div AV_{ij} \quad (6-18)$$

式（6-18）中，$WDAV_{ij}$ 即 i 区域 j 产业单位增加值废水排放量，WD_{ij} 表示 i 区域 j 产业废水排放总量，AV_{ij} 表示 i 区域 j 产业增加量。同万元增加值综合能耗系数一样，该指标也是一个负向指标，计算结果越大，表明废水排放带来的社会效益越小。

③单位增加值废气排放量。单位增加值废气排放量指标类似于单位增加值废水排放量指标，其计算公式为：

$$WGAV_{ij} = WG_{ij} \div AV_{ij} \tag{6-19}$$

式（6-19）中，$WDAV_{ij}$ 即 i 区域 j 产业单位增加值废气排放量，WG_{ij} 表示 i 区域 j 产业废气排放总量。同万元增加值综合能耗系数及单位增加值废水排放量一样，该指标也是一个负向指标。

2. 发展潜力基准指标

发展潜力基准指标可从需求和供给角度分别考察。从需求角度看，一个产业是否具有远大的发展前途就是观察其是否具有较高的需求收入弹性，即随着国民收入的增长及人们收入水平的提高，该产业需求增长的幅度是否随之提高。理论上其计算公式为某产业产品需求变动百分比与居民收入变动百分比的比值，但是由于某产业产品需求无法直接测算，所以需求收入弹性的计算公式在实际应用时需要作出一定的调整，在本书中，笔者采用以下公式计算产业需求收入弹性：

$$IED_{ij} = \frac{\Delta SR_j / SR_j}{\Delta GDP / GDP} \tag{6-20}$$

式（6-20）中，IED_{ij} 表示 i 区域 j 产业（也就是全国 j 产业）产品需求收入弹性，ΔSR_j 和 SR_j 分别代表全国 j 产业产品销售收入变动量和基期销售量，ΔGDP 和 GDP 则分别表示全国国内生产总值变化量和基期全国国内生产总值。必须指出的是，在计算产业需求收入弹性时，参照系是整个国家而与某区域本身无关。IED_{ij} 越高，则表明产业发展前途越广阔，反之亦然。

从供给角度看，则可从区域资源禀赋状况、持续投资及创新能力等方面判断区域内某产业是否具备发展潜力和持续发展能力。为此，笔者构建了以下指标。

（1）增加值增长率。多年平均增加值增长率反映了区域某产业近年的大致发展趋势，其计算公式是：

$$GRADV_{ij} = (AV_{ijt1}/AV_{ijt0})^{1/(t1-t0)} - 1 \tag{6-21}$$

式（6-21）中，$GRADV_{ij}$ 表示 i 区域 j 产业增加值增长率，AV_{ijt1} 表示 i 区域该产业报告期增加值，AV_{ijt0} 表示该产业基期增加值。增加值增长率越高，说明区域该产业发展潜力越大。

(2) 科技活动人员占比系数。优势产业的发展需要以强大的人才队伍作为支撑条件，产业人力资源结构是衡量区域优势产业发展的重要指标，但为消除不同产业自身经济技术特征的影响（如劳动密集型产业对科技活动人员的需求显然要弱于技术密集型产业），笔者构建的科技活动人员占比系数主要采用相对值指标，即科技活动人员占比系数，其计算公式是：

$$RSTPI_{ij} = \frac{RSTP_{ij}/RSTP_i}{RSTP_j/RSTP} \qquad (6-22)$$

式（6-22）中，$RSTPI_{ij}$ 表示 i 区域 j 产业科技活动人员占比系数，$RSTP_{ij}$ 表示 i 区域 j 产业科技活动人员占企业职工总数比例，$RSTP_i$ 即 i 区域所有产业科技活动人员所占比例，$RSTP_j$ 表示全国 j 产业科技活动人员所占比例，$RSTP$ 表示全国所有产业科技活动人员所占比例。$RSTPI_{ij} > 1$ 说明 i 区域 j 产业发展潜力就人力资源而言具有优势，反之，则说明该产业具有劣势。

(3) 科技投入占销售收入比例。该指标从科技资金投入角度考察区域某产业的发展潜力，它以某产业科技活动经费支出占该产业销售收入比例表示。计算公式为：

$$RSTI_{ij} = STI_{ij} \div SR_{ij} \qquad (6-23)$$

式（6-23）中，$RSTI_{ij}$ 表示 i 区域 j 产业科技投入占增加值比例，STI_{ij} 表示 i 区域 j 产业科技活动经费支出总额，SR_{ij} 表示 i 区域 j 产业产品销售收入总额。$RSTI_{ij}$ 越大，则说明该产业科技支持能力越强劲，发展潜力越大，反之，则说明该产业发展潜力越小。

(4) 新产品销售率。该指标从科技活动综合产出能力角度考察某产业的发展潜力，它是新产品销售收入与该产业销售收入总额之比。其计算公式为：

$$RSNP_{ij} = SNP_{ij} \div SR_{ij} \qquad (6-24)$$

式（6-24）中，$RSNP_{ij}$ 表示 i 区域 j 产业新产品销售率，SNP_{ij} 表示该区域该产业新产品销售收入，SR_{ij} 表示 i 区域 j 产业产品销售收入总额。该比例越高则在一定程度上说明该产业具有较强的科技产出能力及产品更新换代潜力。

第四节　区域第三产业优势产业评价指标体系

本章第三节讲述的优势产业评价标准和指标体系，主要从定量角度进行分析，适合工业优势产业，第三产业由于自身运行条件与方式的特殊性而不适用上述标准与体系，所以需要建立不同的评价指标体系来选择区域第三产业优势产业。

一、第三产业的特殊性

具体来说，第三产业的特殊性表现在发展条件和发展方式两方面。就发展条件而言，第三产业是为人们的生产和生活服务的产业，生产服务业时刻离不开第一产业和第二产业的发展，具有明显的派生性；而生活服务业是直接提高人们的生活质量、促进人类自身不断发展的产业，它与区域经济发展水平（特别是第一产业和第二产业的发展水平）和人们的收入水平密切相关，是社会生产力发展到一定阶段的产物。整个第三产业发展的独立性大大弱于第一产业和第二产业，对其他产业的附着性和依赖性较强。

就发展方式而言，一方面，第三产业的产品具有独特的"易逝性"，即其产品生产和消费是同时进行的，从传统意义上讲，如不借用现代科技，其产品不可储存与运输，更难出现大规模的产品输出与输入（就算有也只是消费主体在空间上发生了移动），因此限制了其产品的辐射范围；另一方面，不同的第三产业门类（如附带有形产品的餐饮服务业与纯属提供无形服务产品的咨询业），各自的投入、产出方式千差万别，难以用相对统一的模式予以概括与度量，其发展运行的基本规律也迥然不同。

毫无疑问，第三产业的上述特点决定了对第三产业优势产业的界定，主要采取认识度较高的第三产业经济效益评价方法予以"逼近"。因而其缺陷也相当明显：第一，评价方法过于简单与粗略，指标的针对性与精确性相对于工业优势产业评价指标而言显然较差，综合性也颇显不够；第二，受制于第三产业本身的运行特点，同时囿于区际比较资料的可得性，通常仅能在本区域内通过不同产业的评比得出相关结论，缺乏区际之间的详细对比与分析。

二、第三产业优势产业的评价指标

结合以上基本情况，笔者试图从规模、效率、效益等方面对第三产业各产业予以评价，并从中遴选出区域第三产业中的优势产业。

(一) 产业规模

第三产业中某产业规模的大小在一定程度上体现该产业优势的强弱程度。只有那些发展基础较好、市场需求旺盛、总体供给能力较强的产业才能强有力地吸纳相关资源，进而有效地将其转化为产出，并通过不断积累从而达到一定的、可观的规模，因而一般而言，产业规模越大，该产业的优势就越明显。

笔者主要采取营业收入总额、固定资产原价、从业人员数量三个指标来衡量某一产业规模的大小。这三个指标均为正向指标，即数值越高表明产业优势越明显。

(二) 产业效率

产业规模只是从宏观角度反映了某一产业吸纳资源的力量强弱和产品总体产出的能力，并不能揭示这些资源和生产要素的利用水平和资源配置的优劣程度。为弥补上述缺陷，需要引入产业效率指标，从劳动力和资金的利用效率角度出发，选取全员劳动生产率和总资产利润率对第三产业的效率予以衡量，其计算公式分别为：

全员劳动生产率 = 某产业营业收入总额 ÷ 该产业全部从业人员年人均数

总资产利润率 = 某产业利润总额 ÷ 该产业资产总额

同产业规模一样，这两个指标也是正向指标，即指标值越高，说明该产业资源的利用效率越高，产业优势也越明显。

(三) 产业质量和效益

如前所述，除了效率之外，区域优势产业还能为该区域该产业带来可观的经济利益，即区域优势产业运行过程中的高效率能为区域经济主体带来现实的社会经济成果，而且会不断地实现自我激励，从而加速发展以取得更大的优势。笔者拟采用增加值率、净产值率、利税率和利润率以及劳动者人均报酬来衡量第三产业的运行质量和效益，其计算公式分别为：

增加值率 = 某产业(本年折旧 + 劳动者报酬 + 主营业务税金及附加 + 营业利润) ÷ 该产业主营业务收入

净产值率 = 某产业(劳动者报酬 + 主营业务税金及附加 + 营业利润) ÷ 该产

业主营业务收入

利润率＝某产业利润总额÷该产业营业收入合计

劳动者人均报酬＝某产业劳动者报酬÷该产业全部从业人员年平均人数

其中劳动者报酬为从业人员劳动报酬和劳动、失业保险费之和。以上五个指标均为正向指标，即指标值越高说明该产业优势越明显。

第七章
促进区域优势产业发展的产业政策

第一节 产业政策概述

当国家政权诞生,且能够履行经济职能开始干预产业经济活动的时候,产业政策雏形就随之产生了。最先进行产业政策实践的是西欧产业革命后开始工业化的西方资本主义国家。美国和德国从 19 世纪开始,就对民族产业采取过关税保护与扶持政策。日本也是较早实行产业政策的国家,明治开国时期,日本政府创办了许多官营的近代产业,并提出和推行了一系列扶持和鼓励各产业发展的政策措施,促进了日本经济的奇迹般增长,从而使世界各国都开始重视产业政策,对产业政策的内涵、内容、特征的认识也逐渐深入。

一、产业政策的内涵

产业政策的内涵包括产业政策的概念、产业政策的构成要素以及产业政策与其他经济政策的关系。

(一) 产业政策的概念

虽然产业政策的实践由来已久,但是时至今日,国际上对产业政策的定义并没有统一,不同学术背景的学者从不同的研究视角为产业政策作出了各种各样的定义。主要集中在三种解释中:第一,产业政策就是一切有关产业的政策,这是对产业政策较为笼统的定义;第二,产业政策就是对产业经济活动的干预,是有计划、有目的地为实现国家或区域的经济目标,而重点扶持某些产业或抑制其他产业发展的政策;第三,产业政策就是政府为弥补市场失灵而出台的若干带有计划经济色彩的政策措施。综合这三种解释,笔者将产业政策界定为:一国或区域为弥补市场缺陷而有计划地为实现某个经济阶段的目标而主动干预产业活动的一切政策。

(二) 产业政策的构成要素

产业政策构成要素主要有产业政策的作用对象、实行产业政策的最终目标、产业政策的手段和措施、产业政策具体由谁实施即实施机构、产业政策的制定方式和制定程序。每一个国家或者区域都会根据各自的发展状况，基于产业政策各构成要素的实际情况，形成不同的产业政策体系。

(三) 产业政策与其他经济政策的关系

产业政策是介于微观和宏观之间的中观经济政策。通常将其与宏观的货币政策和财政政策并称为三大经济政策。其实，三者并非遵循统一的分类标准，作用影响的范围也不一。产业政策主要针对产业，影响局限在产业经济范围内，而宏观的货币政策和财政政策作用于整个宏观经济，影响范围自然大于产业政策。但各项政策的终极目标是一致的，都是为国民经济服务，也只有相互配合相互补充，才能更好地服务于国民经济。

二、产业政策的内容

与产业组织理论、产业结构理论、产业布局理论和产业发展理论相对应，产业政策的内容包括产业组织政策、产业结构政策、产业布局政策、产业技术政策以及协调产业发展与生态环境保护政策。

产业组织是指同一产业内企业的组织形态和企业间的关系。这里所谓的"同一产业"是指具有相同使用功能和替代功能的产品或劳务的集合，实质上就是具有竞争关系的卖方企业的集合。产业组织政策正是调整和处理同一产业内各企业之间关系的政策，其目的在于实现产业组织的合理化。产业组织政策主要分为三类：市场秩序政策、产业组织合理化政策和产业组织保护政策。

产业结构政策是指政府制定的通过影响与推动产业结构的调整和优化来促进经济增长的产业政策，其宗旨是以技术进步不断促进区域产业结构的优化。产业结构政策是一个政策系统，包括区域产业结构在国际国内产业分工体系中的位置，及基于区域开放产业经济系统的本区域产业结构的长期构想，包括对区域内主导产业、支柱产业、优势产业的扶植及发展政策，对衰退产业的调整、转移或援助政策等。

产业布局是产业存在和发展的空间形式。产业布局政策是指政府根据国家或区域的国民经济发展状况、资源禀赋、区位条件等因素，科学引导和调整重要产业的空间分布，目标是实现产业布局的合理化。开放条件下，区域优势产业的产业布局主要考虑三个方面的因素：一是产业发展资源的全球化供应链布局；二是产业生产的空间布局；三是产业市场的布局。

产业技术政策是产业政策的重要组成部分，它包括两个方面的内容：一是产业技术结构的选择和技术发展政策，主要涉及制定具体的技术标准，规定各产业的技术发展方向，鼓励采用先进技术等方面；二是促进资源向技术开发领域投入的政策，主要包括技术引进政策、促进技术开发政策和基础技术研究的资助与组织政策。

协调产业发展与生态环境保护政策是指产业发展要充分考虑对生态环境的影响，为如期实现"30·60目标"，限制高能耗、高污染、高排放的产业发展，鼓励低能耗、低污染、低排放的产业发展政策迫在眉睫。

三、产业政策的特征

产业政策具有时代性、民族性、政治性以及市场功能弥补性等特征。

产业政策的时代性是指产业政策并非一直不变，在每个历史时期，产业政策的内容、目标和手段都必须适应当前经济社会发展的需要，因此，产业政策实际上处于动态变化之中。

产业政策的民族性是指产业政策的制定和实施都要从本国或本区域的资源禀赋、经济发展阶段、市场发育程度、文化传统以及面临的国际环境出发，各国各地区的情况不同，因此产业政策也不同。此外，产业政策的制定者都偏向维护各国或区域的自身利益。所以说，产业政策具有民族性。

产业政策的政治性是指产业政策的制定者和执行者都是政府，突出体现了政府的意愿，致力于政府职能的发挥，是服务政治的有效工具。虽然政策的影响超过政治范畴，影响到经济领域，但不可否认，它就是一种政治性的制度安排。

产业政策的市场功能弥补性充分考虑到市场失灵的可能性，并明确指出，仅仅依赖市场机制不能有效地配置产业资源，产业政策能够对市场起到弥补作用。需要指出的是，产业政策的市场弥补性也意味着产业政策的制定和实施应该以政府为主导，坚持政府从"越位点"退出，尽快把"缺位点"补上，管好那些市场管不了或管不好的事情，即在维护市场秩序、加强市场监管、保障市场公平方面发挥积极作用，为经济社会发展提供强大的动力和保障。

第二节 区域衰退产业调整政策

衰退产业是指区域中那些在经历了产业生命周期的孕育期、成长期、成熟期之后，进入衰退期的产业。区域衰退产业的一般特征是：第一，由于不再适应市场需求的变化，因此产品的需求量和销售量急速下降，市场占有率逐渐缩小甚至萎缩，全行业生产能力明显过剩；第二，由于生产能力过剩，衰退产业的企业之间竞争加剧，为了销售出更多的商品，不惜竞相低价出售，致使企业陷入亏损状态；第三，由于缺乏新技术的引入，机械设备不能升级换代，缺乏产业竞争力，生产成本不断扩大；第四，由于这类产业收益率低，导致难以吸收新的资金和资本投入；第五，新兴产业产生和发展，迫使原有企业或厂商不断退出衰退产业领域，但又由于存在沉淀成本壁垒、人力资源壁垒、制度性壁垒、技术壁垒以及其他方面的壁垒而导致退出的难度增大。

区域衰退产业的调整政策是产业结构高度化过程中的重要产业政策，目标就是帮助区域衰退产业有秩序地调整，有规则地收缩、撤让和退出，推动产业结构的高度化，促进区域经济发展。无论是市场经济国家还是计划经济国家都非常重视对衰退产业的调整。

一、衰退产业调整的原则

尽管衰退产业不利于区域产业结构的高度化和合理化，也不能对区域经济的发展起到突出的贡献作用，但是这并不意味着衰退产业对于经济发展完全没有任何作用。衰退产业的调整政策需要坚持以下原则。

（一）政府与市场相结合的原则

尊重市场经济，充分结合政府的计划调整作用与市场的自发调节作用。区域衰退产业不能适应市场经济的发展要求，按照市场经济的发展规律，衰退产业会被逐渐淘汰，但是政府可以通过制定一系列包括补贴、税收减免、技术革新等在内的调整政策，来改善和延缓产业的衰退，甚至可能让其重生。衰退产业政策的制定和实施都必须控制一个合理的度,不能因为调整和扶持衰退产业而破坏产业经济的正常运行,政府要做到有所为、有所不为。

(二) 区别对待与分类指导原则

由于区域条件、资源禀赋、产业基础、经济水平等各方面的差异,产业结构有其自身特点。某时期一个区域的衰退产业对于其他区域来说不一定也是衰退产业,也许会是增长潜力较大的新兴产业,因此应该充分考虑各区域的实际情况,重视衰退产业的区域特性,区别对待。此外,对于当前阶段区域的不同衰退产业,也应该采取不同的调整政策,分类指导。对于通过技术革新后仍然具有发展潜力的衰退产业而言,主要制定扶持政策,鼓励其继续发展;对于没有任何复苏可能,只会继续衰退的产业而言,应该制定政策,鼓励和帮助这些产业及时退出市场或转移到其他适合的区域。

(三) 系统性原则

区域衰退产业是产业的一个子系统,更是区域经济的一个子系统,区域衰退产业的继续发展和退出都会通过产业关联作用影响到与之相关产业的发展,进而通过这些关联产业又影响到其他更多的产业,最终波及整个产业系统和经济系统。因此,应该充分考虑到衰退产业的发展和退出对其他产业的影响,以及对社会经济稳定发展的影响,选择和制定区域衰退产业的调整政策。

二、区域衰退产业调整政策的主要内容

(一) 促进衰退产业进行产品结构调整或转产

产品结构调整是衰退产业调整的重要内容之一。衰退产业的产品大多是传统技术产品,产品种类单一、产品科技含量低,档次低、附加值低,产品结构劣化,不能适应新时期的市场需求,因此缺乏市场竞争力。此外,衰退产业产品种类较为单一,企业之间的同质化较为严重,企业之间的不良竞争加剧,扰乱了市场秩序。所以政府应该结合当前时期市场的需求,协助衰退产业企业对产品的结构,包括产品的质量、种类、外观、规格等进行改变和优化调整,让其重新适应市场的需要。对于产品结构调整难度较大的衰退产业,政府可以强

制要求这类企业减少生产或者停止生产，并根据市场经济的发展现状，协助衰退产业企业选择适宜的转产方向，并通过提供资金援助、减免转产设备贷款利息、给予转产补贴等措施帮助企业加快转产。

（二）提供技术支持

衰退产业之所以缺乏产业竞争力，缺乏市场适应能力，归根结底在于衰退产业缺乏新技术的支持。政府应该制定相应的优惠政策，以及提供资金支持，鼓励衰退产业企业重新协调、选择与整合并激活衰退产业现有的技术存量；改进现有技术，加大力度对衰退产业的潜在可利用技术进行筛选、开发；加强现有专利和技术的推广，帮助衰退产业引进吸收新技术，从而提高衰退产业的技术增量。通过激活区域衰退产业现有技术存量以及提高衰退产业技术增量两方面来丰富区域优势产业的技术含量，从而促进企业生产效率的提高，推动产品升级换代，推进产品深加工，提高产品价值和产品档次，增强衰退产业的市场生存能力。

（三）鼓励企业间进行兼并和资产重组

鼓励与区域衰退产业相关的产业企业对衰退产业企业进行兼并和资产重组。衰退产业的资产结构调整是优化现有存量资产配置的重要途径。由前面对区域衰退产业的特征阐述可知，生产能力过剩是其主要特征之一。通过兼并和资产重组，不仅可以实现某些生产技术、生产设备的共享，也可以实现销售渠道、市场信息等方面的共享；不仅有利于资产从低效企业、低效产业向高效企业、高效产业集中，实现产业多元化，延长产品的产业链条，而且有利于新兴产业集聚衰退产业，使资产重新得到有效配置，得以最大化利用；不仅能够扩大企业的生产规模，产生规模经济效应，而且能够节约交易费用和管理费用，减少企业生产成本，提高利润。因此，政府应充分认识到资产重组的重要性，通过宣传等途径让衰退产业企业和高效产业企业明白资产重组的重要性和必要性，自觉主动地进行资产重组，同时加快制定促进衰退产业与其他产业进行资产重组的一系列鼓励政策，加速资产重组。

（四）鼓励衰退产业进行空间区位转移

区域具有空间差异性，区域产业的发展也具有空间差异性。政府应该鼓励某个区域的衰退产业转移到其他适合该产业发展的区域，通过地域转移，改善产业的生存环境，拓宽生存空间，扩大产品市场占有率，提高产业竞争力，延缓产业的衰退甚至使衰退产业获得重生。这一政策的顺利实施，需要不同区域的政府齐心协力。但是，由于区域衰退产业在区域之间转移会对两个区域的经济发展造成不同的影响，不同区域的政府大多倾向于维护自身区域经济发展，所以不愿意产业进行空间区位转移，因此这一调整政策的实施难度比较大，需要政府之间加强沟通协调。

（五）对失业人员进行转岗培训

区域衰退产业大多是劳动密集型产业，吸纳了大量文化程度不高、无专业技能的劳动力。当部分区域衰退产业退出市场之后，会释放出大量的劳动力。这些劳动力由于素质较低，难以在其他经济部门找到工作，面临着巨大的就业压力和生活压力。这就需要政府提前谋划区域衰退产业转移的全过程，特别是在创造社会就业岗位时，加强对这部分人员的转岗培训，增强他们的专业技能，提高再就业能力。

第三节　区域优势产业扶持政策

从技术层面考察，区域经济发展取决于三个方面的条件，即区域所拥有的生产要素及其组合、区域产业结构优化度以及产业组织的技术创新水平，核心是通过区域产业结构优化实现区域优势产业的可持续发展。扶持产业发展，就是要从产业经济发展的条件入手。第一，围绕要素资源的开发和利用，改善生产要素的组合，为优势产业的发展打造良好的基础条件。第二，树立区域产业分工明确、错位发展的思想观念，构建基于区域功能地位的生态产业经济系统，优化区域产业结构，提升区域优势产业的集聚程度，为优势产业的发展创造良好的政策条件。第三，利用科学技术，积极促进增长方式由外延式向内涵式飞跃，降低资源耗损，减少生态环境破坏，加快城乡一体化，技术创新、管理创新、组织创新并举，为优势产业的发展提供良好的支撑条件。第四，在发展现有以比较优势为基础的优势产业的同时，积极培育潜在优势产业的竞争力，这些潜在优势产业发展壮大的过程，就是区域产业结构升级的过程。

一、区域优势产业扶持的原则

（一）突出优势、重点扶持的原则

区域产业经济系统的可持续发展，需要我们立足于区域优势，并在发展中坚持优势，把优势产业的发展放到战略高度加以重视，淘汰落后生产能力，限制低水平的重复建设，引导社会资金流向技术含量高、具有中长期发展潜力的优势产业或部门，将产业政策的落脚点与优势产业的发展密切结合，一方面强调政策的针对性，另一方面使优势产业的发展得到切实的支持。

从重点看，我们应该将重中之重放在潜在优势产业支持方面。从中国经济发展的产业前景看，先进制造业、新能源新材料、高端装备、人工智能、数字经济、生物医药等行业具有广阔的市场前景。

（二）企业主体、市场导向的原则

市场经济条件下，产业组织是社会经济活动的主体力量，扶持优势产业的发展并不意味着政府对优势产业的选择及发展大包大揽，因为这样粗放型的发展方式经济成本和社会成本较高，而是应该坚持以企业作为优势产业的扶持主体对象，政策的着力点首先要充分发挥市场在资源配置中的决定性作用，用市场机制调节企业运行。现有重点优势企业是优势产业选择的重要切入点和着力点。要在政策上放手发挥企业的主体作用，自主选择发展方向，增强优势产业中优势企业的核心竞争力及可持续发展能力，从而有效推动区域优势产业健康发展。

提升企业竞争力的一种有效形式就是培育企业集群，特别是对西部欠发达地区来说，培育企业集群是提升优势产业竞争力、带动区域经济增长的现实选择。以优势产业中的优势企业为龙头，按照"使企业集群融入全球产业链条，从产业链上的优势环节着手打造、加快技术进步、实现集群升级、培育和提升企业集群自主创新能力"的三大准则入手，认清自身优势，看准市场需求，集中发展全产业链产业，加强企业之间的交流和合作，搭建相关产业支撑平台，使引进企业与本地企业都深深扎根于当地社会文化土壤之中，形成颇具地域特色和产业特色的企业网络结构，凝聚成区域优势产业的核心竞争力。

(三) 技术依托、人才根本的原则

科学技术是第一生产力，科技落后、科技成果产业转化率较低是制约区域优势产业形成和发展的重要原因。反之，科技水平的提升是实现产业可持续发展的必由之路，也是实现产业健康发展的普遍原则。

当前，区域优势产业的发展要以高新技术为依托，用高新技术提高优势产业和企业竞争力，提高自主创新能力和科技应用能力，尤其是科技创新成果的应用能力。在全面推进自主创新的时期，支持优势产业的发展就应该将支持优势产业的技术创新放在第一位，予以重视。要推动产业技术创新及创新技术的应用，就需要进一步重视围绕优势产业的发展大力培养产业技术人才，为优势产业的发展提供人才支持。

(四) 可持续发展的原则

科学合理地开发资源，努力做到经济社会发展与资源利用和生态保护相协调。坚持开发和保护并重的原则，不断提高工业的科技含量，降低资源消耗，减少环境污染。把节能、节水、节地作为推进新型工业化的前提，作为优势产业发展的基本要求，注重提高经济发展的质量。西部地区项目建设中，要坚决防止将发达地区已淘汰的落后工艺和污染严重的项目引进来。

(五) 遵守 WTO 贸易规则

工业化道路是发展中国家经济发展的必然选择。WTO 作为世界性组织，虽然制定了很多复杂而严密的细则对工业制成品进行补贴，但貌似平等的补贴，在发展中国家和发达国家工业发展程度不同的现实情况下，确实产生了事实上的不公平。这就要求现实工作中，在扶持优势企业发展时，要从两方面来把握补贴与反补贴的原则：一是要学习和熟悉规则，以辨别现行政策中哪些属于可诉性补贴；二是掌握并运用规则，就是要尽量利用可诉性补贴的空间，以使各项经贸促进政策更好地为进一步扩大开放，促进出口，提高利用外资水平服务；三是需要对容易引发争端和反补贴调查的政策作及时的调整；四是对有争议的政策，要提得出有根据的法律抗辩意见，以保护产业经济安全，维护企业

利益。

二、区域优势产业扶持政策的主要内容

根据本章第一节对区域产业政策内容的讲述，区域产业政策主要包括产业结构政策、产业组织政策、产业技术政策和产业布局政策。相应地，区域优势产业的扶持政策也可以从这四个方面加以论述。

(一) 区域优势产业的产业结构扶持政策

区域是我国产业经济系统的一个重要组成部分，同时也是全球产业经济系统中很小的一个子部分，立足于区域产业经济系统的开放性，根据现阶段区域社会经济发展水平和进一步发展的要求，按照产业发展演变的规律及各个区域的产业定位，寻求每个区域产业系统在全国甚至世界产业经济系统中的合理分工位置，突出优势产业在区域产业经济系统中的位置，提出区域优势产业在今后较长一段时期内产业发展的目标和方向。这是开放经济条件下支持区域、支持优势产业发展的产业政策的重要内容。

(二) 区域优势产业的产业组织扶持政策

扶持区域优势产业的发展，首先就是为优势产业的发展提供有序的市场秩序，避免恶性竞争，坚决打击各种假冒伪劣产品对市场的冲击，实现有效竞争。有序的市场秩序在当前显得更有现实意义。

产业组织的合理化政策主要是确保规模经济的充分利用，防止过度竞争。在市场经济条件下，充分利用市场的手段，以行政手段辅助，尽力推动区域优势产业实现规模化经营，加快参与更广阔市场竞争的步伐。

产业组织保护政策的目的是减少区外企业特别是跨国公司对区域内现有实力不强，但存在较大发展潜力，将来有可能发展成为优势产业的相关企业提供合理保护。这种保护首先不是破坏市场规则，而是促进本区域企业发展的政策，让其茁壮成长和健康发展。比如，政府可以拟订优势产业扶持的重点企业名单，并对其纾困解难，或搭建平台鼓励企业进行兼并合作等。

（三）区域优势产业的产业技术扶持政策

从经济全球化时代产业竞争角度考察，把产业技术标准放在产业技术政策的战略位置予以考虑。经济全球化竞争的时代是标准竞争的时代。依据国际化标准（ISO）的定义，标准是指："一种或一系列具有强制性要求或指导性功能，内容含有细节性技术要求和有关技术方案的文件，其目的是让相关的产品或者服务，达到一定的安全标准或者进入市场的要求。"国际标准化组织与国际电工委员会（IEC）在1991年联合发布的第二号指南（ISO/IEC Guide2）之《标准化和有关领域的通用术语及其定义》中提出："标准是为了所有有关方面的利益，特别是为了促进最佳的经济，并适当考虑产品的使用条件与安全要求，在所有有关方面的协作下，进行有秩序的活动所制定并实施标准的过程。"标准是经济全球化下产业和经济的秩序。产业技术标准对内可以促进产业分工和贸易的发展，对外则意味着技术壁垒和产业壁垒。标准对垂直链条意味着产业利益分配的工具，对横向竞争者意味着产品差异化能力的降低。标准是国家和新企业的核心竞争力来源，标准的利益分配涉及标准的拥有者、管理者和使用者，涉及企业利益、产业利益和国家利益。随着标准时代的到来，发达国家纷纷从技术战略发展到标准战略，从技术立国发展到知识产权立国。经济全球化时代，哪一个国家掌握了产业标准，实质上也就掌握了产业发展的主动权及产业利益。因此，区域发展优势产业，一方面，应该积极推动相关产业中的企业采用国际通用标准组织生产，其产品才能拥有更为广阔的市场空间；另一方面，政府应该创造条件，鼓励企业参与标准的制定，甚至成为行业标准的主导力量，特别是新时期推动中国内需标准转变成为国际标准是中国产业国际竞争力提升的主要内容。以上两条是我们必须达到的政策目标。

从知识经济时代竞争的特性出发，产业技术政策是产业政策体系的核心。政府应该在对优势产业发展的基础研究方面加大投入力度，倡导创新创业氛围，承担力所能及的开发风险资金，降低企业投入风险，并有效推动企业的技术开发投资。

产业技术政策的实施应该与产业组织政策的实施结合起来，也就是把产业技术政策作为产业组织扶植政策的重要组成部分。

(四) 区域优势产业的产业布局扶持政策

产业发展资源的全球化供应链打造是开放经济条件下，区域优势产业进行产业布局的首要问题。每一个区域所拥有的资源是有限的，如何能够利用全球性资源为区域内产业发展服务，是经济全球化下每个经济区域产业发展中都需要考虑的问题。政府应该出台相应的政策，鼓励区域优势产业中具有竞争力的企业"走出去"，为企业的发展构建全球性产业资源链，而不是仅仅关注将产品卖出去。

产业生产的空间布局考虑的因素包括经济性原则（保证那些投资效率高、经济效益好、发展速度快的地区优先发展）、合理性原则（鼓励各地区根据自身资源、经济、技术条件，发展具有相对优势的产业）、协调性原则（促进地区间的经济、技术交流，形成合理的分工协作体系）和平衡性原则（在加快先进地区发展的同时，逐步缩小落后地区与先进地区的差距）。

产业的市场布局与产业需求的空间差异和企业的市场选择有关。结合区域自身的市场需求，对应布局需求较大的产业，根据区域的交通条件、产品的运输费用、消费者的集中程度等因素布局企业。

三、区域优势产业扶持战略

(一) 制度环境培育战略

制度创新、体制改革和公共服务等是各地区经济竞争力差别的根源所在。政府的主要职能不是搞企业，也不是搞产业，而是创造一个好的经济发展环境，提供性价比高的公共品。在区域经济发展中，政府应高度重视制度环境的培育，实施体制机制的战略培育，实现营造良好发展环境与建立现代企业制度的互动，围绕加强执政能力建设，深化行政管理体制改革，把营造发展环境作为政府的主要职能，推进政府管理方式创新，为区域优势产业快速高质量的发展提供最根本的保障。

制度环境的培育要求进一步深化改革，转变政府职能是制度创新得以顺利开展的前提，也是进一步深化改革的关键。

第一，要努力提高政府管理水平，转变管理观念和职能。建立符合"精简、统一、效能"原则的运行机制,建立政务公开、办事高效、运转协调、行业规范、公正廉洁的行政管理体系,加快推进"最多跑一趟""并联审批""一枚公章管到底,清单之外无审批"等创新举措落到实处。

第二,要建立健全社会化服务体系,充分发挥行政服务功能。一方面制定切实可行的优惠政策,鼓励优势产业发展,淘汰落后生产力,限制低水平的重复建设,引导社会资金流向技术含量高、具有优势和中长期发展潜力的产业和部门;另一方面通过严格的市场监管,建立能够保证公平竞争和优胜劣汰的市场制度环境,保证良好的市场竞争秩序。

第三,要特别重视、积极鼓励区际间的交流与合作。鼓励市场内外机构和人士各种民间的非正式交往,取消地方保护壁垒,开放各类市场,促进地区的分工和协作,加快构建全国统一大市场。政府要及时、公开地向全社会提供经济信息和市场信息,通过企业招商论坛、业务衔接、资源共享、经验交流等形式加强同国际、同其他地区经济文化上的交流,降低经营成本,提高整个地区的经济效益,在一种信息自由交流的体制下促使创新的出现,加快科研成果转化。

第四,积极营造鼓励个性和激励创新的氛围;建立健全有效保护自然人、法人的人身及财产权益的产权制度;建立个人信用制度,确保城市民间经济交往信用;积极探索经济高速增长和体制转轨期社会稳定的保障方法。

第五,要抓实公务员的制度建设,从而构建有效的市场环境。政府的经济职能要靠公务员去具体实施。没有一支作风优良、高效能的公务员队伍,再好的设想也落实不了。因此,在重视公务员队伍思想道德建设的同时,把作风建设的重点放在制度建设上,用法治来规范约束公务员的行政行为,推进公务员廉政勤政建设。一是按照经济人的功利假设来设计公务员的管理制度,体现用制度管人管事,用制度培养公务员的依法治国观念,培养公务员的奉公守法精神,提高公务员办事的透明度;二是增强公务员为纳税人服务的意识,加强社会对公务员履行服务职责的监督,用制度保证这种监督的可行性和有效性,将权力关进制度的笼子;三是从严抓好公务员队伍的业务培训,逐步改善公务员队伍的知识结构,增加公务员市场经济的法律知识和经贸金融知识学习,不断提高公务员队伍驾驭市场经济的能力和服务经济的办事能力和效率。

(二) 资源转化战略

资源转化是指在一定条件下以一种开放性的方式运用资源，将资源转化为资本，进而将资源优势转化为经济优势，使资源发挥最大的效益。虽然某些区域的自然资源十分丰富，但相对而言，资源具有稀缺的特性，如果不善于进行资源的转化就等于浪费了宝贵的资源，限制了资源带来的经济效益。资源是地区发展的物质基础，资源观、优势观通常随着科技进步和国内外形势的发展而变化，故需要对传统的资源转化战略作出新的评价和定位，资源优势也要通过积极主动的产业关联互动转化为市场优势、经济优势。

首先，传统资源的转化属于低起点、低层次开发，往往布局分散、结构趋同、运行封闭、类型单调，加工程度低，产业结构递进速度慢。其次，西部地区与东中部地区贸易，往往处于不利的交换地位，因为西部地区的资源和初级产品附加值低，回流利润少，利益在经济交换中大量地流失。资源型产业还常常受到国内外市场需求波动的影响。最后，资源丰富可能导致企业不思技术进步，不求降低能耗，不计成本高低，从而影响科学的企业发展观形成，进而影响企业的可持续发展。但资源储量终究是有限的，过分依赖实物性资源，会加剧资源枯竭和环境恶化的速度，最终影响整个经济社会的发展。

发展优势产业可以充分利用区域得天独厚的资源优势，而资源的开发和转化应由资源导向转向市场导向，不要有什么资源就开发什么资源，而是有什么样的市场才开发什么样的资源和发展什么样的资源产品。要正确定位区域在国内外经济分工中的位置，对现有或潜在的优势产业进行科学选择和评估，根据市场导向调整产业结构，大力扶持优势产业。资源的转化应形成可持续的良性循环，只有建立在生态稳定和平衡基础上的开发才是最持续有效的。生态保护和建设的目的并不是维持某种现存的平衡状态和某种已有的有序水平，而是在远离平衡状态，但不越出生态系统自我调节能力极限的情况下，不断改善自身的功能，提高稳定性和有序性，不断从低层次向高层次进化升级。所以合理的生态必须是开放的、非平衡态的，构成系统的各要素或子系统之间以及系统内外应存在着普遍密切的内在联系和交流。也就是说，信息化、网络化时代的资源开发不应停留在低水平、封闭的层次上，而应大力推进生态环保型高新技术的引进、研究和应用，使资源的开发和转换实现可持续发展。

（三）创新支撑战略

随着经济全球化的深入，技术创新在推动经济发展和产业升级过程中所体现的作用受到人们越来越多的关注，而以技术创新能力为主要指标的核心竞争力则成了企业能否在激烈的市场竞争中立于不败之地的关键。我国建立创新型国家的目标对企业的技术创新提出了更高的新要求。在这样的大背景下，区域的优势产业要想获得长足发展，就必须在技术创新上努力，以此来支撑高质量发展。

第一，加快建立以企业为主体，产、学、研结合的创新体系。从国际经验来看，发达国家的研究开发经费80%是企业投入的。学术界普遍认为，研究与发展费用（以下简称R&D）投入占销售额的1%，企业难以生存；占2%可能勉强维持；占5%才有竞争力。世界百强企业R&D投入一般高达10%~15%，正是因为这样，企业才能长期保持强大的竞争实力。我国很多规模以上的企业都没有技术开发机构，因为我们的体制是研究院、设计院与企业分属两个系统，也就是说企业虽然对市场敏感，率先引进了技术，但因为缺乏吸收、消化和再创新的人才，没办法在短时间内达到预期成效；而研究机构虽然人才济济，却更多靠国家的课题养活自己，很多成果没有明确的商业目的，将创新成果商业化市场化还需更有针对性。

企业要充分发挥创新主体的作用，意味着企业要尽快成为技术创新投资的主体、研究开发的主体和利益分配的主体。创新是关乎企业生存和发展的大事，企业有了自主投资权，才能做到自主经营、自负盈亏和自担风险。所以政府应该采取果断措施，在提倡产、学、研结合的同时全面深化改革，把一些科研机构逐步归入企业，使它成为真正的研发主体。

第二，以国际项目为依托，提高企业的技术水平。通过并购等方式，获得核心技术。国外有一些技术水平高，但是经营困难的企业，我们可以通过并购、控股或者完全购买等方式，让它的技术成果和人才为我所用。由于体制上的痼疾，区域一些企业问题难以在短期内得到解决，所以可以通过这样的方式来实现技术上的提升，摆脱困境。

通过国际招标，逐步获得技术以提高创新水平。比如大型机械设备的引进，根据具体情况让区域企业与外国中标企业结成合作伙伴，通过交付时期内的学习与合作来获得和提高自身技术水平，逐步实现自己独立制造基础上的技术创新。

第三，建立良好的激励机制，充分发挥人才资源优势。在自主创新过程中，人才是关键。企业应该激活现有的科技资源，吸引优秀人才、留住优秀人才，优化人力资源组合。分层次、分对象地激励企业人才，采取有针对性的措施，真正发挥激励的作用。

第四，企业应着手提高消化吸收创新的比例。日本、韩国在引进欧美技术时，提出只引进一台，不引进第二台，引进技术资金与消化吸收资金比例为1∶5，所以很快就拥有了一大批具有自主知识产权的产品。我国大部分区域与发达国家相比存在明显的差异。花很多钱引进技术，却用很少的钱消化吸收，结果只能不断地引进，始终没有自己的自主知识产权和核心竞争力产品。这就成为制约区域优势产业发展的重要症结，我们前面已经阐述过，扶持区域优势产业需要有重点，增加潜在优势产业对资金投入的消化吸收就是现实的政策着力点，也因此成为区域优势产业发展的突破口。

第五，从政府采购入手鼓励创新。发达国家的发展经验表明，政府采购在企业的成长中起着不可忽视的作用。为扶持和鼓励本国优势产业的发展，当地政府会明确规定对企业的采购份额。这就需要地方政府进一步明确扶持名单，加大区域内优势产业的扶持，带动消费者对本土技术和企业的支持，畅通内循环。

区域的发展以及中国经济发展都需要建设一系列重大工程项目，将重大工程项目的政府采购与区域优势产业的技术创新工程相结合，是有效提升区域优势产业技术创新水平的重要手段。

（四）金融支持战略

由于产业结构转换基本遵循从资源的劳动密集型产业结构，到资本密集型的工业结构再到高新技术和服务业产业结构的转变规律，所以为了配合产业升级的需要，金融政策也应该作出合适的调整。

第一，构建服务优势产业的投资引导机制。对银行来说，加强对优势产业企业的金融服务，既是执行稳健货币政策、促进经济金融可持续发展和全面建设社会主义现代化国家的重要内容，也是银行优化资产结构、控制市场风险、提高经营效率、增强竞争能力的重要途径。因此，人民银行和金融监管部门要运用货币政策工具和金融监管手段，加强对金融机构的"窗口指导"和"道义劝告",督促和引导金融机构增加对优势产业企业的信贷投入。

第二,积极引导市场金融发展。拓宽民营经济融资渠道;通过社区组织、行业协会组织,促成企业之间互动互助、合资合作;借鉴个人委托贷款等方式,对民间融资活动加以规范,将其纳入正式的金融体系,从而吸引民间资金流入优势产业企业;引导优势产业企业树立筹资主体观念,实现融资渠道的多元化;探索采取入股、联营、合资等多种方式进行多元化的融资,提倡和鼓励各类企业与个人联合办厂、合作经营,拓宽融资渠道。

第三,完善服务优势产业的金融服务体系。一是建立优势产业信用体系。完善现有的信用评级制度,逐步探索建立适合优势产业企业特点的分类评级制度。"一企一策",逐步由银行各自评估企业资信过渡到由社会中介机构统一评估,客观地评价企业的信贷风险,合理确定其信用等级,减少评估的环节和成本。二是建立和完善社会担保体系。由地方政府、金融机构和优势产业企业共同出资组建信用担保有限责任公司;或建立特色经济融资担保基金,基金可以来源于发行债券、吸收特色产业企业入股和社会捐赠,参与入股的企业可享受到数倍于入股额的信用贷款;或采取多户联保的方式共同承担贷款联保责任,切实解决优势产业企业贷款担保难的问题。三是督促有关部门简化抵押评估、登记、公证等手续,降低收费标准,解决优势产业企业抵押难的问题。

第四,建立服务优势产业的金融支持体系。一是针对区域优势产业发展战略制定信贷政策指导意见,适当向重点发展的优势产业倾斜。二是督促金融机构制定和实施优势产业信贷业务经营计划,对贷款投放进行统筹安排,定期检查,评估信贷计划的执行情况。三是定期召开金融联席会议,通报金融信贷营运情况,重点解决和协调优势产业信贷中出现的矛盾和问题,完善信贷措施,切实推进特色产业的健康发展。

(五) 核心竞争力培育战略

布罗哈德和哈默认为,企业的核心竞争力"首先是在一组织内部经过整合了的知识和技能,尤其是关于怎样协调多种生产技能和整合不同技术的知识和技能"。具有核心竞争力的企业意味着可以积累、保持和运用好自己的竞争优势或比较优势,保持较高的市场竞争能力,进而转化为可观的企业利润。所以对于区域优势产业中的企业而言,更需要培育自身的核心竞争力。

企业核心竞争力所包含的知识和技能主要来源于六个方面,即技术、管理、品牌、营销渠道、资金和行业标准的首创。培育核心竞争力不是说让企业在这六个方面面面俱到，而是说更优化地整合这六个方面的资源，做到整体能力最优。所以培育核心竞争力时，可以从以下四个方面进行考虑。

第一，积极进行技术创新，构建优势企业核心竞争力的动力支撑。多变的市场让产品生命周期不断缩短，企业也只有创新才能得以生存。优势企业很可能已经在技术上有一定的优势，但是同样需要创新。无论是原始创新，还是与其他企业或科研机构合作产生的集成创新，或者是在吸收引进基础上的二次创新，都为企业的进一步发展提供了动力支撑。

第二，培育科学柔性的标准化管理体制，构建学习型组织。优势企业在管理上普遍存在问题，所以根据不同行业的特点，我们需要引入柔性管理。柔性管理以"人性化"为标志，强调跳跃和变化、速度和反应、灵敏与弹性，注重平等和尊重、创造和直觉、主动和企业精神、远见和价值控制，它通过信息共享、虚拟整合、竞争性合作、差异性互补、虚拟实践等，实现知识由隐到显的转化，创造竞争优势。在企业已有先进生产技术和规范管理的基础上，将顾客的需求与偏好放在首位，通过企业组织内部学习机制的转化，将顾客的需求与偏好转化为物品或服务，利润就是这种转化的一种自然结果。

第三，拓宽营销渠道，建立知名品牌。经济全球化下，竞争也日益激烈，如今是"酒香也怕巷子深"的时代，只有通过营销和品牌，才能让企业在市场中立于不败之地。我国某些优势产业中的企业拥有一定的市场知名度和一定的营销渠道，但是跟国外同行的水平比起来，还有很大差距，不仅表现在发展历史时期上的差距，还表现在不进则退的市场竞争中，要开发新产品、创新新技术，尽早建立知名品牌。

第四，多渠道吸引资本注入。目前企业的资金来源单一，多为企业自筹和银行贷款，资本市场直接融资比例很低，特别是欠发达地区。

资金是企业发展的血液，优势产业中企业除了利用外部金融系统提供的资本支持外，还应该多渠道地吸引资本注入。除了通过上市筹资以外，还可以通过并购、合资或购入股份等多种方式扩大资金来源，或者连环控股扩大企业规模。

当前需要解决的是如何为优势产业中的中小企业提供便利的融资渠道。中小企业虽然规模不大，但具有相当的活力和潜力，在融资中却存在很大的难度。

(六) 产业集群化战略

产业集群是当今产业组织发展的重要特征之一，是一个国家或地区的核心优势所在。产业集群所具有的企业集聚、分工合作、网络联系、激励效应等特征，有效地组合了区域内的经济与社会资源，使区域内企业具有很强的生存发展能力，整体上对外表现出很强的市场竞争优势。

产业集群的形成一般都有一个核心主导企业，通过该核心主导企业的衍生、裂变、创新与被模仿而逐步形成产业集群。因此，充分利用区域内优势产业布局集中的相对优势，大力扶持重点优势产业群的孕育、萌芽、发展和壮大，是加快区域工业化进程，推动区域经济发展的战略重点。

一般来讲，优势产业集群的形成主要有两种方式："自下而上"地培育和发展与"自上而下"地规划和发展。"自下而上"方式是指，在产业集群的雏形自发出现后，政府能积极主动地因势利导，为产业集群的正常发展提供各方面支持，积极进行产业集群培育，使其尽快成为成熟的产业集群。其中市场机制的充分作用是先决条件，政府在其中起到了锦上添花的促进作用。"自上而下"方式是指，政府与有关单位根据自身的目标，制定出清晰的产业集群发展战略规划，并有效实施。其中政府是产业集群的规划者，同时也是产业集群的培育者、组织者和具体实施者，在这种产业集群的形成过程中，政府发挥着主导作用。因此，在现实工作中要将这两种方式结合起来培育和发展区域优势产业集群，必须注意政府对优势产业集群的引导和促进作用，始终是建立在市场机制作用的充分发挥上；坚持以市场为导向，创造有利于企业生存和发展的环境与条件；充分发挥企业家精神和企业家的首创作用，激活企业的竞争意识和创新意识；发挥中小企业的积极性和能动作用，引导优势产业集群健康活跃地发展。

第一，制定和实施区域优势产业集群的区域竞争战略和政策。政府集群规划的理论基础在于弥补市场失灵和制度失效，所以必须以现有的优势资源和优势产业雏形为前提，制定相应的规划，不能刻意创造产业集群。政府应高度重视优势产业集群的战略规划，充分利用本地的优势产业，制定和实施开发区向产业园区转型的政策，将高科技开发区转化为产业集群区，避免因盲目从众的经济政策带来的高科技园区产业结构的同构化，影响区域优势的发挥，造成资源配置的浪费。

第二，培育和创造优势产业集群配套的产业和环境。政府在产业集群的形成和发展过程中，应该站在宏观的角度上，营造和规范集群成长的硬环境和软环境。硬环境，包括建立产业带、产业园区和基地，提供必要的基础设施，特别是集中产业相关的电力、水资源、环保配套措施等。软环境，主要指匹配相应的金融和财税政策，建立健全法律法规，提供优质的服务。同时，要整治与维护产业集群内部市场秩序，建立与完善产业集群内部标准体系、质量监测体系，为专业性金融机构或投资的出现创造宽松的环境。通过营造环境引导企业在市场机制中形成产业集群和集中发展，避免强制性的政策作用，也避免各个地区以各种优惠手段"拉""抢"投资者。需要明确的是，在市场经济条件下，政府政策的作用力度及范围始终是有限的。当优势产业集群发展到一定水平时，政府就应该转变为做好服务者的角色，更多地放手，避免一些企业对优惠政策形成依赖，缺乏自身发展的主动性。

第三，大力提升技术创新对优势产业集群的促进作用。充分借助国家鼓励研发的产业科技政策，积极引导科研机构和大学开展与集群产业相关的研发项目。重视当地优势产业和企业集群核心竞争优势，形成直接关联技术的研发和推广，以便最大限度地获取由技术扩散引起的产业联动效应。促进集群产业形成具有自我创新、自我发展能力的区域创新体系。产业集群的自主创新活力是区域发展最根本的动力。要确立企业的技术创新主体地位，抓好企业技术中心和行业技术中心建设，力争培植一批具有自主创新能力、自主知识产权和核心技术的企业集团。区域创新体系的形成离不开集群企业、政府部门、研发机构、中介服务机构、教育培训机构之间的互动，尤其以大学、政府研究机构为创新中心，以集群企业为创新主体，由金融、咨询等中介组织联结在一起的网络体系，因此还要特别注意加强创新网络节点的创新能力和节点间创新思想的交流。

第四，培育优势产业集群文化。当独特的文化特征根植于当地产业集群的时候，可以促进产业加速融合，加深产业对当地经济的影响，从而获得更强有力的竞争环境。从国际上产业集群发展的经验来看，"嵌入性"或"根植性"文化是产业集群能够取得成功和持久发展潜力的关键。这意味着，不仅当地的优势特色资源应当成为集群发展的基础，其特有的历史社会文化资源也应当被整合到产业集群的资源体系中，而这正是真正形成优势产业和产业特色的关键，也是解决国内各产业集群之间产业重构和过度竞争的关键。

（七）品牌培育战略

第一，增强区域优势产业的品牌意识。区域优势产业品牌对于区域经济发展具有举足轻重的作用，特别是对某些具备大量优势产业资源的区域，区域优势产业品牌战略是实现经济增长必须借助的基本战略，要把政府的区域产业政策，上升到创立区域产业品牌的高度上来认识和贯彻实施。不仅要注重区域产业品牌的建设，更要注重区域产业品牌的维护与管理，对损害区域产业品牌形象的个别企业的违法经营行为要严加惩处。

第二，规范区域产业品牌管理。政府经济职能部门或地方产业、行业协会，应该承担起区域产业品牌建设、维护、推广的工作职能，改变区域产业品牌只有受益主体，而无责任与管理主体的状况。地方政府职能部门要像企业家经营维护企业品牌一样，经营维护区域产业品牌，制定区域产业品牌经营维护的制度安排以及长期发展的战略规划。

第三，探索建立适合区域产业品牌特点的品牌建设管理推广制度与规范体系。根据不同产业集群发展的实际状况，相机决策，实施不同的区域产业品牌发展战略和品牌管理规范体系。有核心企业的产业集群，可以通过"品牌俱乐部"或"品牌连锁"的方式，建立以核心企业的企业品牌为依托的区域产业品牌。没有核心企业的产业集群，可以建立以产业或行业协会为品牌注册主体的区域产业品牌，并由全体会员企业通过签署品牌协议来共同维护和使用区域产业品牌。同时，加快实施由政府经济职能部门直接注册并管理区域产业品牌，将企业品牌包容在区域产业品牌之下的二次品牌管理体制中。通过上述形式，实现由非正规注册的抽象区域产业品牌向正规注册的区域产业品牌转化，达到加强、完善区域产业品牌管理的目的。

第八章
云南省优势产业竞争力

第八章 云南省优势产业竞争力

第一节 云南省优势产业选择指标体系的构建

一、指标的构建及框架

为了能客观实际地反映云南省各产业的优势，既给现实优势一个客观的评价，也给潜在优势营造一个公平竞选的平台，根据优势产业的选择基准，可以将优势产业评价指标分为两类：一类是能反映各产业现实竞争力的显性指标，包括产业增加值比较优势、固定资产规模比较优势、市场占有率比较优势、产值增长率比较优势、固定资产增长率比较优势、劳动生产率比较优势、增加值率比较优势、流动资产产出率比较优势 8 个指标；另一类是能反映产业潜在竞争力的隐性指标，主要包括资源占有率比较优势和区域背景优势 2 个指标。通过综合产业的显性和隐性指标，所选择出的优势产业既有可能是现实规模很大的产业，也有可能是刚刚崭露头角但有很大潜在优势的产业。

二、各指标值的获取及计算方法

为了使指标能客观实际地反映云南省各产业的优势，在指标测算方法的设定上，力图寻求一种能够多维度体现云南省产业比较优势的测算方法。在具体计算过程中，以"产业增加值比较优势"为例，产业 j 的产业增加值比较优势为：

$$\frac{x_j / x^i}{X_j / X^i} \tag{8-1}$$

其中，x_j 为云南省 j 产业的产业增加值，x^i 为云南省 j 产业所属产业的产业增加值，即为云南省第一、第二或第三产业的产业增加值，x_j / x^i 为省域范围内 j 产业创造增加值的优势水平；X_j 为全国 j 产业的产业增加值；X^i 为全国 j 产业所属产业的产业增加值，即为全国第一、第二或第三产业的产业增加值，X_j / X^i 为国域范围内 j 产业创造增加值的优势水平。基于此，x_j / x^i 与 X_j / X

i 的比值就能够体现出云南省 j 产业在增加值的创造方面是否具有比较优势。若该比值大于"1",则表示与全国水平相比,云南省 j 产业在增加值的创造方面具有一定的比较优势,若比值小于"1",则表示无比较优势。其他 9 个指标计算方法与此相同。

三、产业优势度的评测

产业优势度是指对各产业上述 10 个指标进行量化处理后所得到的综合评价数值。具体计算过程如下:

第一步:采集数据。在统计年鉴等资料中选择相关数据,以收集到的相关数据为基础计算得出所选 10 个指标的初步测算结果。

第二步:指标的标准化处理。

第三步:对样本进行检验。判断所选样本是否适合作主成分分析。

第四步:构造因子变量,选取因子个数。运用 SPSS 软件测算特征值,并根据特征值大小决定因子的取舍,取舍的标准为特征值是否大于 1,即只有特征值大于 1,所对应的单位特征向量才能够被选定为主因子。根据特征值是否大于 1 的标准,共筛选出 4 个主因子,累积方差为 81.925%,即所提取的 4 个主因子能解释原 10 个变量 81.925% 的信息。

第五步:旋转因子变量,使其更具有可解释性。

第六步:计算因子变量的得分。

第七步:利用主成分分析法计算云南各产业的产业优势度。

第八步:第一、第三产业优势度的测定。由于第一、第三产业与第二产业的特点不同,所以对第一、第三产业的优势产业选择,采用了与第二产业不同的方法。从云南第一、第三产业的发展现状和特点出发,基于所能得到的数据,通过计算,得到第一、第三产业中综合优势度大于 1 的产业有:林业(优势度为 1.473867)、旅游业(优势度为 1.453658)两大产业。

第二节　云南省优势产业竞争力

云南省立足本土资源优势，培育了烟草等一批优势产业，对全省经济发展起到了很大的推动作用。但到目前为止，多数产业仍存在规模偏小、布局分散、经营粗放等问题，而这些问题也严重阻碍了全省产业竞争力的进一步提高，制约了云南省经济快速健康发展。为赶超其他省区，缩小与发达省区的差距，云南省必须立足实际，从企业实际发展状况出发，大力提升优势产业竞争力。根据优势产业选择模型的分析结果，综合德尔菲法，通过建立优势产业选择模型选出烟草产业、医药制造业、能源产业、化学工业、金属矿采选及冶炼加工业、旅游业、文化产业、光机电产业 8 个优势产业，并通过聚类分析法把其分为成熟型优势产业、成长型优势产业和潜在型优势产业三类。研究结果显示，属于成熟型优势产业的只有烟草产业；属于成长型优势产业的有医药制造业、能源产业、化学工业、金属矿采选及冶炼加工业、旅游业 5 个产业；属于潜在型优势产业的有文化产业和光机电产业。

一、成熟型优势产业——以烟草产业为例

成熟型优势产业的主要特征是产业技术已基本成熟，新产品的开发和已有产品新用途的拓展变得相对困难；产业特点及其竞争力状况都已基本定型，用户和需求状况较为稳定；买方市场基本成型，因而市场增长率不高，厂商及产品之间的竞争手段逐渐从价格手段转向提高产品质量、增强品牌影响力、提高运营服务水平等各种非价格手段；企业进入壁垒很高，现有企业对垄断利润的瓜分份额基本确定且利润增长空间变小。根据优势产业类型判断模型的分析结果，云南省只有烟草产业符合成熟型优势产业的特征。

（一）发展现状

云南省烟草产业走过了"六五"打基础、"七五"大发展、"八五"创辉煌的历程，继而又实现了"九五"再创新辉煌的目标。1998 年国家实行"两

烟"双控政策之后，云南省烟草产业的发展受到一定制约，这就需要利用好发展基础，加快产业转型升级，开发新类品、满足更多顾客需求，再度实现市场产业规模和经济效益双增。

烟草产业是云南省最重要的经济支柱，在支持本省宏观经济中发挥着不可替代的作用。首先，云南地区生产总值的主要来源之一是烟草产业的增加值，2020年云南省烟草产品增加值达1259.95亿元，占当年GDP的5.14%；其次，烟草制造业是重要的云南省工业体系成员，2020年，该行业产值占云南省工业产值的23.08%。同时，烟草业税收是云南省财政税收的主要来源，1988年以来，烟草业税收创造均居全省各产业第一位，最高时达到全省税收的70%，是支撑云南省财政收入的主要力量。此外，烟草产业中的烤烟生产是该产业由二产向一产的延伸，促进了全省农民收入的提高。规模以上烟草企业中，玉溪红塔烟草集团、昆明卷烟厂等5家企业进入了云南100强企业前10名，其营业收入、利润、资产等指标都远远超过排在第二名的云南电网公司，在全国烟草行业中也是"领头雁"。

（二）竞争力分析

研究分析结果显示，云南省烟草产业的综合竞争力和核心竞争力都远高于全国同行业的平均水平，在全国烟草产业中仍然保持着龙头地位。2021年云南省烟草制品行业实现销售收入1262.28亿元，占全行业销售收入的16.71%，居全国第一，上海市和湖南省分别以763.06亿元和709.84亿元的销售收入分别位居第二和第三。虽然从纵向看，云南省烟草产业仍然保持着较快的发展势头，但从横向看，烟草产业作为省内最大的支柱产业，在2020中国知名100强企业排名中却只有玉溪红塔集团排在第68位，其他烟草企业都榜上无名。此外，云南省烟草产业的竞争优势正在逐步丧失，主要表现为云南省烟草产业的市场占有率从1998年开始就一直持续下滑，直到目前也没能遏制住下滑的趋势，而云南省烟草产业市场占有率的下滑是由外部环境和内部原因双重作用所致。目前，随着世界范围内禁烟运动的不断发展，整个烟草产业正经历来自降焦减害和开拓后续市场等方面的严峻挑战。一方面，自加入WTO以来，烟草进口关税大幅下调，云南省烟草产业受到来自国际大型烟草集团的竞争压力越来越大；另一方面，云烟也受到来自沪烟和湘烟两股国内市场势力的威胁，东北、华北等云烟传统市场的很多品牌都在谋求更大的发展。在强大的竞争压力下，云南省烟草产业的一些内部问题也逐步显露出来：一是产业再投资效益差。研究结果显示，云南省烟草产业流动资产的产出率很低，还不及全国平均水平，说明云南省烟草产业的资本运营和管理绩效很不理想，"投入多，产出少"正是云南烟草产业面临的现实问题。二是缺乏高水平的科技人才。云南省烟草产业虽然有跻身世界 500 强的大企业，但人才选拔和使用机制还有待完善，尤其在人员组成上，缺少具有深厚功底和国际影响力的烟草技术人员。三是品牌结构不合理。云南省卷烟品牌虽逐年增加，但 100 万箱以上的单品牌产品始终不多，这种品牌多但品牌规模偏小的局面，不利于市场竞争。

（三）提升竞争力的措施

为了进一步提升云南省烟草产业的竞争力，必须要集中精力突破原料和市场两大瓶颈制约，积极加强与省外甚至国外烟草大企业、大集团的交流与合作。一是要加大产品结构调整力度。在继续强化原料基地建设的同时，充分发挥云南省在品牌、技术装备和"两烟"配套上的优势，以产品的提质降害为核心，积极运用高新技术改造老产品、研发新产品，加大低焦油卷烟产品的研发力度，做精做强名优品牌产品；优化云南省卷烟产品结构，积极培育混合型卷烟品牌，为开拓市场提供可靠优质的产品保障。二是要进一步开拓市场。积极更新营销观念、拓宽营销渠道，充分利用现代信息技术建设营销体系，推进以分公司经营为主体的网络建设模式；并充分利用云南地处中国面向东南亚、南亚开放前沿的区位优势，实施"走出去"战略，积极参与国际市场竞争。三是要加大以品牌为纽带的企业重组。迅速理顺和联合重组之后的企业内部关系，推动以品牌为纽带的企业扩张，推进云南省卷烟生产企业与省外企业以资本为纽带的联合重组，实现资源更有效配置、企业规模进一步扩张和效益的不断提升。

二、成长型优势产业——以医药制造业为例

当优势产业进入成长期的时候，产业开始步入繁荣。由于市场前景光明，大量的厂商进入该市场，从而带动产业规模迅速扩张，产品也逐步从单一、低质、高价向多样、优质和低价方向发展。同时，生产厂商和产成品之间的竞争日趋激烈，生产要素市场和产品市场都开始向有一定资金、技术、管理优势的

企业集中，以扩大规模、增加产量等为主要手段的粗放型增长方式逐渐转变为以提高生产技术、降低成本以及研制、开发新产品等为主要手段的集约型增长方式。研究结果显示，云南省成长型优势产业为医药制造业、能源产业、化学工业、金属矿采选及冶炼加工业、旅游业等产业，以下将以医药制造业为例进行阐述。

（一）发展现状

云南省高海拔、低纬度、多气候带的自然环境，孕育出了丰富的药材资源，已探明的药材品种就有6559种，占全国药材种类的51.4%，品种和数量均属全国之首，享有"药材宝库"的美誉。云南省25个少数民族在长期与大自然相依相存的过程中，积累了丰富的防病治病方法，形成了各具特色的民族医药学理论。全省民族药由地方标准上升为国家标准的数量持续上升，云南省民族药不断走向全国、全世界，2020年，全省民族药总产值达到1400亿元。全省医药工业保持平稳增长态势：2020年全省规模以上医药工业实现营业收入343.9亿元，比2016年增长22.1%，年均增速为4.4%，占全国比重达1.4%；2020年全省规模以上医药工业实现利润总额81.2亿元，比2016年增长144.5%，年均增速为19.2%。全省中医药子行业优势尤为突出，2020年中药材种植面积居全国第一。

（二）竞争力分析

研究分析结果显示，云南省医药制造业的综合竞争力之所以高于全国平均水平，主要是因为云南省有着丰富的中草药资源，资源占有率对竞争力的贡献率高达64.8%，遥遥领先于其他指标。社会主要矛盾的转变，让人们崇尚纯天然、无污染的产品，这使云南省天然药物资源的潜力和价值得到进一步的挖掘和显现，并成为云南省医药制造业起飞的新引擎。但是由于受资金、技术、市场等方面的限制，云南省医药制造业综合竞争力的提升还主要依赖资源竞争力，而其科技竞争力与全国平均水平差距还很大。究其原因，一是企业"小、散、弱、杂"的现状难以改变，这是制约产业核心竞争力提升的顽症。云南省医药上市公司仅有6家。二是生产经营受资金制约严重。云南省医药企业大多数未评定信用等级，整个行业信用等级的缺失给贷款融资带来很大障碍。特别是新冠疫情下，资金的紧缺问题更加凸显，丧失了很多发展机会。三是天然药物资源未能得到可持续的开发。由于对野生植物药材资源的人工种植等基础性研究相对滞后，工业生产过度依赖野生资源，造成了天然药物资源的过度开发，影响了产业的可持续发展。

（三）提升竞争力的措施

云南省医药制造业竞争力的提升，出路在于依托云南省丰富的天然植物药资源优势，走科技创新的发展道路，提升中药产业化及产业现代化水平，把云南省建成全国独具特色的中药材现代化种植基地。一是做好天然药物资源的保护开发工作。加紧制定和推广各类中药材的质量标准，引导农民按照质量标准，规模化、规范化种植本地区特有和市场稀缺的中药材，有目的地发展中药材种植业。二是增强市场营销能力。在新产品开发上，针对不同的目标市场，开发出非专利品、保健品及针对第三世界市场的低价位产品；灵活采用连锁经营、直供配送、定点药店、总经销、总代理、电子商务等流通营销模式，成功地构架起快捷、高效的销售网络，提高云南省医药产品的市场占有率。三是探索创新制药工业技术模式。建立制药企业、省内大专院校、医药科研院所相结合的以制药企业为主体的新药自主研发体系和技术创新体系，提高研制水平，加快研制速度，持续地推出新药品占领新市场，拓展产业发展的空间。

三、潜在型优势产业——以文化产业为例

潜在型优势产业是指大部分优势还处于潜伏状态的产业，其特点是产业技术尚不成熟，诱使技术变动的不确定性因素繁多；产业特点、产业竞争状况、用户特点等方面的信息还不是很明朗，企业进入壁垒低，在产品、市场、服务策略上有很大的发展余地；产业聚集资源、要素的方式具有较大的随意性；产业发展的路径依赖性不强，生产要素流动性大，具有较强的可移植性，有时只要很小的外界激励就能诱致大量的要素聚集，从而促进该产业迅速成长。云南省具有发展文化产业和光机电产业得天独厚的气候等优势，如发展措施得当，就能够取得其他产业无可比拟的发展速度，以下将以文化产业为例进行详细阐述。

（一）发展现状

云南省是民族文化的富矿、音乐舞蹈的海洋、美术摄影的殿堂，是一个世界少有的多民族群体、多文化形态的共生带。云南省也是全国最早提出建设文化大省的省份之一，经过多年的积淀和发展，云南省文化产业的发展进入全国前列，已成为云南省新的经济增长点。"云南模式"被屡屡提及，《云南映象》《一米阳光》《花腰新娘》等一大批反映云南文化的影视作品在全国产生强烈反响。

（二）竞争力分析

研究结果显示，云南文化产业的综合竞争力高于全国同行业的平均水平，专业化特征日益凸显。但与此同时，云南文化产业也存在一些问题：一是对文化资源开发的深度不够。由于没有把文化事业和文化产业正确区别开，对文化资源的理解也不够深入，让云南对文化资源的开发仅仅停留在表面和自然状态，缺乏科学规划和资本化配置；二是不能很好地和市场取得对接。文化资源优势只有和市场达成契合，创造出反映现代文化的精品，才能在市场中产生经济效益，云南缺少这样符合市场需要的文化精品；三是缺少经营型人才，文化企业规模普遍偏小。由于缺少一批善经营、通管理、精技术的复合型、高素质人才，使得云南文化企业始终做不大做不强，至今还没有一家云南文化企业能跻身全国企业500强。

（三）提升竞争力的措施

一是要转变思想，创新观念。充分发挥文化产业作为经济主体的特性，将文化资源看作企业发展和竞争的重要资源，通过"文化搭台、经济唱戏"，实现文化产业与国民经济共同发展。二是从文化品牌切入，整合特色产品，创造原产地品牌。致力于文化产品的技术化、组织特殊技艺、特色产品申请专利权或著作权，以民间知识产权入股建构公司法人，形成原产地品牌，实现特色文化品牌延伸的资本化运营。按照"文化资源资本化，文化产品品牌化、产品价值放大化"的路子，大胆创新，实施文化品牌战略，塑造一批享誉全国乃至世界的文化品牌。三是促进旅游业与文化产业的有机结合，延伸和加强文化产业的链条建设。四是加快文化产业与现代工业融合发展。将文化元素特别是具有地方标识性的文化融入现代工业生产，打造区域性人民群众喜闻乐见的文创产品，特别是在一批文化产业龙头企业的影响和带动下，加快提升云南文创产品质量，在市场中实现经济效益。

第九章
云南融入共建"一带一路"研究

第九章　云南融入共建"一带一路"研究

第一节　云南与"一带一路"

历史上，中国在世界经济格局中扮演着重要角色。在世界经济发展早期，我国主要通过北方丝绸之路、南方丝绸之路和海上丝绸之路与西方联系，这加强了东西方的沟通，促进了丝绸之路沿线各国的发展，也对世界经济与文明的发展做出了重要贡献。

一、历史上云南与丝绸之路的关系

云南与缅甸、老挝、越南三国接壤，边境线长4060公里，其中，中越段1353公里，中老段710公里，中缅段1997公里。云南与东南亚、南亚国家的人员交流与贸易往来已有2000多年的历史。早在商代，云南与东南亚地区就已出现民间的边境贸易，随后不断扩大。云南一直处于从成都平原通往东南亚、南亚的南方丝绸之路上。南方丝绸之路与其他丝绸之路一样，流通的商品种类繁多，中国的蜀布、邛竹杖和缅甸、泰国、印度等国的奇珍、盐、锦、贝币等互有流通。据《史记》记载，西汉元狩元年（公元前122年），张骞在出使大夏时见到了从身毒国（古印度）转运出去的蜀布、邛竹杖。

据有关专家考证，这条通道起始于成都，其主干道分东西二路，西路（即古旄牛道）从成都出发，经雅安、西昌，渡金沙江入滇，经大姚到大理；东路亦从成都出发，沿岷江而下，经乐山、宜宾，沿秦修五尺道南行，入滇后经昭通、曲靖、昆明、楚雄到达大理。东西二线在大理汇合后，经保山、腾冲到达缅甸，再西行至印度。从丝绸之路的历史来看，云南大部分地区都在丝绸之路上，说明云南在历史上很早就建立了对外联系。早在战国时期，东南亚、南亚的贝币就沿着丝绸之路进入云南，说明历史上云南与南亚、东南亚地区不仅处于同一个贸易圈，而且还处于同一个货币圈。汉唐时代开通的"茶马古道"进一步说明了云南在南方丝绸之路上的重要性。"茶马古道"连接川滇藏，延伸至不丹、锡金、尼泊尔、印度境内，一直到达西亚、东非红海海岸。"茶马古道"在历史上主要由马帮进行贸易运输，贸易货物以茶叶为主，云南的西双版纳是"茶马古道"的起点。到了清代,"茶马古道"进入繁荣时期,出现了较多分支,支线与主线共同构成了普洱茶的运输网络,到达的范围也逐渐扩大。抗日战争期间,中缅公路、中印公路、驼峰航线、中印输油管道相继开通,云南成为抗战后方和战略物资的进出口通道,为中国抗日战争的胜利做出了贡献。

二、现代云南的对外开放历程

1949年新中国成立后,云南的边境贸易经历了曲折,甚至一度中断。1951年云南进出口额为553万美元,且全部为进口。1978年也仅为8395万美元。1978年改革开放以后,云南对缅甸、老挝、越南三国的边境贸易率先成为先导,与一般贸易优势互补,使沿边开放充满生机活力。1985—1989年5年间,中缅、中老间的边境贸易进出口额达到36亿美元,比前6年增长20多倍,并初步形成了地方政府间贸易、边境民间贸易、边民互市等多层次、多形式、多渠道的边境贸易发展格局。到20世纪90年代中期,形成全国边境贸易看云南的欣欣向荣景象。

20世纪90年代末,随着国家西部大开发战略的实施,对外贸易进出口总额从1995年的18.96亿美元上升到2006年的62.3亿美元,贸易额在全国排名上升至第21位。随着改革开放的深入、中国加入WTO、"东中西"梯度开放战略的调整以及中国—东盟自由贸易区、大湄公河次区域合作的不断推进,我国全方位、多层次、宽领域的开放格局日渐形成,云南的开放型经济不断发展,2010年云南对外贸易额达133.68亿美元。

为了进一步推进我国与东盟、南亚国家的经济合作,2011年以来,云南先后被定位为向西南开放的重要门户、我国沿边开放的试验区和西部地区实施"走出去"战略的先行区、西部地区重要的外向型特色优势产业基地、我国重要的生物多样性宝库和西南生态安全屏障、我国民族团结进步、边疆繁荣稳定的示范区。云南不断加快公路、铁路、水运、航空、信息、能源的建设,初步形成了以昆明为中心覆盖东南亚、南亚的交通运输网络,这为云南与周边国家的交流和货物往来创造了更加便利的条件。2015年1月,习近平总书记在考察云南时指出,希望云南努力成为面向南亚东南亚辐射中心。自此以来,云南凝聚共识、发挥优势、抢抓机遇、开拓创新,持续加强与周边国家和地区的政策沟通、设施联通、贸易畅通、资金融通、民心相通,建机制、强合作,搭平台、促开放，促进云南在建设面向南亚东南亚辐射中心上不断取得新成效。习近平总书记2020年1月再次考察云南时指出，云南要主动服务和融入国家重大发展战略，以大开放促进大发展，加快同周边国家互联互通国际大通道建设步伐。在对外开放、谋求发展的道路上，云南始终坚定不移沿着习近平总书记指引的方向前行，持续推进面向南亚东南亚辐射中心建设，奋力开创新局面。2021年，云南对外贸易总额为3143.8亿元，实际利用外资8.88亿美元，对外直接投资10.24亿美元，均为正增长；通关便利化程度不断提升，进出口整体通关时间分别为7.93小时和0.15小时，分别居全国第三位和第二位。

三、当前云南与"一带一路"的关系

云南是"三亚"（东亚、东南亚、南亚）、"两洋"（太平洋、印度洋）的接合部，是古代南方丝绸之路的前沿，是中国陆路进入印度洋最便捷的通道，可将北方丝绸之路、海上丝绸之路、长江经济带连接在一起，这使云南在推进共建"一带一路"中具有重要地位。共建"一带一路"倡议给云南的开放发展带来了千载难逢的机遇。

目前，国家推进的孟中印缅经济走廊、中国—中南半岛经济走廊是"一带一路"不可或缺的部分，也是云南参与共建"一带一路"的重要抓手和突破口。在新的形势下，积极融入共建"一带一路"、提升沿边开放水平，对于包括云南在内的广大西部地区主动服务和融入国家战略、促进西部地区开放发展，具有十分重要的意义。

第二节 云南融入共建"一带一路"的基础和条件

自中国改革开放以来，云南就结合古代南方丝绸之路的走向，加强与国内成渝经济区、泛珠江三角区以及东南亚、南亚的合作，不断拓展发展空间，推动经济发展。经过多年努力，云南不仅改变了封闭和落后的面貌，而且在全国沿边开放中凸显优势，为融入共建"一带一路"奠定了良好基础。

一、云南对周边国家的开放已形成良好态势

东南亚和南亚是世界新兴市场，也是中国周边地区的两大传统市场。云南作为中国连接东南亚和南亚的重要省份，一直将东南亚、南亚地区作为云南发展外向型经济的重要目标与市场，并在对外商贸合作、投资合作、人员交流等方面走在国内各省前列。

对外贸易方面，2021年云南外贸进出口3143.8亿元，同比增长16.8%。其中，出口1766.7亿元，同比增长16.3%；进口1377.1亿元，同比增长17.3%；贸易顺差389.6亿元。东盟是云南最大的外贸市场，贸易额达1424.9亿元，同比增长1%。其中，对缅甸、越南分别出口464.2亿元、337.8亿元，同比下降17.1%、3.9%；对泰国、马来西亚、老挝分别进出口127.8亿元、85.1亿元、84.3亿元，同比分别增长15.3%、151.8%、8.5%。云南对"一带一路"共建国家、RCEP贸易伙伴分别进出口1810亿元、1407亿元，同比分别增长7.5%、5.1%。东南亚、南亚已成为云南重要的贸易伙伴。

对外投资与经济技术合作方面，云南的对外投资及对外工程承包、对外劳务输出也不断增加。2018年云南对外承包工程合同87份，合同金额达14.25亿美元，完成17.27亿美元的营业额；2019年云南对外承包工程合同51份，合同金额15.3亿美元，完成13.14亿美元的营业额；2020年云南对外承包工程合同17份，合同金额7.25亿美元，完成9.7亿美元的营业额。截至2020年底，云南设立境外投资企业888家，累计直接投资121.62亿美元，涉及61个国家和地区。2020年，云南新增设境外投资企业37家，对全球18个国家和地区实现非金融类直接投资10.17亿美元，实现了同比增长6.85%，投资额西部排名第二位，全国排名第15位，其中对南亚东南亚的投资约占投资总额的62%。主要投资领域为租赁和商务服务业、住宿和餐饮业、电力、热力、燃气及水的生产和供应业、建筑业、交通运输业、仓储和邮政业、采矿业、制造业等。这些数据充分反映了云南与周边国家在投资及工程承包、劳工派遣方面呈现良好的发展态势，也说明云南"走出去"发展进展良好。

云南还积极与东南亚、南亚国家开展经济合作区、开放试验区、边境贸易区等方面的合作。一是积极探索建设中越河口—老街等跨境经济合作区，促进边境地区产业、贸易、仓储物流等产业发展。二是推进边境经济合作区建设，

国家新批准了临沧国家级边境经济合作区。三是加快瑞丽国家级重点开发开放试验区建设。2012年国务院批准了《云南瑞丽重点开发开放试验区建设实施方案》（国办函〔2012〕103号），全面推进瑞丽重点开发开放试验区建设。2014年1月云南省人民政府颁布《关于加快推进瑞丽重点开发开放试验区建设的若干政策》，提出28条支持政策。自2012年10月瑞丽试验区获批建设以来，10年间，瑞丽试验区形成了集高速公路网、铁路网、航空网、通信网、电力网、油气管网六位一体的现代国际互联互通综合枢纽网络，为中缅经济走廊建设打下坚实基础。瑞丽口岸进出口总额年最高值达到127.84亿美元，对缅贸易占中缅贸易的1/4，占云南滇缅贸易的2/3。四是加快边境贸易发展。2020年边境小额贸易进出口总额为29.43亿美元，占全省一般贸易进出口总额的10.69%。

此外，云南积极调整自身贸易结构，以适应新时期对外贸易发展的要求。近年来，电子产品、机电产品、农产品、纺织品及服装、有色金属、电力等出口增加，推动了外贸结构转型升级。2020年，云南外贸进出口总额2680.4亿元，较2019年增长15.4%。从贸易方式看，外贸结构持续优化体现在，一般贸易进出口总额为1891.6亿元，增长19.7%，拉动云南外贸整体增长13.4个百分点；加工贸易进出口总额233.3亿元；边民互市贸易进出口总额290.7亿元，增长6.9%。从产品结构看，外贸结构持续优化体现在，机电产品仍是云南重点出口产品，出口额达506.1亿元，增长超60%；劳动密集型产品出口额为207.7亿元，增长168.8%；农产品出口额360.7亿元，增长8.9%；原油、天然气和金属矿砂等大宗产品进口增减互现。从贸易主体看，外贸结构持续优化体现在，民营企业主力军地位进一步凸显，成为拉动云南外贸增长的重要引擎。2020年云南民营企业进出口总额为1531.8亿元，增长39.6%，拉动同期云南外贸进出口整体增长18.7%。同时，云南还采取差异化的策略深化与周边国家的经济合作。近年来，云南针对周边国家不同的发展情况和资源禀赋采取差异化政策推进合作，不断扩大合作领域，促进合作方式多元化。例如，针对缅甸与云南地理位置相邻、资源丰富的特点，双方重点在矿产资源、农业、电力、旅游等方面加强合作，其中最大的合作项目中缅油气管道已建成。而针对老挝经济相对落后的情况，双方重点在农业资源开发、电力通道等方面进行合作，还在老挝建立了万象经济合作区。针对印尼有色金属资源丰富的情况，云南加强了与印尼有色金属产业的合作。随着昆曼公路的建设及中国—东盟零关税政策的实行，云南与泰国的贸易与投资大幅度增加，合作领域也不断拓宽。

二、云南与周边国家的互联互通建设不断推进

近年来，云南把路网、航空网、能源保障网、水网、互联网"五网"建设作为服务国家大战略、推动开放发展的基础支撑，不断提升云南与周边国家互联互通水平。

路网建设方面，云南加快"七出省四出境"公路、"八出省四出境"铁路通道建设，着力实现高速公路"能通则通""互联互通"工程。特别是近10年间，云南高速公路里程突破1万公里，排名跃居全国第二；云南高铁接入全国高铁网，昆明至北上广等一线城市实现了当日到达，铁路干线"大动脉"支撑基本形成。云岭铁路的巨变，有效推进了云南与周边国家基础设施互联互通，铁路从放射状转向网络状发展，加快形成以中越、中老、中缅3条铁路国际通道为支撑，连通国内外的新格局。2021年12月3日，中老铁路全线开通运营，云南铁路得以更自信从容的姿态走出国门，拥抱世界。随着中老铁路高标准、高质量建成开通，云南从铁路运输的末端省份，正转变成为开放前沿省份。自中老铁路开通运营以来，呈现出客货两旺的态势，国内段旅客发送量持续走高。2021年，云南铁路建设累计完成投资超200亿元，中国铁路昆明局集团国内外维护管理总里程历史性突破5000公里。

航空网建设方面，近10年云南民航建设取得佳绩，昆明长水机场华丽起航，民用运输机场从12个增加到15个，新建成3个通用机场，数量居全国第四位，其中旅客吞吐量百万级以上机场7个。拥有昆明、丽江、西双版纳、芒市4个国家级口岸机场，保山、丽江、临沧、普洱4个市实现"一市两机场"。目前，云南可通航城市最多达185个、航线最多达666条，至南亚东南亚国家通航城市最多达43个、数量居全国第一位，基本实现南亚东南亚首都和重要旅游城市航线全覆盖。依托丰富的航线，云南已经顺利搭建起了"空中金桥"，迪庆机场松茸全货机包机、西双版纳机场茶叶客改货包机、芒市机场云品入沪客改货包机等都极大地助力了"云品出滇"。

能源保障网方面，努力提升"西电东送"和"云电外送"能力，加强跨区域互联互通。作为我国电力大省，也是清洁能源大省的云南，依托自身得天独厚的地理和资源优势，加快"走出去"步伐。经过多年的发展，云南已经建

设成为我国重要的绿色能源基地，全省电源总装机容量1.06亿千瓦，其中清洁能源装机超过9000万千瓦，是2012年的2.5倍，电力供给能力和质量不断提升，绿色能源优势不断扩大。2021年，云南清洁能源发电量3310亿千瓦时，占比高达88%，具有在全国率先构建新型电力系统的多方面优势和条件。从跨境来看，云南区位优势明显，是我国面向南亚东南亚的辐射中心。云南电网是国内率先"走出去"的电网企业，2004年云南电网公司建成了云南河口至越南老街110千伏电力联网工程，目前，云南已经实现与老挝、缅甸、越南等周边国家电网的互联互通，大力推进中老500千伏联网、中缅高压电登记联网项目建设。此外，云南成品油管道"三干一支"已全线贯通，具有汽柴油、航空煤油等多品类输送能力，丰富的油品配送方式，促进销售网络建设，满足省内成品油供应需求同时，不断向四川等周边省份辐射，保障西南能源供应。

互联网建设方面，成昆、南昆等省际干线光缆以及中老、中缅等陆路光缆陆续建成。2007年中国第四个国际通信出口局——昆明区域性国际通信交换中心建成，疏通了与泰国、老挝、缅甸、越南、柬埔寨之间的国际语音业务。截至2022年7月，全省移动电话基站达39.1万个，全国排名第九位，其中4G基站23.1万个，5G基站5.4万个；全省光缆线路总长度246.8万公里，居全国第九位；建成18个互联网出省方向，27条省际光缆，13条跨境陆地光缆，国际带宽1.03T。昆明国际互联网数据专用通道已获得国家批复同意设置，实现云南国际互联网数据专用通道零的突破，昆明也成为全国第四个建成国际通信局的城市。

水网建设方面，云南拥有六大水系，内河总长14200公里，是国内水系最多、水资源最为丰富的省份之一。云南提出"兴水强滇"战略，加快建设"两出省三出境"水运网，着力建设水源工程、城市供水、污水处理。目前，云南最大的港口是水富港，它是云南与长江黄金水道对接的枢纽港。云南通过水道连接了与长江流域沿岸9个省市的经贸往来，千吨级船舶可通过上海、南京、蚌埠、徐州等港口直航太平洋。云南的煤炭、矿产、烟草、花椒、木材等资源经水富港转运到长江中下游各省市，船舶返航后又装运机器设备、钢材、粮食等物资经水富港流向全省各地。云南出境的澜沧江—湄公河已通航，中缅、中越陆水联运正在推进，滇中引水等重点项目正在实施，"五小水利"工程热火朝天地开展。这为云南融入共建"一带一路"、参与国际经济合作交流、实现跨越发展提供了有力保障。

三、人文交流日益频繁

近年来，云南充分发挥区位优势，加强与东南亚、南亚国家各个领域的交流，人员往来日益频繁。这使云南成为中国面向东南亚、南亚的重要人文交流基地。在文化教育交流与合作方面，各种活动日趋频繁。截至 2021 年底，云南与孟加拉国、伊朗、泰国、缅甸等国共合作开办了 18 所孔子学院和孔子课堂，这些孔子学院和孔子课堂积极开展中文教学和中华文化的宣传与推广工作，为与有关国家的教育合作、经济文化共同繁荣进步提供了更多的人才保障和智力支持，使云南与东南亚、南亚高校之间的合作办学不断增加。近年来，云南还举办了东南亚、南亚教育展，并推出各项优惠活动以吸引东南亚、南亚国家留学生到云南，越南、老挝、泰国、印度、缅甸、孟加拉国等国到云南求学的学生不断增加。学术交流方面，云南省社会科学院、云南省政府发展研究中心、云南大学等科研机构和高校与越南、泰国、印度、缅甸、孟加拉国等国建立了学术交流关系和教育合作关系。在云南举办的"中国—南亚商务论坛""中国—南亚智库论坛""昆明—加尔各答（K2K）论坛"、中缅合作论坛、中孟论坛等各类交流活动影响力不断扩大。云南学术界与印度新德里、加尔各答、海得拉巴、古杰拉特，缅甸仰光、曼德勒、内比都，孟加拉国达卡、吉大港等地的学术机构和智库也在不断拓展互访交流形式。

此外，由于云南与东南亚、南亚的很多地区地理位置相邻，旅游资源十分丰富，特别是伴随近年来云南出境交通设施的不断完善，云南在东南亚、南亚的知名度不断提高，旅游已成为彼此之间进行人文交流不可忽略的一部分。云南举办的国际旅游节、国际旅游交易会、中缅旅游文化交易会等各类会展活动都有缅甸、印度、孟加拉国、泰国、越南、老挝等国的身影。共建"一带一路"倡议提出后，云南更加注重与邻国交流合作，共同开发重点旅游资源，推动以澜沧江—湄公河为纽带的云南与东盟各国的区域旅游产业集群，形成次区域旅游圈。这将为云南与东南亚、南亚各国之间的人文交流提供更广大的空间和更多机会，同时也会为共建"一带一路"奠定良好的民意基础。

四、区位优势独特

云南北上可连接北方丝绸之路,南下可连接海上丝绸之路,向东通过长江经济带可连接"长三角"和上海自由贸易区,向西通过孟中印缅经济走廊可以连接印度洋沿岸国家。地理上,云南地处低纬度高原,全省大部分地区冬暖夏凉,气候条件优越。地形上,除西北位于山高谷深的横断山区,东部和南部为云贵高原,海拔不断降低外,其余地区地势相对平坦,这使云南受雨雪冰霜的恶劣自然条件影响较小,口岸可以全天候、高效运营。

五、已建立许多合作机制

近年来,云南与周边国家建立了许多合作机制,如孟中印缅地区经济合作论坛、中国—南亚博览会、昆明与加尔各答国际学术会议、中国云南—缅甸合作论坛等。此外,还推进建立了大湄公河次区域合作机制以及云南—越北、云南—老北、云南—泰北等合作机制。在已连续举办五届"南亚国家商品展"的基础上,2013年经国务院批准,昆明举办了首届中国—南亚博览会(以下简称南博会),现南博会已成为集商品贸易、服务贸易、投资合作、旅游合作和文化交流等于一体的高水平综合性展会,成为中国与南亚及周边国家进行互利合作的重要平台。

六、已建立了一批对外开放载体

近年来,国务院先后批准设立了云南瑞丽重点开发开放试验区、临沧边境经济合作区、红河保税区、云南沿边金融综合改革试验区、勐腊(磨憨)重点开发开放试验区、滇中新区等,使云南有了一批融入共建"一带一路"的开放载体。例如2013年10月,经国务院同意,中国人民银行、国家发展和改革委员会、财政部、商务部、海关总署等部门发出通知,印发《云南省广西壮族自治区建设沿边金融综合改革试验区总体方案》,旨在大力推动滇桂两省区沿边金融综合改革试验区建设,促进沿边金融、跨境金融、地方金融改革创新先行先试,促进人民币周边区域化,全面提升两省区对外开放和贸易投资便利化水平，为我国深入推进金融改革开放提供经验借鉴，推动国家西部大开发和沿边大开放实现新的突破。2015年7月，国务院批复同意设立勐腊（磨憨）重点开发开放试验区，该试验区位于云南西双版纳傣族自治州最南端，是我国对中南半岛合作的重要前沿，战略地位十分重要，建设试验区是加快沿边地区开发开放步伐、完善我国全方位对外开放格局的重要举措。2015年9月，国务院批复同意设立云南滇中新区，批复指出，设立并建设好云南滇中新区，对于推进实施长江经济带等国家重大战略和区域发展总体战略，为西部地区新型城镇化建设提供试验示范，培育壮大区域经济增长极具重要意义。

云南是少有的同时参与两项重要国家次区域合作计划（孟中印缅经济走廊与大湄公河次区域合作）的省份，所以云南所肩负的责任之重不言而喻。2013年5月和10月，中印两国总理不仅实现年内互访，而且把建设"孟中印缅经济走廊"作为重要合作内容。2013年12月，在昆明召开了孟中印缅经济走廊四国联合工作组第一次会议，签署了"会议纪要"和"联合研究框架"等文件，标志着孟中印缅经济走廊建设由"二轨"上升到了"一轨"，并进入四国政府共同推进的新阶段。这些都为云南融入共建"一带一路"创造了条件。

据统计，中国（云南）自由贸易试验区成立一年就展现出平均每天可诞生160户市场主体，平均约4天引进1户外资企业落地的高吸引力。截至2020年7月底，该自由贸易试验区共新设注册企业13902户，其中内资企业13838户、外资企业64户。可以说，经过近几年的发展，云南各类开放合作平台的基础设施条件大幅改善，引领和带动作用明显增强。在自贸区的引领下，云南已经形成了以昆明、曲靖、蒙自、嵩明杨林和大理5个国家级经济技术开发区为带动，以瑞丽、勐腊（磨憨）2个国家级重点开发开放试验区为核心，以中越、中老、中缅3个跨境经济合作区为重点，以昆明、红河2个保税区和瑞丽、河口、临沧等9个边境经济合作区为支撑的全方位、立体化开放平台体系。此外，经过近些年的发展，云南展会品牌辐射力日渐增强，南博会、商洽会等国际展会平台不断创新探索，成为国际友人"加强国际交流、巩固多边合作关系，坚定与云南合作信念"的重要平台。

第三节　云南融入共建"一带一路"的总体构想

一、云南融入共建"一带一路"的思路与定位

云南作为中国西南重要边疆省份，是共建"一带一路"的重要参与者之一。根据云南实际情况，云南融入共建"一带一路"的思路是：以孟中印缅经济走廊、大湄公河次区域合作为主要着力点，以推进互联互通、重新构筑南方丝绸之路为重点内容，以多边、双边合作项目为基本载体，推动投资贸易、产业发展、能源合作、人文交流，把云南建设成为连接印度洋战略通道，沟通丝绸之路经济带和海上丝绸之路的枢纽，打造和谐的周边环境，成为丝绸之路经济带西南方向的重要支点和经济增长极。

云南融入共建"一带一路"的功能定位有五个：（1）"一带一路"连接交会的战略支点；（2）沟通南亚、东南亚国家的通道枢纽；（3）承接重大产业转移和产业聚集的基地；（4）与南亚、东南亚交流合作的重要平台和窗口；（5）沿边自由贸易试验区。

二、云南融入共建"一带一路"的目标

云南融入共建"一带一路"的目标是成为中国面向西南开放的门户，成为中国面向南亚、东南亚的辐射中心，成为连接"一带一路"的枢纽。其具体目标有以下几个方面。

（一）在地方层面加强与南亚、东南亚国家地方政府的政策沟通

政策沟通是共建"一带一路"的重要保障，加强政府间合作，积极构建多层次政府间宏观政策沟通机制，深化利益融合，促进政治互信，达成合作新共识是当前共建"一带一路"的合作重点之一。当前，云南与西南周边国家地方层面政府的合作与沟通已经有良好的基础，建立了多个定期与不定期交流机

制，与周边国家的政策沟通不断加强。今后，云南将不断完善现有机制和平台，努力建立新的沟通渠道，拓展与周边国家地方层面的政策沟通。

（二）提高自身基础设施建设水平，加强与周边国家和地区的设施联通

基础设施互联互通是共建"一带一路"的优先合作领域。抓住交通基础设施的关键通道、关键节点和重点工程，优先打通缺失路段、畅通瓶颈路段，配套完善道路安全防护设施和交通管理设施设备，提升道路通达水平。加强能源基础设施互联互通合作，共同维护输油、输气管道等运输通道安全，推进跨境电力与输电通道建设，积极开展区域电网升级改造合作。共同推进跨境光缆等通信干线网络建设，提高国际通信互联互通水平，畅通信息丝绸之路。云南促进互联互通建设思路是构建"一纵一横"主通道和5个重要辅助通道。在"一纵一横"中，横向的通道是，以昆明为重要节点，向西依托孟中印缅经济走廊、泛亚铁路西线，打造昆明—瑞丽—腊戌—曼德勒—皎漂铁路、公路大通道，进入印度洋沿岸的国家，延伸至东亚、西亚，与南方丝绸之路会合，通向欧洲、非洲；向东依托日益完善的国内交通网络连接珠三角地区，构筑昆明—广州—深圳的东向大通道。纵向的通道是，以昆明作为重要的节点，向南依托大湄公河次区域合作，沿泛亚铁路中线构筑昆明—磨憨—万象—曼谷—吉隆坡大通道，进入南太平洋，汇入海上丝绸之路。向北沿昆明—重庆—西安、昆明—成都—西安铁路通道，与北方丝绸之路连接。"一纵一横"的交通布局能更好地发挥云南在共建"一带一路"中的作用。

（三）加强与南亚、东南亚各国的贸易往来，促进与周边国家的经贸合作

中国连续13年保持东盟最大贸易伙伴，中国同东盟国家一道，务实开展各项经贸合作，高质量实施《区域全面经济伙伴关系协定》，即RCEP，稳步推进共建"一带一路"，持续推动基础设施互联互通，取得了一系列丰硕成果。一是双边贸易持续快速增长。2022年1月至7月，中国—东盟贸易额达到5449亿美元，同比增长13.1%，占中国外贸进出口总额的比重提高到15%。二是双方投资合作成效显著。截至2022年7月底，中国—东盟累计双向投资额超过

3400亿美元，中国和东盟已成为相互投资最活跃的合作伙伴。中国、新加坡共建国际陆海贸易新通道，中马"两国双园"和中国—印尼"两国双园"等一大批重大项目顺利实施，中国与东盟国家积极拓展数字经济、电子商务、绿色发展等领域合作，产业链、供应链连接更趋紧密。三是基础设施互联互通持续升级。截至2022年7月底，中国企业在东盟国家承包工程稳步开展，累计完成营业额超过3800亿美元。中老铁路开通运营，并同泰国铁路网实现联通，雅万高铁建设取得重要进展。中国同东盟国家互联互通水平不断提升，有力促进地区经济社会繁荣发展。四是区域经济一体化再提速。RCEP和中柬自贸协定生效实施成效显著，中国—东盟自贸区3.0版联合可研加快推进，中国新加坡自贸协定升级后续谈判进展顺利，中国—东盟东部增长区、澜湄等次区域合作走深走实。中国和东盟国家贸易投资自由化、便利化水平进一步提高。

在此背景下，云南与周边国家和地区的经贸关系也在蓬勃发展。截至2021年底，云南的贸易对象已经达到200个国家和地区，2021年云南与"一带一路"共建国家、RCEP国家的贸易分别达1810亿元、1407亿元，同比分别增长7.5%、5.1%。随着2021年1月1日开始《区域全面经济伙伴关系协定》（RCEP）在各国陆续生效，云南可以进一步发挥与其他东盟国家天然接壤的开放优势，巩固长期合作的基础。与此同时，日本、韩国、新西兰、澳大利亚等过去相对陌生的贸易伙伴也与云南建立了良好的贸易关系，2021年云南与上述四个国家的贸易总额为164亿元，占云南与RCEP国家贸易总额的11.7%。

从这样的发展趋势中可以看出，云南与南亚东南亚地区的经贸合作还具有很大的发展潜力。云南要在共建"一带一路"的框架下，促进企业更好地对接RCEP，抓住"孟中印缅经济走廊"建设和"大湄公河次区域"合作的有利机遇，努力提高与南亚和东南亚地区的贸易水平，积极开拓新的贸易伙伴，同时促进商品贸易和服务贸易的发展。另外，云南也积极拓展与这些国家和地区的投资合作，推动省内企业"走出去"，同时吸引这些国家的企业到云南投资，双向推动投资合作。

（四）扩大与南亚和东南亚地区的民间交流，促进民心相通

当前，云南与南亚和东南亚国家之间的教育合作发展迅速，许多来自南亚和东南亚地区的留学生选择到云南的高校学习交流。云南的高校也与很多南亚和东南亚的高校建立合作机制，互派留学生、交换生以及访问学者。云南已经成为中国面向南亚和东南亚国家接收留学生的重要基地。在学术交流方面也日趋活跃，云南省社会科学院等许多科研机构及高校与中国社会科学院、中国国际问题研究所以及国外的印度中国研究所、加尔各答阿萨德亚洲研究所、印度政策研究中心、孟加拉国政策对话中心等智库研究机构建立了长期合作交流关系。云南成为沟通中国与南亚智库机构的桥梁。

未来，云南在共建"一带一路"倡议下，一方面，将在现有基础上继续推进与南亚、东南亚国家的教育与科研合作，努力拓展交流与合作的领域，提高合作水平，增加互派留学生和访问学者的数量；另一方面，云南也将建立更多的文化交流机制和平台，让南亚与东南亚地区的普通民众更加深入了解中国，更加积极传播共建"一带一路"倡议。

三、云南融入共建"一带一路"的主要任务

（一）在国家战略的指导下融入共建"一带一路"

一直以来，云南都希望利用自身区位优势为国家的高水平对外开放做出贡献。2015年3月28日，由国家发展改革委、外交部、商务部联合发布的《推动共建丝绸之路经济带和21世纪海上丝绸之路的愿景与行动》，明确指出在推进共建"一带一路"的过程中要充分发挥各省区的区位优势，对于云南，就是要"推进与周边国家的国际运输通道建设，打造大湄公河次区域经济合作新高地，建设成为面向南亚、东南亚的辐射中心"。国家对于云南融入共建"一带一路"的明确定位和规划，使有史以来云南就拥有的区位优势能够在新的历史时期发挥更大的作用。对于云南来说，融入共建"一带一路"是一个重大的机遇，将为云南的经济发展和对外开放带来全新的局面。

当前，云南已经在与周边国家的通道建设、互联互通建设、打造大湄公河次区域合作以及面向南亚、东南亚开放等方面取得了显著的进展，拥有在共建"一带一路"倡议下继续推动各项工作进步发展的巨大潜力。

（二）抓住共建"一带一路"的机遇，努力推进自身经济发展

我国开放发展从沿海地区开始，经过几十年的发展，沿海地区获得了快速的发展，成为中国的经济重心。但这也造成了两个不均衡：一是国内东西部发

展的不均衡，西部发展落后于东部；二是对外关系的不均衡，东重西轻。从2021年人均GDP来看，前十位的省份绝大多数是东部沿海发达地区。共建"一带一路"倡议的一个重要目的就是要平衡中国的地区经济发展差异，加强中国西部地区的经济发展。

2021年云南地区生产总值位于全国第18名，但人均地区生产总值却是倒数第9名，其经济发展水平明显落后于很多东部省份。因此，在主动融入和服务共建"一带一路"过程中，利用机遇发展自身经济，拓展自身的对外开放水平是云南融入共建"一带一路"的一条重要思路。丝绸之路经济带的构想侧重于对我国西部周边地区的开放，并强调与周边地区基础设施领域的互联互通。因此可以说，丝绸之路经济带的建设本身就要求中国的西部省份强化自身对外开放能力，提高基础设施水平，由此才能实现与西部周边各国的开放、合作以及互联互通。中国开放发展的大门会越开越大，云南也会加大自身对外经济合作与开放力度，提高与西部周边各国的贸易和投资水平。对内，云南也将积极发展与其他省份、其他国家以及省内的合作，进一步促进交通基础设施建设。

（三）扩大对南亚和东南亚国家的开放，努力建成面向南亚、东南亚地区开放的辐射中心

2013年，中央召开周边外交工作座谈会，会议指出"无论从地理方位、自然环境还是相互关系看，周边对我国都具有极为重要的战略意义"，因此"要积极运筹外交全局，突出周边在我国发展大局和外交全局中的重要作用"。尽管中国的经济要面向世界市场，但是，周边地区是中国未来发展的最直接和最便利的新空间。中国的周边国家只有少数几个是发达国家，西北部、南部、东南部，包括南亚、东盟、中亚等都是发展中地区，这些地区发展愿望强烈，发展潜力巨大。从共建"一带一路"倡议来看，中国也十分重视这些周边国家和地区。

四、云南融入共建"一带一路"的重点

云南融入共建"一带一路"的途径主要集中在合作机制建设、推进基础设施项目建设、加强经贸合作以及抓住机遇发展自身经济等几个方面。结合当前实际，云南融入共建"一带一路"的重点应当侧重以下几个方面。

（一）推进孟中印缅经济走廊建设

2013年10月23日，中印两国总理在北京签署了《中印战略合作伙伴关系未来发展愿景的联合声明》，双方就孟中印缅经济走廊倡议分别成立工作组。同年12月在昆明召开了孟中印缅联合工作组首次会议，研究了孟中印缅经济走廊建设的具体规划。这标志着孟中印缅经济走廊建设进入国家层面实质性推进的阶段。2015年1月，库克斯巴扎召开了第二次工作组会议，2017年4月，孟中印缅经济走廊联合研究工作组第三次会议在印度加尔各答召开，四国代表在互联互通、能源、投融资等重点领域的交流与合作方面达成了诸多共识。"孟中印缅经济走廊"合作机制成为云南融入共建"一带一路"的重点。

（二）深化大湄公河次区域经济合作

亚洲开发银行于1992年发起成立大湄公河次经济合作机制（以下简称GMS），成员包括中国、柬埔寨、老挝、缅甸、泰国和越南6国，云南为中国的主要参与地区之一。2011年《大湄公河次区域经济合作新十年（2012—2022）战略框架》发布。"新战略框架"提出了三个战略目标：推动次区域一体化进程，促进繁荣、公平的发展；在完善基础设施互联互通的基础上，为跨境贸易、投资、旅游等合作创造有利的政策环境；关注自然环境和社会因素，促进次区域可持续发展。大湄公河次区域合作是云南参与的重要次区域合作机制，近几年云南继续加强对该机制的参与力度，在大湄公河次区域合作框架下加强与相关国家的合作与互联互通。多年来，随着GMS的不断发展，逐步形成了领导人会议、部长级会议和各领域务实合作的总体合作架构，GMS成员之间的合作领域不断拓宽，至今已涵盖包括交通、能源、信息通信、环境、农业、人力资源开发、旅游、经济走廊等多个领域，并且取得了丰硕的成果。

（三）加快云南铁路及公路建设，促进与周边国家互联互通

交通基础设施建设是共建"一带一路"倡议的重要内容。中老铁路开通一年来，互联互通效应日益凸显，为中国同东盟经贸往来注入新动能。中老铁路向西连接西部陆海新通道，向北与中欧班列多个物流集散中心相连，向南打通中国和南亚、东南亚国家经济通道，延长线空间广阔。目前，全国有25个省

市开行了中老铁路跨境货物列车。中越、中老、中缅国际通道高速公路境内段全线贯通，境外段中老高速万象—万荣段已建成通车。云南始终把推动与南亚东南亚国家基础设施互联互通作为辐射中心建设的优先领域。

（四）加快发展重要的边境口岸城市

加快推进边境口岸城市的建设，既是云南加大对外开放力度的具体政策措施，也是云南融入共建"一带一路"的重点之一。云南以瑞丽、河口、腾冲、磨憨等国家级口岸为主的地区已经形成小城镇。这些口岸城市经济的发展可以形成点状辐射，带动边境地带形成口岸经济带。主要布局物流、口岸、仓储、保税区和商务服务业；发展进出口加工业、特色农业，农产品加工业、食品加工业、跨境旅游业等。云南已基本形成以昆明特大城市，玉溪、曲靖、大理、个开蒙等区域中心城市，州（市）政府所在地和设市的城市、县城、中心集镇、边境口岸城镇为基础的城镇化发展格局。

（五）建设中国与南亚、东南亚智库交流中心

智库机构对地方及国家政府决策有重要影响。云南通过智库合作，可以很好地化解中国与很多东南亚、南亚国家的误解，促进双方全面合作的发展。由于云南在中国与东南亚、南亚国家合作中具有重要的战略地位，所以在云南建设中国与南亚、东南亚智库合作中心，有利于助推中国与"一带一路"共建国家的合作，服务国家面向南亚、东南亚辐射中心建设。

五、云南融入共建"一带一路"的途径和方式

云南融入共建"一带一路"的途径和方式是：（1）强化高层引领推动。加强组织和领导，指导和协调云南推进共建"一带一路"，统筹做好对内、对外工作。加强与共建国家的沟通磋商，达成合作共识；（2）积极响应，主动作为。在广泛开展研究的基础上，提出云南融入和服务国家共建"一带一路"的总体思路，对接共建国家发展和区域合作规划。持续举办一系列以共建"一带一路"为主题的论坛、研讨会、博览会等。积极开展合作研究、人员培训、交流访问等合作。组织专家继续深入阐释共建"一带一路"的深刻内涵、目标、

任务和积极意义，以增进理解、凝聚共识、深化合作；（3）共同确定一批能够照顾各方利益的项目，签署合作协议或合作备忘录，推动双多边务实合作；（4）稳步推动示范（重点）项目建设。在基础设施互联互通、贸易投资合作、旅游、金融、人文、环保等领域推出一批条件成熟的早期收获项目，以早出成果，形成合力。但具体的途径和方式是多样的。根据中央的指导思想，云南融入共建"一带一路"的具体途径和方式主要有以下几个方面。

（一）积极推进多边、双边合作机制建设，整合现有机制

强化多边合作机制作用，发挥现有多边合作机制作用，相关国家加强沟通，让更多国家和地区参与共建"一带一路"。对于云南来说，一方面，积极推进"孟中印缅经济走廊"建设与"大湄公河次区域"合作就是融入共建"一带一路"的最重要途径；另一方面，由于现有的机制之间存在一定的联系和重叠，而各个机制的组织机构、参与机构之间又缺乏联系与沟通，因此云南还要努力推动对现有合作机制的整合工作。

（二）加快基础设施建设项目的实施

积极拓展云南与东南亚和南亚地区的公路、铁路和空中互联互动，加强交通基础设施建设，是云南融入共建"一带一路"的主要途径之一。首先，依托较为完善的铁路、公路等通道建设商贸、物流、信息走廊，建立自由贸易区、综合保税区、出口加工区、金融试验区等，深化产业合作，推动产业集群发展。其次，对内加快融入长江经济带。长三角地区是我国重要的经济增长极，面临着加快生态文明建设和产业转型升级的重要发展任务，云南需要加快融入长江经济带，建立大通关体制，构建沿海与中西部相互支撑、良性互动的新格局，将长三角、长江中游城市群和成渝经济区三个经济板块的产业和基础设施连接起来，促进产业有序转移衔接、优化升级和新型城镇集聚发展，为云南经济发展提供新的强大的动力。最后，加强与南亚、东南亚国家的合作，促进双向投资双边合作。

（三）努力提升云南与周边国家和地区的经贸合作水平

中国的经济发展与世界发展高度相关。共建"一带一路"倡议目的在于与

其他国家分享中国经济建设的经验，促进多边多领域合作。同时，中国也通过共建"一带一路"开展大量投资项目，以投资建设推动经济发展。很多迅速发展的中国企业也渴望"走出去"，拓展海外市场。因此通过共建"一带一路"加强与其他国家的互联互通，提高市场融合程度，对中国经济的发展具有重要意义。

对于云南来说，提高与南亚、东南亚国家的经贸合作水平，使云南成为中国与南亚东南亚国家经贸合作的桥梁是当务之急。具体来看，云南希望通过举办贸易博览会、商务论坛等方式为中国企业牵线搭桥，也希望通过拓展和提高与合作国家的贸易与投资合作水平，增加与这些地区和国家的经贸联系。

（四）夯实云南自身经济与社会发展基础

从根本上来说，云南应当抓住共建"一带一路"的大好时机，夯实自身基础，努力加强云南自身的经济和社会发展，只有保持云南的经济发展繁荣和高速增长，保持社会稳定，共建"一带一路"西南方向的建设以及与西南周边国家和地区的互联互通、贸易合作才能顺利进行。一方面，云南的经济繁荣能够对西部周边各个发展中国家和地区起到示范作用，加强中国经济的吸引力、向心力，加强共建"一带一路"倡议的说服力，以便号召更多国家和地区积极参与其中。另一方面，鉴于云南的自身发展与共建"一带一路"西南方向的推进有着相辅相成的关系，云南利用当前机遇努力提升本省经济和社会发展水平也是云南融入共建"一带一路"的重要途径。

第四节　云南融入共建"一带一路"的对策建议

一、突出云南融入共建"一带一路"的关键点

共建"一带一路"是一个长期过程，内容多、覆盖范围广，云南需要突出融入的重点。当前，要突出三个重点。一是交通通道建设。交通的改善不仅可以破解制约云南社会经济发展的瓶颈，而且还可以发挥云南连接南亚、东南亚的地理优势，把云南从交通网络的终端末梢变为对外开放的前沿和枢纽。尽管目前云南已经初步形成公路、铁路、航空、水运为主的现代化交通格局，但是交通通道建设仍然是短板。在公路方面，覆盖面小、通车里程有限，高速公路建设不足。在铁路方面，云南位于全国铁路网的末梢，铁路里程少、规模小、布局偏、技术标准低，已开通的高速铁路也相对较少，落后于国民经济发展及对内对外开放的需要。在水运方面，出境的只有澜沧江—湄公河通航，中缅、中越陆水联运时有不畅，水运承载能力有限。在航空方面，航线网络需要进一步构建，特别是昆明枢纽机场的地位还没有建立起来。云南应该在融入共建"一带一路"的过程中把交通基础设施建设作为重中之重，在交通通道建设过程中，将云南与北方丝绸之路经济带、海上丝绸之路、长江经济带连接起来。二是突出孟中印缅（BCIM）经济走廊和大湄公河次区域（GMS）建设。孟中印缅经济走廊是共建"一带一路"的重要组成部分，得到四国的积极响应，已经进入实质性推进阶段。云南应抓住其在孟中印缅经济走廊建设中优先地位的机遇，加快互联互通建设，深化产业、金融等领域的合作，使其尽快取得成效。大湄公河次区域合作及中国—中南半岛经济走廊是云南融入共建"一带一路"的另一重点，需要继续深入推进基础设施建设，扩大贸易、投资、旅游、农业等领域的合作。同时，加强沿线主要节点物流基础设施建设，加快推进物流中心、物流园区建设。三是推进高水平合作机制建设。通过多种渠道搭建多元化平台，加强"一带一路"共建国家政府部门的协调，形成共同推进的合力。更加主动融入共建"一带一路"倡议，积极参与打造中国—东盟自由贸易

区3.0版，拓展大湄公河次区域经济合作，推动孟中印缅经济走廊建设，深化与泛珠三角、长三角、环渤海地区合作，将云南打造成为共建"一带一路"中面向西南开放的重要门户。

二、积极争取国家资金、政策的支持

国家不仅需要在战略层面上进行整体规划，统筹国内各种资源，强化对共建"一带一路"的政策支持，而且需要明确各省份在共建"一带一路"倡议中的定位，统筹协调推进共建"一带一路"。国家应通过财政政策、货币政策、税收政策、产业政策增加对道路、桥梁、口岸、码头等公共工程的投入，支持沿边省份"走出去"。采用公私合营（PPP）模式、财政贴息等手段，充分调动私人资本参与的积极性，撬动更多的资金参与共建"一带一路"。在沿边金融政策方面，加强投融资平台建设，完善区域投融资机制，培育国家和区域债券市场，拓宽资金来源渠道。在沟通合作机制方面，充分利用沿线各国区域、次区域相关国际论坛、展会、博览会、洽谈会等平台，积极推动我国与"一带一路"共建国家的合作机制建设，以官方名义与他国共同制订合作计划，促进政策沟通协调。云南要依托现有的滇中新区、沿边金融综合改革试验区、瑞丽重点开发开放试验区以及中国—南亚博览会、昆明进出口商品交易会、国际旅游交易会等平台，发挥先行先试作用，努力开拓新的战略通道和市场空间。要有效使用现有国家基础设施建设基金和国家援助资金，并积极向国家争取相关政策，为中国与南亚、东南亚国家深化合作、国内各省份走向南亚、东南亚构筑通道、搭建平台。加强与"一带一路"共建国家及国内各省份沟通协调配合，积极利用亚投行、丝路基金等在基础设施建设方面的资金支持。

三、加快产业发展，深化产业合作

云南融入共建"一带一路"既要苦练内功，增强对外开放实力，又要主动作为，不断深化与周边国家经济合作。在练内功方面，要大力发展经济，壮大产业，充分发挥重点地区、重点产业、重点园区、重点企业、重点产品的作用，做大做强新兴产业，把云南建成我国面向南亚、东南亚的外向型产业基地和进出口商品生产基地，为共建"一带一路"提供产业支撑。积极采取鼓励投资、激活内资、招商引资、承接产业转移、发展混合经济等措施，既有效调动本地国企、民企投资工业的热情，又大力引进外地工业企业到云南投资办厂，促使石油化工、机器制造、生物制药、农产品加工、物流产业、旅游等新兴产业不断壮大，使云南成为强大的进出口产品加工基地。针对目前云南产业、企业的困难，采取加大扶持、加强管理、强化服务等办法，盘活现有经济存量。积极承接国内外产业转移，大力发展战略性新兴产业、先进制造业、现代服务业、现代农业，逐渐形成结构优化、功能完善、附加值高、竞争力强的现代产业体系。在"走出去"方面，"一带一路"共建国家资源丰富，但经济相对落后，加快发展、摆脱贫困的愿望强烈。这就要求云南充分发挥比较优势，秉持开放合作的精神，坚持开放合作、和谐包容、市场运作、互利共赢原则，兼顾各方利益和关切，以互联互通的综合运输大通道为载体，以政策沟通、设施联通、贸易畅通、资金融通、民心相通为主要内容，以经济、贸易、产业的互补性为基础，以优势产业合作为核心，以项目合作为平台，不断深化和拓展产业合作，使沿线各国获得更多利益，打造政治互信、经济融合、文化包容的利益共同体、责任共同体和命运共同体。进一步拓宽贸易领域，优化贸易结构，挖掘贸易新增长点。建立健全服务贸易促进体系，巩固和扩大传统贸易，大力发展现代服务贸易。创新贸易方式，发展跨境电子商务等新的商业形态。把投资和贸易有机结合起来，以投资带动贸易发展。鼓励云南有条件的企业和资金进入东南亚、南亚市场，实施跨国生产和经营，引导具有比较优势的产业与东南亚、南亚进行国际融合。进一步促进政策相通和贸易投资便利化，拓宽合作领域，推进合作形式向多元化发展，进一步拓展互利互惠空间。加强与南亚东南亚国家相互开放，促进分工合作，推动上下游和关联产业协同发展，提升区域产业配套能力和综合竞争力。积极与南亚东南亚国家合作建设境外经贸合作区、跨境经济合作区等，促进产业集群发展。支持"走出去"的云南企业，积极帮助当地发展经济、增加就业、改善民生，主动承担社会责任。

四、加强口岸建设，促进通关便利化

口岸是开放的窗口，必须加强口岸基础设施和通关便利化建设。口岸建设方面，利用口岸建设专项资金，优化口岸布局，改善边境口岸通关条件，将重要的通道升级为口岸，适度提高口岸密度，降低通关成本，提升通关能力。在

通关便利化方面，加强通关便利化领导小组统筹协调作用，完善大通关便利化会商机制，定期协调解决通关便利化中的重大问题。建立与国家有关部门联络沟通机制，加强与兄弟省区的通关协作，通过报关利益共享机制共享发展红利。加强共建国家基础设施建设规划、技术标准体系的对接，共同推进国际骨干通道建设。抓住关键通道、关键节点和重点工程，优先打通"断头路"，畅通瓶颈路段。推动国家加强与云南周边国家双边投资保护协定、避免双重征税协定磋商，消除投资壁垒，保护投资者的合法权益，协调解决工作签证、投资环境、融资需求、优惠政策等问题。降低非关税壁垒，共同提高技术性贸易措施透明度。推进共建国家加强信息互换、监管互认、执法互助等方面的海关合作，以及检验检疫、认证认可、标准计量、统计信息等方面的多双边合作。积极推进建立统一的全程运输协调机制，促进国际通关、换装、多式联运有机衔接，逐步形成兼容规范的运输规则，实现国际运输便利化。推动口岸设施建设，畅通陆水联运通道，加强物流信息化合作。强化省级层面与周边国家的双边（多边）联络协调机制，协调解决与周边国家便利通关方面的问题。加快建设电子口岸，推动口岸各方信息资源实现跨地区、跨部门、跨行业信息共享和联网核查。完善政、银、企合作机制，加快推进跨境金融合作，探索建立完善人民币回流机制，进一步拓展人民币跨境业务，扩大人民币结算范围。充分发挥丝路基金以及各国主权基金作用，引导商业性股权投资基金和社会资金共同参与重点项目建设。积极与有关国家共同完善风险应对和危机处置制度，构建区域性金融风险预警系统。

五、加快云南自贸试验区建设

云南自贸试验区自2019年8月30日挂牌成立以来，全面落实中央关于加快沿边开放要求，不断深化投资、贸易、金融领域改革创新，在多领域取得突破，但开放引领和辐射带动作用还需持续增强。一是推进沿边涉外经济合作管理体制改革。在口岸方面，创新口岸管理模式，促进通关便利化；人员流动方面，创新人员流动便利化机制；在跨境经济合作方面，探索境外经贸合作区发展的体制制度。二是加快沿边金融体制机制创新。积极扩大人民币区域结算范围；探索形成人民币对缅老越孟印等周边货币汇率市场形成机制；鼓励金融机构发展境外人民币贷款业务。三是支持沿边自由贸易区主角企业进行体制机制创新。加快改革投资审批制度，可借鉴中国（上海）自由贸易试验区的做法；降低服务业准入门槛；梳理"走出去"行政审批事项，制定行政审批"负面清单"；建立境外投资公共信息平台。四是促进政府职能的转变。树立政府服务于经济发展的意识；加快下放行政审批权；适当使各个沿边自由贸易区各点的行政权加以提高，使之扩大行政管理权限；建立自上而下的统筹协调机制，实现底层与顶层设计的统一。

六、深化人文交流，促进民心相通

云南与南亚、东南亚国家交往历史悠久，许多民族跨境而居，有民心相通的基础，但由于交通不便、经济落后，使得彼此之间的交流与合作仍然十分有限，还需要进一步促进民心相通。为此，要不断加强公共外交和民间外交，做好民心相通工作，彼此之间不仅要加强政策、技术、标准等领域的协调和沟通，而且要促进信息沟通、人文交流等，使不同文明互鉴共荣，各国人民友好相处。特别是要加强人文交流，以加深彼此了解，夯实合作的社会基础。要建立长效人文交流机制，形成多层次、广领域的人文交流模式，让沿线民众更了解彼此的想法。要大力开展文化、教育、旅游、医疗卫生、节能环保、科技、体育等方面的合作，进一步活跃青年、妇女、学者、教师的交流，以拉近彼此感情。应更加重视海外华侨华人的作用，丰富交流合作形式与内容。扩大相互间留学生规模，加强青年学生之间的友好往来。互办文化年、艺术节、文艺演出等交流活动，联合申请世界文化遗产，共同开展世界文化遗产的联合保护工作。加强体育合作，积极开展体育交流活动。进一步扩大旅游规模，联合打造有特色的国际精品旅游线路和旅游产品，提高游客签证便利化水平。加强医疗卫生合作，提高合作处理突发公共卫生事件的能力。加强科技合作，促进科技人员交流，合作开展重大科技攻关，共同提升科技创新能力。加强与南亚、东南亚民间团体的友好往来，积极开展城市交往，互结友好城市。加强传媒交流合作，塑造和谐友好的舆论环境。

七、大力培养高素质人才

大力培养高素质人才是提高云南融入共建"一带一路"能力的必然选择。

一是加强高校建设。政府、社会、高校要合力协作，推动国际人才培养模式创新，加快区域性高水平大学建设，提高地方高校服务区域发展能力。二是加强语言人才培养。加大力度在大专院校开设周边国家语种班，相继建立缅语学校、孟语学校、老语学校、泰语学校、印语学校以及其他一些语种学校。三是大力培养优秀的外向型人才。积极培养外语人才、外贸人才、外联人才，使云南成为一个密集的面向南亚、东南亚的外向型人才平台。四是强化优秀企业家队伍培养。加大力度实施优秀企业家培育计划，快速培养一批具有全球战略眼光、市场开拓精神、管理创新能力，精通战略规划、资本运作、品牌打造、生产营销，敢于走出去闯天下的企业家。五是大力培养优秀的技术人才。加大力度实施新兴产业技术人才培育计划，坚持政府培育与企业培育并举，本土人才培养与引进外地人才并重，逐步形成大批掌握新兴产业技术、能够攻克关键核心技术、乐于到异国他乡开发创业的技术精英。

第十章
云南现代服务业和开放型经济发展研究

第一节 共建"一带一路"背景下云南开放型经济发展研究——基于服务贸易的视角

一、共建"一带一路"背景下云南服务贸易对外传播战略构想

通过设施联通、政策沟通、贸易畅通、资金融通等重点合作内容,共建"一带一路"倡议不仅增加了生产要素的有序流动,还拓展了我国的发展空间,加强了区域间的合作交流,对整个世界经济的发展及格局的调整都具有重要意义。服务贸易不仅被看作国际贸易发展的新方向,还被认为是一个国家或地区国际化服务水平和质量的重要体现,备受关注。从全国来看,云南属于发展服务贸易较晚的省份,积极探索市场规律、顺应区域合作要求、寻找现实差距,主动融入共建"一带一路",建立服务贸易对外传播新体制,是云南全面提升开放型经济水平,推动跨越式发展的新举措。

(一)云南省服务贸易发展概况

近年来,云南省的服务贸易进出口总额不断增长,保持强有力的发展势头。服务贸易总额占全国服务贸易比重在西部地区位居前列;服务贸易进出口总额年增长率呈持续上升趋势;此外,相关数据显示,云南服务贸易的年平均增长率虽然较高,但服务贸易出口波动较大,因此,高速的进口增长率才是拉动服务贸易整体增长速度的关键所在。

(二)共建"一带一路"背景下云南发展服务贸易的机遇与挑战

仅从宏观数据来看,云南涉外企业发展良好,外资引用持续稳定,但进一步分析,不难发现,相对于整个国家来说,云南不仅在利用外资总量上比较少,在整个外资利用的过程中,第二产业无论是实际到位外资占比还是增幅都

占据了较大的比例。在共建"一带一路"背景下，外资进入的综合运营成本将会大大降低，云南利用外资的规模和水平会得到很大提高。

云南境外投资企业合作项目涉及烟草加工、农产品加工、矿产资源开发、建材、医药、贸易等诸多领域，合作遍及欧洲、美洲、澳洲、非洲、南亚、东南亚等世界主要国家以及中国香港、澳门、台湾等地区，其中，与南亚、东南亚国家合作最为密切，包括缅甸、老挝、越南、泰国、柬埔寨、印度尼西亚等国家。可以说共建"一带一路"倡议，在当前以及未来较长的一段时间里，已成为云南开拓更广阔国际市场的助推剂，将进一步搭建云南与南亚、东南亚国家的交流基地合作平台。

（三）促进云南服务贸易对外传播的战略构想

1. 加强部门联动，建立健全组织管理体系

首先，加强和完善服务贸易统计数据。破除当前服务贸易交易过程中备案不常规的窘态，以制度约束并形成"一交易必备案"的常态化工作。其次，成立服务贸易发展领导小组。按时制订服务贸易发展方案，及时更新行动计划，通过开展定期例会，聚焦、研究、梳理、协调和解决服务贸易工作中的困难。最后，设立服务贸易工作委员会。主要负责统筹全省服务贸易的重大项目和重点区域投资促进工作；按照产业集群发展规律围绕重点项目招大引强；牵头策划和宣传服务贸易的投资促进活动；建立健全境内外招商网络，收集项目信息，同时向国内外客商提供信息服务；跟踪全国各地服务贸易发展动态、开展发展促进政策比较研究并提出可行性对策建议等。

2. 结合货物贸易，挖掘服务贸易出口潜力

首先，不断提升特色产业融合发展的服务水平。牢牢把握云南高原农产品出口特点，积极探索一条"规模化农业+在线种养殖+跨境电子商务"的外向型农业发展模式。其次，提高装备制造业的服务能力。借鉴重庆、成都、贵阳等地服务贸易发展经验，打破传统内源式创新管理模式，由政府牵头，整合合作伙伴、上下游企业等外部资源，以需求为导向，尽快在东南亚、南亚市场建设一批优势特色产业出口导向型服务基地。再次，引导生物医药研发外包服务。通过一系列举措，降低成本，分散风险，解决研发的复杂性，缩短研发周期，促进生物制药产品的系列化和规模化。最后，拓宽旅游文化产业服务。大

力实施旅游国际化战略，在继续推进昆玉红旅游文化产业经济带建设的同时，积极融入中老泰旅游发展的黄金区，探索一条旅游文化产业发展的新路子。

3. 加快基础设施建设，搭建国际化专业化开放平台

首先，继续投身昆曼国际大通道、泛亚铁路东线和中线等国际交通运输发展战略，消除由外部基础设施滞后制约服务贸易发展的体制机制障碍。其次，从发展规划、市场准入和市场需求等方面，加快构建现代物流市场体系，提高客户满意度。最后，整合相关资源。对现已搭建好的具有贸易、物流、结算等功能的营运中心进行资源整合。此外，不断完善"互联网+服务贸易"平台建设，并通过此平台加强云南服务贸易政策在东南亚、南亚国家的传播。

4. 构建服务贸易发展体系，提高服务水平

首先，加快政务服务和审批制度改革。借鉴世界贸易大国的经验，强化网络审批平台建设，拓宽服务贸易行政服务中心功能，建立综合性的政务服务和公共资源交易平台，扩展网上办事范围和处理问题的能力。其次，扩大跨境贸易电子商务服务功能范围。继续完善出口企业通过平台备案、跟踪交易、全口径数据信息查询等实用功能。再次，建立企业收付汇和退（免）税便捷模式，实现便捷退税等。加强外汇政策宣传和引导，简化电子商务进出口企业外汇支付凭证，优化出口退税税收方案，开展"境外出口业务收入"。最后，大力推广外汇远期、掉期和期权等避险工具，尽可能减少人民币汇率风险给企业带来的投资风险，简化中小企业投保程序，提高理赔结案速度，扩大进出口信用保险试点范围，提供优质服务。

二、云南与东南亚、南亚的服务贸易概况

服务贸易又称劳务贸易，是指国与国之间互相提供服务的经济交换活动，有广义与狭义之分，狭义的服务贸易是指一国以提供直接服务活动形式满足另一国某种需要以取得报酬的活动；广义的服务贸易既包括有形的活动，也包括服务提供者与使用者在没有直接接触下交易的无形活动。服务贸易主要包括运输服务、旅游服务、金融服务、建筑服务、通信服务、商业服务、教育服务、环境服务、医疗保健服务等 12 个大类。服务贸易代表着国际贸易发展新方向，体现了服务业国际化的水平和质量，日益成为关注焦点。云南应紧紧抓住这一

千载难逢的历史契机，在与东南亚、南亚国家的贸易合作中，提升服务水平，开拓贸易市场，完善服务贸易体系。

（一）云南与东南亚、南亚发展服务贸易现状

1. 云南省服务贸易进出口状况及发展特点

云南省服务贸易发展起步较晚，全省服务贸易进出口额数据从2007年才开始进行系统统计。据相关资料研究，2007年云南省服务贸易进出口总额比2006年增长96%，自2007年起，服务贸易进出口总额均为顺差，2010年起逐年呈上升趋势。

云南省国际服务贸易发展虽处于起步阶段，但发展潜力巨大，亮点突出：一是服务贸易进出口增速快。二是传统服务贸易具有比较优势。云南的旅游、教育、运输、建筑等传统服务贸易所占比重较高，凭借着独特地形、美丽的自然景观，以及连接东南亚、南亚的地理优势，发展此类传统服务贸易在全国范围内及与周边国家相比都具有一定比较优势，成为支撑云南服务贸易的主要行业。三是新兴服务贸易发展潜力较大。保险、金融、通信邮电、计算机、特许专利等新兴服务贸易领域一直处于较劣势的发展情况，但最近几年却成了出口增长速度较快行业。随着东盟国家在这些服务市场的开放，云南省计算机、通信、金融等服务行业也加快与这些周边国家合作的步伐。这些行业对云南服务贸易未来发展的重要性不容忽视，具有良好的发展趋势和广阔的市场空间。四是对外承包工程有了新拓展，劳务输出初具规模，打造了一批劳务输出基地。云南省对外承包工程现已形成大项目带动大发展、企业牵头发挥沿边区位优势的新格局，促进了对外承包的发展。同时，受对外投资和对外承包工程的拉动，云南省对外劳务的合作步伐也随之加快。五是文化演艺、影视、教育等文化产品与服务"走出去"步伐加快，以民族歌舞、地方特色文化为主要表现形式的云南文化服务贸易已经走向国际市场，逐渐成为云南省外经贸发展的新亮点。

2. 云南省与东南亚、南亚国家贸易合作的现实基础

（1）东南亚国家市场

东南亚是指亚洲的东南部地区，地处亚洲和大洋洲、太平洋和印度洋之间的"十字路口"，包括中南半岛和马来群岛两大部分。该地区有越南、老挝、

柬埔寨、泰国、缅甸、马来西亚、新加坡、印度尼西亚、文莱、菲律宾、东帝汶共 11 个国家，面积约 457 万平方千米。东南亚国家中，面积最大、人口最多的国家是印度尼西亚，面积最小的是新加坡，除了老挝外，其他国家都是沿海国家或岛国，共有人口约 5.91 亿，是世界上人口密度较多以及外籍华人和华侨最集中的地区。

东南亚国家是世界最大的热带经济作物产地，有天然橡胶、油棕、椰子、蕉麻、金鸡纳、胡椒等经济作物，整个地区主要以初级产品输出为主。新加坡经济以服务业、航运业、物流业、金融业、旅游业为主；马来西亚和泰国经济发展以旅游业、制造业、农业和渔业为主；越南、菲律宾和印度尼西亚只涉及旅游业、制造业、农业和渔业；缅甸、柬埔寨和老挝的经济只涉及旅游业和农业；东帝汶的经济仅以渔业和石油出口为主。

云南与东南亚国家的贸易、投资和经济技术合作在云南对外经济关系中占有较大比重。云南与东盟各国的贸易主要集中于云南省与有接壤的中南半岛国家，且长期处于顺差；贸易方式以一般贸易和边境贸易为主，经济发展阶段和技术发展水平具有一定的梯度性；从产品结构看，云南产品出口附加值较高，与东盟各国贸易主要集中在昆明和其他经济较为发达的地区。

（2）南亚国家市场

南亚是指从喜马拉雅山脉中西段以南到印度洋之间的地区。南亚共 7 个国家，北部有尼泊尔、不丹两个内陆山国；中部有印度、巴基斯坦、孟加拉国三个临海国；南部印度洋上有斯里兰卡、马尔代夫两个岛国。喜马拉雅山脉把南亚跟亚洲其他地区隔开，使南亚在地理上形成一个相对独立的单元，故也称南亚次大陆。

经过数年来的市场培育和拓展，云南省与南亚的经贸往来日益繁荣，现已成为云南省贸易发展速度最快的地区。从云南省与南亚各国的贸易额分析，印度是云南省与南亚贸易的第一大伙伴，巴基斯坦、孟加拉国、斯里兰卡三国逐渐成为贸易新亮点；从云南与南亚各国进出口商品来看，双边进出口商品以资源性产品为主，结构较为单一；从经济类型来看，国有企业占主导地位，外商投资企业逐渐成为贸易中增长最快的经济类型；从贸易方式来看，一般贸易增长速度较快。

（二）云南与东南亚、南亚各国发展服务贸易的重要意义

云南地处中国与东南亚、南亚三大经济区的接合部，发展沿边开放有着得天独厚的地理条件，具有沿海开放、内地开放不同的特点和内容。服务贸易作为云南对外贸易的重要组成部分，在桥头堡建设中负有崭新的使命，其发展是中国促进经济长期平稳较快发展的现实需要，是把云南建设成为面向西南开放桥头堡的战略举措。

1. 调整云南服务贸易产业结构，促进服务贸易较好较快发展

凭借得天独厚的地域优势，旅游一直是云南最大的服务贸易部门，约占服务贸易进出口总额的48%，经济技术合作、运输等传统服务贸易部门约占全省服务贸易进出口总额的32%。因此，云南在保持传统服务贸易优势的基础上，应加快现代服务贸易的发展。云南服务贸易在中国与东盟《服务贸易协议》框架下，一方面着力于面向东盟、南亚的批发零售、餐饮住宿、邮电、交通等传统贸易方面的发展；一方面大力推进金融保险服务、信息服务业、教育科研体育服务业等新兴服务贸易部门的发展。

2. 提升云南沿边开放质量和水平，进一步完善我国对外开放格局

云南在与东南亚、南亚国家合作方面，除具得天独厚的区位优势外，还具政策优势，发挥沿边优势，实行互利互惠的开放策略，充分利用"两个市场，两种资源"，将服务贸易和服务业有机结合，引进境外先进的经营方式、先进适用技术、管理理念和经验，利用境外教育、科技、智力资源，有步骤地扩大研究和开发、技术检测和分析、管理咨询等领域服务进口，扩大市场份额，提升服务业相关领域的创新能力和技术水平，进一步提升云南沿边开放质量和水平。

云南与东南亚、南亚各国的合作不仅包括看得见的能源、物产、交通等资源，还包括看不见的民族文化、社会资本等资源。促进服务业对接，既为合作伙伴提供服务，又发展服务领域，满足云南经济发展的需要和东南亚、南亚国家发展的要求，引导生产性服务业集群化发展，增强生产性服务业的集群竞争力，为云南与东南亚、南亚国家充分利用外资和进一步提升对外投资时对外开放层次提供强有力的保证。

(三) 云南与东南亚、南亚发展服务贸易的优势及机遇

1. 云南与东南亚、南亚发展服务贸易的优势

(1) 优越的区位条件

云南地处中国西南边陲，地处中国与东南亚、南亚三大区域的接合部，交通区位条件比较优越。随着昆曼公路和腾密公路的开工，国内外航空网络以及澜沧江—湄公河水运条件的不断完善，云南交通区位优势加强，有利于大力发展以跨境运输为代表的物流服务。

(2) 丰富的旅游资源

云南不仅自然资源丰富，而且以民族文化为代表的人文景观绚丽多彩，为旅游业发展提供了丰厚的民族文化底蕴，使云南省拥有了自然景观与人文景观组合而成的旅游特色。云南依赖自身绚丽多姿的自然风光和底蕴丰厚的少数民族文化资源，适宜开展各种类型的旅游活动，具有发展成为国际级旅游产品的优越条件。

(3) 集聚优势项目

云南与周边缅甸、老挝、柬埔寨、越南在教育、卫生、技术水平及人力资源方面存在明显的比较优势，同这些国家开展教育服务、医疗保健服务、设计咨询专业服务、承包工程、劳务输出等服务贸易，将云南建成面向周边国家的区域性的教育、科研、人才培训中心和医疗服务中心将成为云南的优势项目。

(4) 有利的政策优势

《中华人民共和国政府与东南亚国家联盟成员国政府全面经济合作框架协议服务贸易协议》的签署以及 WTO 规则的实施，有助于加强各国之间的服务合作，使各国服务提供者的服务供给和销售多元化，为云南发展服务贸易提供有利的条件。对于南亚而言，中国—南亚商务论坛以及中国—南亚博览会的开展，在中国与南亚国家工商界之间建立的首个也是唯一的论坛机制，为云南服务贸易发展创造了良好的合作环境。

2. 云南与东南亚、南亚发展服务贸易的机遇

(1) 国际环境

科学技术持续进步和经济结构的不断调整与优化，使服务业在一国国民经济中的比重不断上升，并呈现出远超制造业的发展趋势。大多数发达国家的服

务业从产值和就业人数来看，大多占到整个国民经济的65%以上，发展中国家一般也在30%左右，服务业的较快发展使世界经济与贸易呈现新的发展态势。

世界服务贸易高速发展是国际分工深化、世界产业结构调整和优化的必然结果，20世纪60年代中期以来，世界服务贸易持续快速发展。1970年国际服务贸易出口额仅710亿美元，1994年WTO《服务贸易总协定》（GATS）签署以后，世界服务贸易出口增速大大提高，全球经济竞争的重点逐渐从货物贸易转向服务贸易，1996年世界服务贸易出口额增长到12600亿美元，2002年是15400亿美元，2012年达到162680亿美元，服务贸易出口在整个世界贸易出口中的比重从20世纪80年代的1/7逐步增加到近1/4，预计到21世纪30年代末将与货物贸易的比重大体持平，国际市场竞争的重心将由货物贸易转向服务贸易，成为世界贸易的主要对象和内容。

（2）区域环境

2002年11月，中国与东盟领导人共同签署了《中国—东盟全面经济合作框架协议》，2004年11月中国—东盟自贸区《货物贸易协议》签署，2007年1月中国—东盟自贸区《服务贸易协议》签署。《服务贸易协议》的签订，一方面使中国与东盟逐步减少服务业的准入限制，扩大服务部门的市场开放；另一方面为双方进一步开展服务贸易提供制度性保障，有利于深化和加强双方服务部门的合作，推动双方服务业的发展，对中国与东盟的服务贸易增长产生积极的推动作用。此外，根据《服务贸易协议》规定，中国在WTO承诺的基础上，在建筑、环保、运输、体育和商务服务5个服务部门的26个分部门，向东盟国家做出了新的市场开放承诺，具体包括进一步开放上述服务领域，允许对方设立独资或合资企业，放宽设立公司的股比限制等内容。东盟各国也在其WTO承诺基础上做出了新的开放承诺。中国东盟双方2009年8月就《投资协议》再次达成一致，双方成功地完成了中国—东盟自贸区的主要谈判任务，极大地促进中国与东盟之间相互的服务贸易投资。2010年1月1日《货物贸易协议》全面实施，中国—东盟自由贸易区正式建成。云南作为中国西南对外开放的桥头堡，中国参与东南亚区域合作的重要基地，面对一个90%以上的产品实现零关税，人口达20亿人，GDP总量达6万亿元，贸易总额达到4.5万亿元的"跨国大市场"，应抓住机遇，制定战略，大力发展服务贸易，带动云南经济的跨越式发展。

（四）云南省与东南亚、南亚发展服务贸易过程中存在的问题

1. 交通运输条件滞后

首先，云南虽然与东南亚、南亚国家的部分地区山水相依，但由于自身高山密林的地形特征，给交通建设带来了诸多阻碍。其次，云南与东南亚、南亚的交界地区以农业为主，工业基础相对薄弱，综合国力不及中国，交通条件也十分恶劣。随着服务贸易的不断发展，交通因素将会在很大程度上阻碍云南与东南亚、南亚国家的贸易发展。再次，昆曼公路、泛亚铁路、澜沧江—湄公河国际航道等工程已经陆续竣工，并开始投入使用，局部上来说暂时缓解了云南至东南亚、南亚国家的交通运输压力，但运输成本高等问题依然存在，其交通运行周转能力仍需加强。最后，在交通运输通道的修建方面，云南省面向南亚、东南亚的国际大通道还没有完成，这些问题在一定程度上阻碍了云南服务贸易中运输、旅游等行业的增长速度。

2. 服务贸易优势削弱

第一，东南亚、南亚是现代世界经济相对活跃的地区之一，许多国家纷纷加大了对该地区的投资、贸易等经济行为，在一定程度上也对云南的服务贸易"走出去"形成强烈竞争。第二，云南省服务贸易产业发展以旅游、教育业、建筑等为主，与大多数东南亚、南亚国家有相似的产业结构链，致使云南在与东南亚国家发展服务贸易时受到影响，如云南省传统的服务贸易旅游和教育。近年来，在云南省旅游业快速发展的同时，东南亚国家泰国与南亚岛国马尔代夫的旅游业也在蓬勃发展。越来越多国际游客选择了同样具备独特风格的泰国作为旅游地；而另一个东南亚国家新加坡则是在教育服务上有所成就。第三，东南亚、南亚国家自身的服务贸易发展也给云南带来一定的压力。云南作为与缅、越、老三国接壤的地区，面向东南亚、南亚，原来的区位与资源优势如若跟不上新形式发展的需要，其服务贸易的优势将会进一步被削弱。

3. 服务贸易水平不高

一方面，云南省面向东南亚、南亚出口多为日常生活用品和工业原材料、农副土特产和半制成品等劳动和资源密集型产品。这些产品多是粗加工产品，高技术含量、附加值、出口创汇能力较低；而贸易形式主要是以边境小额贸易为主，技术贸易、加工贸易等贸易形式所占比重较小，服务贸易更是不多，仅

占了全省贸易的小部分。另一方面，由于云南省对服务贸易起步较晚，基础薄弱，对服务专业人才的技能培养也不够重视，缺少高技能、高素质的服务人才。各类服务行业发展也参差不齐，仅有几个传统服务业发展较快。这样的供给状态已经不能完全适应现代国际服务业发展的需求。

4. 服务贸易发展不平衡

尽管云南服务贸易进出口额增长得较快，但仍集中在旅游、教育、运输等传统服务行业，结构上基本没有太大变化，发展的行业结构和地区结构也不平衡。全省服务贸易从市场结构看，主要与泰国、新加坡、菲律宾等国家合作；从贸易项目结构来看，服务贸易相对单一，对货物贸易的依赖性比较强，在货物贸易快速增加的带动下，同货物进出口直接相连的传统服务贸易项目增长较快；从服务贸易收支来看，主要集中在昆明、曲靖、红河等经济相对发达地区，其余地区所占份额极小。服务贸易行业项目和地区分布的不均衡，在一定程度上导致云南服务贸易发展的总体水平偏低，并且短期内很难有所突破。同时，由于市场多元化程度不高，云南服务贸易抗市场冲击能力较差，容易受到国内外形势影响。

（五）进一步推动云南与东南亚、南亚服务贸易的对策建议

1. 加快发展现代物流业，提高自身竞争力

云南地处泛珠三角和大湄公河次区域经济圈的中心位置，在中国—东盟自由贸易区、南亚区域经济合作和西部大开发中，发展现代物流业具有构建大贸易和大物流的区位优势，将成为云南未来的一个重要新兴产业。

首先，结合云南省现代物流发展规划和市场需求，形成规范有序的现代物流市场体系。在市场准入方面，统一准入标准，打破地区封锁、行业垄断、市场分割，允许不同区域、不同所有制企业开展物流服务业务；在发展规划方面，加大行业间的监管和执法力度，规范物流企业经营行为，维护物流市场信用，形成公平竞争的市场机制；在市场需求方面，挖掘消费者物流需求，引导广大消费者转变消费观念，利用现代流通方式，提高生活质量。其次，促进现代物流可持续发展。加强物流基础设施的整合与建设，走专业化、区域化、社会化、国际化道路，鼓励工商企业分离原材料采购、运输、仓储、包装、配送等物流业务，交由专业物流企业承担，构建现代物流中心。再次，积极培育现

代物流市场中介。支持专业人才领办或创办的物流信息传播、网络信息系统应用、物流技术服务、专业人才引进、从业人员培训、企业信用鉴证、行业资质论证、市场行情分析、国际物流交流、法律规章咨询等方面的中介物流服务组织。深入研究生产资料流通领域的改革与发展，重视农村物流体系建设，创新流通方式，提升流通业态，发展电子商务、物流配送、连锁经营和代理制等现代流通方式，培育第三方物流。最后，努力提高物流信息化水平。运用现代信息技术，努力构筑全省性、区域性、行业性的物流公共信息平台，支持企业广泛运用现代信息技术、现代物流管理理念和方法，开发应用于企业内部的网络信息系统，实现企业内部、企业之间信息资源的传输、交换与共享，支持企业采用自动化、智能化的物流设施设备，全面提升物流信息化水平。积极推广物流技术和标准化，鼓励物流领域应用国家和国际物流术语标准、物品编码标准、表格与单证标准、计量标准、技术标准、数据传输标准、物流作业和服务标准，建立现代物流标准体系。

2. 夯实服务产业基础，改善地区内商业和投资环境

云南服务贸易主要集中在旅游、教育、运输等传统服务行业，虽与东南亚、南亚国家重叠较多，但基础雄厚，可开拓差异化、特色化道路。

第一，突出自身优势着力发展特色产业。旅游业是云南的支柱产业，应在发展传统旅游业的基础上，积极建设特色沿边开放旅游区、特色生态旅游区、特色民族文化旅游区、特色康体休闲度假区，在推进旅游服务体系和供给水平的基础上，完善公共服务体系和配套设施建设，以安全旅游、绿色旅游提升传统旅游的活力，创新旅游机制，优化旅游环境。第二，开拓对外文化教育市场。一方面充分发挥区位优势，提升云南幼教、小学、中学、技校、高校等各阶段教育机构的国际办学水平，满足东南亚、南亚不同年龄不同层次学生的求学需求，稳步扩大招生规模。另一方面因势利导，在开发云南特色文化资源的基础上，扶持广播影视、新闻出版、文化演出、文化娱乐、体育健身等文化产业，并推动其出口。第三，由政府牵头，组织相关专家实地调研与云南接壤的东南亚、南亚国家或地区的能源、交通、电力、通信等资源领域，结合云南建筑企业的特点和水平，提供必要的基础设施和资金支持，鼓励企业拓展劳务合作领域和市场，发展技术劳务，做大做强对外合作产业。第四，发挥行业协会、商会、产业联盟的作用。云南已成功举办了多次昆交会、南亚国家商品会、南亚商务论坛等系列商会，具有一定的现实经验，按照国际化、专业化、

标准化、规范化的要求，继续提升云南茶博会、石博会、花博会、酒博会及特色农产品交易会的档次和水平，积极拓展云南与周边国家行业协会、商会、产业联盟合作，打造服务贸易新亮点。

3. 进一步加快发展信息服务业和金融保险服务

云南省在服务贸易信息收集方面起步较晚，且由于现实原因，针对区域性的系统数据缺失严重，加快发展信息技术是服务业顺利进行的保证。构建云南特色电子商务网站，提供便捷安全的国际电子商务平台，推行优质电子政务是云南企业"走出去"的源泉。与此同时，云南与东南亚、南亚发展服务贸易具有比较优势，加大对国外高端服务业的招商引资工作，将借助跨国企业的优势资源，引导云南企业加大技术创新和开发，加快服务贸易的产品更新换代，促进产业结构升级。

云南需要既懂东南亚、南亚小语种国家语言，又熟知服务贸易的复合型人才，培养专业人才是服务贸易发展的重要动力。设立服务产业人才专项资金，建立专业的人才培训机构及实训基地，探索多元化服务人才培训方式和模式，培养适合国际服务贸易发展的专业人才迫在眉睫。

4. 全面提升对外开放水平，开拓新的进出口市场

充分利用国内和国外两种资源，深入推进服务贸易，将把云南的对外开放水平提高到新高度，为传统服务贸易的发展注入活力和动力。

服务贸易出口将顺应服务全球化的趋势，成为云南未来出口的新增长点。因此，云南服务贸易要抓住难得的机遇，鼓励云南企业开拓新兴市场，建立平等、自由的国际贸易体系，开拓新的进出口市场，扩大在东南亚、南亚国家的市场份额，进行大基地、大平台、大窗口建设。此外，"中国外包"服务产品应明确价值定位，聘请专家团队统一进行品牌策划、形象设计及对外推广等系列工作，提升"中国外包"的国际形象与国际知名度。

三、共建"一带一路"背景下玉溪开放型经济发展问题研究——基于服务贸易的视角

近年来，面对国家实施长江经济带、"五网"建设等发展战略，面对将云南建设成为东南亚、南亚辐射中心，面对全面深化改革、产业转移以及滇中城

市经济圈建设等重大机遇，云南玉溪市积极优化服务贸易结构，着力扩大高附加值服务出口，将服务贸易打造成为引领玉溪开放型经济发展的重要引擎。

（一）玉溪服务贸易发展现状及特点

20世纪80年代以来，玉溪地区（1998年撤地设市）以经济建设为中心、改革开放为动力、市场为导向、资源为基础、科技为先导、质量为核心，着力以服务贸易推动开放型经济发展，形成以国内市场为支撑的卷烟工业，以市内外资源为依托、加工在玉溪、市场在市外的矿冶产业，面向国内外市场的高原特色农业，以省内市场为主的旅游业，极大地提升了经济海拔，走在全省开放型经济发展前列，发挥了重要引领作用，推动全省经济实现了快速发展。近年来，玉溪深入贯彻落实国家和云南省委省政府重大战略，准确把握新常态下的重大机遇，依港设区、以区养港、港区联动、建港兴城，努力把玉溪市建成云南省产业转型升级的先行区、新兴产业发展的集聚区、高端休闲旅游度假区和重要内陆港，全力做好解放思想、改革创新、招商引资三篇大文章，坚持"扩规模"与"转方式"、"促内需"与"扩外需"、"引进来"与"走出去"相结合，这为玉溪服务贸易的发展提供了良好的政策环境。虽然玉溪服务贸易发展尚处起步阶段，但发展潜力较大，以下将从服务贸易的进出口额、结构、市场格局及主体产业情况等几个方面对玉溪服务贸易发展的现状进行具体分析。

1. *服务贸易逆差逐年缩小*

从整个云南省来看，近年来，云南省的服务贸易进出口总额不断增长，保持强有力的发展势头。从云南省商务厅的统计排名情况来看，玉溪服务贸易进出口总额始终走在全省前列，服务贸易逆差也在逐年缩小，由此可见玉溪服务贸易的发展潜力比较大，发展空间也比较大。

2. *服务贸易总体结构趋于优化*

玉溪服务贸易的构成涉及烟草、建筑、运输、特许使用费和许可费、机械设备技术服务、咨询、教育培训、医疗和其他商业服务等领域，其中占比重较大的是烟草、运输等劳动密集型服务出口和建筑设计、机械设备技术服务等技术密集型服务出口，而资本密集型服务和知识密集型服务对玉溪服务贸易的贡献较弱。从整个玉溪的第三产业来看，传统服务贸易产值占玉溪传统服务业的比重较大。此外，玉溪现代服务业的快速发展为服务贸易的发展奠定了良好的基础，在一定程度上使玉溪服务贸易的总体结构得到了优化。玉溪现代服务业的发展使一批附加值较高的新兴服务行业出现快速增长势头，许多高附加值现代服务贸易也快速起步。金融、房地产、教育、信息传输、计算机服务等高附加值的新兴服务业占现代服务业的比重较高，发展稳定，支撑作用明显。所以，玉溪现代服务业的快速发展必然推动新兴服务贸易的发展，为玉溪服务贸易的发展奠定良好的基础，使玉溪服务贸易总体结构更加优化。

3. 市场格局和贸易主体高度集中

玉溪服务贸易主要涉及的国际市场是美国、澳大利亚、欧盟和东南亚国家，这一格局与货物贸易基本相符。玉溪服务贸易企业主要集中于红塔区和高新技术开发区，其他县占比较小。总的来说，玉溪的中小企业众多，服务贸易总体规模偏小，但企业的成长性较好，特别是旅游、建筑、运输、物流、文化等行业的中小企业在迅速成长，市场格局稳定，服务贸易主体高度集中。

（二）玉溪发展服务贸易环境分析

玉溪作为参与东南亚区域合作的重要基地和平台，面对人口20亿、90%以上的产品实现零关税、GDP总量达13万亿美元的"跨国大市场"，开放型经济充满挑战。服务贸易是玉溪发展开放型经济的一个重要部分，特别是在复杂的国际环境下，全面客观地评估它所处的社会环境，是玉溪挖掘对外开放广度和深度，提高开放型经济水平，转变外贸增长方式的一个重要方面。

1. 国际环境

20世纪中期以来，新技术的运用推动国际分工从传统制造业不断向服务等环节延伸，发达国家率先实现了向服务经济转型，目前全球经济也已进入服务经济时代。从发展趋势看，无论是高收入国家、中高收入国家还是中低收入国家，服务业对经济的贡献率都呈现不断上升的趋势。

国际金融危机发生以来，各国越发重视服务贸易的发展。发达国家希望保持高附加值服务贸易领域的出口优势，继续占据全球价值链的上游和下游两端；发展中国家重视服务贸易的发展，希望通过服务贸易更快更好地将本国的服务融入全球价值链，提升本国在全球价值链中的地位。预计到21世纪30年代末，服务贸易与货物贸易的比重将大体持平，国际市场竞争的重心将由货物贸易转向服务贸易，成为世界贸易的主要对象和内容。

2. 国内环境

党的十八大以来，政府积极推进新一轮的开放，服务业成为新一轮对外开放的主攻方向，服务贸易成为我国经济贸易转型升级的突破口。设立的自由贸易试验区，成为我国服务业进一步自主开放的新平台和新阵地。特别是 2015 年 1 月 28 日，为了推动服务贸易的发展，国务院印发《关于加快发展服务贸易的若干意见》，首次全面系统地提出服务贸易发展的战略目标和主要任务，并对加快发展服务贸易作出全面部署。文件加强了对服务贸易工作的宏观指导，明确了对服务出口实行零税率或免税，首次提出将服务贸易纳入政府考核评价指标体系，完善考核机制，将大力发展服务贸易作为稳定外贸增长和培育外贸竞争新优势的重要工作内容。

从云南省层面来看，发展服务贸易被列为云南省实现三大战略目标、发展开放型经济、顺应当前国际产业转移和要素重组的重要组成部分。近年来在中国与东盟友好合作关系不断发展的大好形势下，云南已形成面向东南亚全方位、多层次、宽领域的开放格局，与东盟十国在双边贸易、相互投资、承包工程、劳务合作等领域的互利合作得到迅速发展，并取得了丰硕的成果。云南将继续完善服务贸易政策支持体系，增强服务出口能力，提高"云南服务"的国际竞争力和影响力，提升开放型经济发展水平。

3. 区域环境

各国积极参与区域经济合作，签订贸易投资协定，成为推动全球化的重要动力。在这一过程中，服务业和服务贸易作为全球经济发展的新趋势和新热点，在新的国际贸易投资新规则中逐渐成为各个国家关注的重点。

2002 年 11 月，中国与东盟领导人共同签署了《全面经济合作框架协议》，2004 年 11 月中国—东盟自贸区《货物贸易协议》签署，2007 年 1 月中国—东盟自贸区《服务贸易协议》签署。《服务贸易协议》的签订，一方面使中国与东盟逐步减少服务业的准入限制，扩大服务部门的市场开放；另一方面为双方进一步开展服务贸易提供制度性保障，有利于深化和加强双方服务部门的合作，推动双方服务业的发展，对中国与东盟的服务贸易增长产生积极的推动作用。此外，根据《服务贸易协议》规定，中国在 WTO 承诺的基础上，在建筑、环保、运输、体育和商务服务 5 个服务部门的 26 个分部门，向东盟国家做出了新的市场开放承诺，具体包括进一步开放上述服务领域，允许对方设立独资或合资企业，放宽设立公司的股比限制等内容。东盟各国也在其 WTO 承诺基础上做出了新的开放承诺。中国与东盟双方 2009 年 8 月就《投资协议》再次达成一致，双方成功地完成了中国—东盟自贸区的主要谈判任务，极大地促进中国与东盟之间相互的服务贸易投资。2010 年 1 月 1 日《货物贸易协议》全面实施，中国—东盟自由贸易区正式建成，在货物贸易的带动下，服务贸易发展更加迅猛。

（三）共建"一带一路"背景下玉溪发展服务贸易的机遇与挑战

共建"一带一路"倡议合作的重点内容是政策沟通、设施联通、贸易畅通、资金融通、民心相通，服务业开放也是其中的重点工作。服务业开放政策是政策沟通的内容；设施联通中，涉及通信干线网络等服务业基础设施的互联互通，需要立足通信等服务业进一步开放的基础之上；投资贸易合作是共建"一带一路"的重点内容，也是各国最为关注的内容，新形势下，共建国家会将焦点集中于服务贸易领域的进一步便利化和自由化措施上；金融服务业的进一步开放是资金融通的关键；文化、教育、旅游等服务业的深化开放则是民心相通中的重要内容。因此，服务业进一步扩大和深化开放是共建"一带一路"倡议的重点内容。在新形势下，服务业已成为发展的焦点，玉溪必须发挥自己的地缘优势，抓住机遇、迎接挑战、深化改革、继续扩大与周边国家的交流合作，才能推动自身服务贸易的跨越式发展。

1. 共建"一带一路"背景下玉溪发展服务贸易的机遇

（1）提升服务贸易对外开放水平。云南正全力融入共建"一带一路"，建设面向南亚东南亚的辐射中心，推进孟中印缅经济走廊建设和大湄公河次区域合作升级版建设，以对外开放经济带、重点开发开放试验区、边境经济合作区、跨境经济合作区、海关特殊监管区等为载体，着力建设沿边开放新高地。这为玉溪利用两种资源、两个市场，在更大空间和更广领域发展经济、调整结构、开拓市场、加快发展提供了广阔舞台。作为几大开放带接合部的玉溪，完全有条件向北联合昆明大力发展昆玉红旅游文化产业经济带，向南联合普洱、西双版纳融入昆曼经济走廊建设，向西联合临沧、楚雄融入孟中印缅经济走廊建设，向东联合红河、文山融入昆河经济走廊建设，扩大开放型经济特别是服务贸易发展的领域和规模，提高对外开放的质量和水平。

(2) 扩大服务贸易合作伙伴。玉溪是云南对外直接投资较多的州市，已有"走出去"投资企业 20 多户，投资总额近 3 亿美元，项目涉及农产品加工、烟草加工、矿产资源开发、建筑建材、医药、贸易等领域，分布在美欧及东南亚的越南、老挝和泰国等国家。累计审批设立了 187 户外资企业，投资涉及农业种植及农产品加工、与卷烟配套的包装印刷、化工、旅游等领域。共建"一带一路"倡议将成为玉溪开拓更广阔国际市场的助推剂，进一步增强玉溪作为中国与东南亚、南亚国家交流合作基地和平台的作用。

(3) 提升利用外资规模和水平。玉溪进出口总额连续 5 年每年增加 1 亿多美元，贸易结构从以黄磷为主转型为以农产品为主。出口农产品中 50% 以上的水果从新疆、山东、大理、红河等地采购，蔬菜除本地自产外，同时还在红河、曲靖、楚雄、呈贡、贵州等地建有种植基地或收购，已初步形成大宗农产品在玉溪交易集散的态势。主要商品经瑞丽、河口、磨憨、深圳、上海、防城港等口岸出口。培育了多家出口龙头企业，进出口总额超千万美元的企业达 23 户，箱包、贵金属加工贸易逐渐成为新的增长点。总体来说，玉溪利用外资总量比较少，规模小，随着共建"一带一路"倡议的推进实施，外资进入的综合运营成本将会大大降低，玉溪利用外资的规模和水平会得到很大提高。

2. 共建"一带一路"背景下玉溪发展服务贸易的挑战

(1) 复杂的发展环境。当前世界经济和贸易仍处于复苏阶段，全球服务贸易发展动力依然不足。一方面，共建"一带一路"倡议的提出，促使一些新兴经济体加快结构调整和开放步伐，放宽服务业外资持股比例，服务业出口潜力提升，国际服务贸易竞争加剧的趋势愈演愈烈。另一方面，"一带一路"共建国家中有一些法律不健全、不稳定，自由贸易区建设水平较低，国与国之间仍存在较多贸易投资壁垒等；海关程序和文件不统一，基础设施建设标准和规范不一致，交通物流运输信号存在差异等。所以，无论是政府投资还是民间投资，都充满着复杂的运营环境风险。

(2) 未知的经营风险。一方面，由于地理区位、资源禀赋、历史原因等因素影响，玉溪当地一些人思想相对保守。另一方面，由于自身不熟悉国外商业习惯和法律环境，企业往往要承担更多的商业风险，其在"走出去"过程中面临挑战。

(3) 服务业的进一步开放。共建"一带一路"倡议的重点包括服务业的开放。其实，早在我国加入 WTO 时，就对服务业的开放进行了相关承诺，总体上促进了服务贸易的发展。新形势下,"一带一路"共建国家会将焦点集中于服务贸易领域的进一步便利化和自由化措施上,这对服务贸易基础薄弱的玉溪来说是个较大的挑战。

(四) 玉溪发展服务贸易过程中存在的问题

服务贸易不仅被看作国际贸易发展的新方向,还被认为是一个国家或地区国际化服务水平和质量的重要体现,备受关注。云南在中国属发展服务贸易比较晚的省份,但后劲十足。玉溪不仅是云南经济发展较好的州市之一,还是距离省会昆明最近的州市,良好的经济环境和优越的地理优势,让玉溪的各类产业快速发展,但如今国际贸易竞争的重心正从货物贸易转向服务贸易。长期以来,服务贸易是玉溪市对外经济中的一个短板,正视其存在的问题,及时调整和优化发展空间刻不容缓。

1. *贸易规模小,持续逆差,竞争力不强*

通过调研,笔者发现,玉溪从事服务贸易的企业大部分集中在红塔区和高新技术开发区,其他县区占比较小,且全市贸易额上千万美元的企业仅有玉溪红塔烟草(集团)有限责任公司一家。这也表明,玉溪市虽然属于云南省经济较好的州市,但从总比值上来看,服务贸易的市场占有率份额相对较小,竞争力也较弱。

2. *贸易优势削弱,内部结构不合理*

云南省因在地域上与东南亚国家相邻,服务贸易大多以旅游、教育业、建筑等产业发展为主,与大多数东南亚、南亚国家有较为相似的产业结构链,东南亚、南亚国家不断加大投资、贸易等经济行为。面对新形势发展的需要,玉溪占比重较大的劳动密集型服务出口优势将进一步被削弱。

众所周知,烟草是玉溪的优势产业,而依附烟草发展起来的服务出口同时也占了玉溪市服务贸易出口总额相当大的比重。但近年来伴随烟草行业的下滑,与之相关的产业可以说都受到了不同程度的影响,特别是对于一直处于弱势地位、竞争力有限、依靠烟草主业发展的服务出口来说,更是沉重的打击。此外,玉溪市在发展服务贸易过程中,虽然业务涉及美国、欧洲、东亚、东南亚等地,但这些业务往来也基本上都是进口项目。

3. 基础设施滞后，难以发展附加值高的产业

云南省虽有4060公里的边境线，但边界线上基本没有天然屏障，高山密林的地形特征，给交通建设带来了诸多阻碍。玉溪地处昆曼经济带、昆河经济带的重要区域，是泛亚铁路东线、中线和昆曼、昆河高速公路等区域性国际大通道的交会区域，是重要陆路通道关键点，但在交通运输通道的修建方面，云南省面向南亚、东南亚的国际大通道还没有全部完成。此外，玉溪唯一的民航通用机场设在江川区，目前还在建设中，这在一定程度上阻碍了玉溪服务贸易的增长。

另一方面，与云南省接壤的东南亚国家，除泰国外，其余大部分是发展中国家，市场规模较小，经济实力较弱，农业社会特征明显，生产力水平不高，面对这样一个需求不强的市场，服务贸易的出口本身就举步维艰。确切地说，由于客观条件的局限，云南省与周边国家同质性发展，也很难形成有特色的、规模化主导产业。从目前玉溪服务贸易出口市场来看，烟草、运输、旅游等服务出口占据着主导地位，但这类传统服务贸易通常附加值较低；相反，附加值较高的计算机和信息服务、金融服务、广告宣传、通信服务等依靠科学技术和互联网信息兴起的服务贸易还处在起步阶段，占比较小、增长较慢；而文化创意产品、软件设计、跨国咨询等新兴服务贸易发展滞后，专业化分工较低，尚停留在一个相对低端的层次。

4. 服务贸易发展体系不完善，专业人才匮乏

服务贸易的发展离不开政府、企业以及各类社会组织的关心和支持。玉溪服务贸易发展还处于起步阶段。政府、企业在对构建服务贸易发展的促进体系方面都还在摸索阶段。

专业人员的素质决定着服务水平的高低，玉溪在加快服务贸易发展的过程中，专业技术人才的匮乏也是限制其发展的一大因素，表现在两方面：一是玉溪本土的高等专科院校及中等技师学校数量有限，很难培养出既懂外语又熟悉国际政策法律、贸易知识的复合型服务贸易管理人才；二是由于云南全省范围内都缺少高技能、高素质的服务人才。对于州市来说，这类人才即便引进了也会因待遇、机会、发展等各种现实问题很难长久留住。这样的人才市场供给状态难以满足现代国际服务业发展的需求。

（五）共建"一带一路"背景下助推玉溪服务贸易发展的建议

服务贸易代表国际贸易的发展方向，体现着服务业国际化的质量和水平。进入21世纪以来，世界服务贸易发展迅速，中国服务贸易发展势头强劲，云南服务贸易连年顺差，而玉溪服务贸易却发展滞后。面对世界经济向服务型经济转型这一新形势，结合玉溪实际、遵循市场规律、适应区域合作要求，主动服务和融入共建"一带一路"，加强加快服务贸易发展，不断拓展玉溪对内对外开放的广度和深度，打造面向南亚东南亚辐射中心国际陆港经济试验区，建立与国际接轨的开放型经济新体制，全面提高玉溪开放型经济水平，才能促进跨越式发展。

1. 加强部门联动，建立健全组织管理体系

首先，完善服务贸易统计数据。服务贸易的发展离不开精准数据的支撑，需要各有关部门的通力合作。第一，及时更新和完善服务贸易的进出口数据，特别是对于中小企业，要破除服务贸易交易过程中备案不常规的窘态，以制度约束并形成"一交易必备案"的常态化工作，方便相关部门年末数据工作的统计、整理、储存、备案；第二，有关部门要将服务贸易数据的统计放到部门日常重点工作中，自觉加强业务知识的学习，并按时准确地完成现有服务贸易统计数据的上报工作；第三，积极主动地走访省级、市级及服务贸易的重点行业管理部门，核实、更替最新数据，特别是对贸易量较多的南亚和东南亚国家，要掌握服务贸易的具体情况，做到数据共享。

其次，成立服务贸易发展领导小组。制订服务贸易发展行动计划，研究、协调、解决服务贸易工作中遇到的困难和问题。各企业认真研究本行业服务贸易发展突破口的组织管理体系，从基础、项目、企业抓起，形成条块联动、齐抓共管、全社会参与的开放型经济工作新格局。

最后，设立服务贸易工作委员会。统筹服务贸易的重大项目和重点区域投资促进工作；围绕重点项目，按产业集群发展规律和产业高端化发展要求招大引强；牵头策划和宣传服务贸易的投资促进活动；建立健全境内外招商网络，收集项目信息，同时向国内外客商提供信息服务；跟踪全国各地服务贸易发展动态、开展发展促进政策比较研究并提出可行性对策建议等。

2. 结合货物贸易，挖掘服务贸易出口潜力

目前，玉溪货物贸易出口主要以农产品为主，以磷化工、五金机电、高新

及生物制药、纺织轻工业等为辅，发展服务贸易过程中，加大挖掘深度、加强宣传力度，紧密结合这些行业的货物贸易，将进一步推动玉溪市服务贸易的出口。

首先，提升高原特色现代农业服务水平。紧紧抓住近年来玉溪高原特色农产品强劲的出口优势，依托通海等农产品出口基地，以电子信息技术为核心，探索一条"规模化农业+在线种养殖+跨境电子商务"的外向型农业发展模式，在大力发展烤烟、蔬菜、花卉、林果、畜牧等优势产业基础上，建设一批集技术服务、产品展示、交易服务总部、公共交易平台、仓储等功能为一体，立足云南、面向全国、辐射东南亚、南亚以及港澳地区的区域性国际农产品交易中心，率先实现信息、数据的准确化、全面化、详细化，用现代科学技术和信息网络技术，进一步使全市乃至整个西南地区的高原特色农产品形成品牌合力、向园区化、标准化、规模化的方向发展。

其次，增强装备制造业的服务能力。随着玉溪市高端数控机床、电器装备、高端装备制造业、特色五金、农机、金属表面处理等产业的发展，客户对全面、专业、个性化服务的需求日益增加，越来越多的企业在仅凭自身力量满足客户需求方面显得力不从心。这就需要玉溪市装备制造企业借鉴重庆、成都、贵阳等地服务贸易发展经验，打破传统的内源式创新管理模式，由政府牵头整合合作伙伴、上下游企业等外部资源，为企业的服务创新提供更广泛的支持。例如，以需求为导向，尽快在东南亚、南亚市场建设一批优势特色产业出口导向型服务基地，捕捉市场服务机会、开发服务产品、传递服务知识、强化服务流程，对现有产品顾客进行服务渗透，对潜在产品顾客进行开发，进一步增加玉溪市装备制造业的服务能力。

再次，引导生物医药研发外包服务。近年来，全球生物医药领域研发外包服务市场迅速增长，玉溪市应紧紧抓住发展机遇，探索生物医药的研发外包服务，进一步降低成本、分散风险、化解研发复杂性、缩短研发周期。一方面，以中药、天然药、民族药为发展基础，成熟的生物医药研发技术通过提供外包实现转移和扩散，加强对引进技术的消化吸收，推进生物医药产品系列化、规模化；另一方面，建设国内一流、国际先进的疫苗、血液制品，治疗性单抗药物产业基地、中试基地和研发基地，走集群化发展之路，承担国际大型医药项目的研发工作。

最后，开拓旅游文化产业服务。旅游文化是云南省服务贸易发展的强势产业，但受自然资源、风土人情、民族文化与东南亚、南亚国家相似相通的限制，产业结构链相近，这就需要市委、市政府独辟发展蹊径，创新发展模式。第一，树立现代旅游发展理念，加强顶层设计，找准产品定位，科学规划布局，有序实施开发，走出一条不同于其他州市，有别于东南亚、南亚国家传统旅游产业发展的跨越式发展路子。第二，实施旅游国际化战略，建设昆玉一体化国际度假村，加快融入中老泰旅游黄金区。深入推进昆玉红旅游文化产业经济带建设，加快抚仙湖—星云湖生态建设与旅游改革发展综合试验区重大项目建设，打造哀牢山—红河谷生态自然、民族风情旅游，高起点谋划和建设一批现代生态休闲度假旅游产品、历史文化和民族文化旅游产品、特色乡村休闲体验旅游产品。继续完善一批旅游功能服务基础设施，构建综合实力和竞争力强，产业贡献力和支撑力强的现代旅游产业体系，提升现代旅游的服务能力，把玉溪建设成为国内一流、国际知名的旅游目的地。第三，加快现代物流、金融保险、商务会展、文化创意、信息咨询等服务业发展，在现代服务业与开放型经济发展良性互动的基础上，加快服务贸易发展。重点推进旅游及养生养老业、物流服务业、国际医疗度假中心、健康信息大数据服务中心等一批项目建设，规划建设国际跨境电商城。

3. 加快基础设施建设，搭建国际化专业化开放平台

首先，积极融入滇中经济圈和"五网"建设。第一，要继续投身昆曼国际大通道、泛亚铁路东线和中线等国际交通运输发展战略。第二，要主动参与云南省"七出省五出境"高速公路网的建设，为云南省建设面向东南亚南亚辐射中心的综合交通运输体系奠定坚实基础。第三，要凭借中缅油气管道途经玉溪、成功申报国家海绵城市、江川通用机场建设、打造互联网产业集群等重大发展机遇，加快玉溪市能源保障网、水网、航空网、互联网的建设，消除由外部基础设施滞后制约服务贸易发展的体制机制障碍，建立健全合作互动机制，实现联动发展。

其次，形成规范有序的现代物流市场体系。在发展规划方面，将现代物流产业规划列入玉溪市经济发展总体规划中，加大行业间的监管和执法力度，规范物流企业经营行为，提高服务效率，尽快设立现代物流产业发展协调机制，维护物流市场信用，形成公平竞争的市场机制；在市场准入方面，促进玉溪市物流产业与国际标准接轨，借鉴国际上较为成熟的物流技术和服务标准，打破地区封锁、行业垄断、市场分割，加大物流标准化的宣传、推广和监督检查力

度，允许不同区域、不同所有制企业开展物流服务业务，采取倾斜政策鼓励第三方物流的发展；在市场需求方面，进一步提高顾客满意度，挖掘消费者物流需求，以绿色、方便、快捷、安全、实惠等经营理念引导广大消费者转变消费观念，利用现代流通方式，提高生活质量。

最后，加快"互联网+服务贸易"平台建设。第一，推动电子商务、期货贸易等新贸易形式在各类园区的运用，充分利用并对接全省面向东南亚、南亚的电子商务平台，建立境外生产、营销和服务网络。第二，利用大湄公河次区域合作、孟中印缅经济合作、中国—南亚博览会等合作机制和平台，搭建玉溪乃至全省与东南亚、南亚企业家交流合作平台，鼓励各类市场主体在玉溪建立地区总部，建立整合贸易、物流、结算等功能的营运中心，开拓新的进出口市场，扩大玉溪服务贸易在东南亚、南亚国家的市场份额。

4. 构建服务贸易发展体系，提高服务水平

第一，加快政务服务和审批制度改革。首先，全面推行部门审批事项向综合审批机构集中、审批机构向服务中心集中、部门审批权向首席代表集中的"三集中""一站式"审批体制。推行审批项目名称、法律依据、办事程序、申报材料、承诺时限、收费项目、收费标准和收费依据"八公开"制度。其次，建立集行政审批、政务公开、电子政务、信息发布、政府采购、公共资源交易、行政投诉受理、电子监察等于一体的综合政务服务和公共资源交易平台，拓宽服务贸易行政服务中心功能。最后，强化网络审批平台建设，整合部门审批操作平台，加快扩展网上办事范围和处理问题的能力。

第二，畅通跨境贸易电子商务服务通道。首先，对跨境电子商务出口企业及其产品实施备案管理，鼓励电子商务出口企业通过跨境电子商务平台进行备案。通过跨境电子商务平台掌握电子订单、电子运单等全口径数据信息，跟踪交易关键流程。其次，对企业在商务部推荐的第三方电子商务平台和知名电子商务平台开展电子商务的，给予一定的年费补助；对企业使用国际知名第三方电子商务平台增值服务费给予一定的补助；对利用跨境电子商务平台开展跨境电子商务零售出口且年度出口额达1000万美元的企业，给予一定奖励。

第三，建立企业收付汇和退（免）税便捷模式。首先，加强外汇政策宣传和引导，鼓励支持电子商务进出口企业开展外汇收支业务；简化电子商务进出口企业外汇收支凭证，允许银行对具有真实交易背景的跨境电子商务交易提供跨境外汇收支及结售汇服务。支持开展企业集团"外币资金池"业务，推动企

业开展"出口收入存放境外"业务。其次,制定跨境贸易电子商务出口退(免)税服务措施,实现便捷退税。对符合条件的跨境贸易电子商务零售出口企业,进一步优化出口退税办税程序,及时、高效办理出口货物退(免)税手续。

第四,支持应对贸易风险。首先,推广外汇远期、掉期和期权等避险工具,有效应对人民币汇率风险给企业带来的投资风险。其次,加强产业安全预警,支持企业开展贸易救济申诉和积极应对国际贸易摩擦,对因贸易保护等非企业原因发生的应诉所支付的律师代理费,按一定比例补助。最后,对资金薄弱的中小企业、小微企业投保出口信用保险的保费给予一定的补助,并采取积极的承保政策,简化投保程序,优化理赔追偿流程,提高理赔结案速度,扩大进口信用保险试点范围,引导支持中信保和人保财险开展信用保险优质服务提升工作。

第五,加大专业人员培训和培养机制。首先,定期组织政府相关职能部门工作人员前往省或业务开展较好的州市进行经验学习和专业培训,特别是加强东南亚、南亚国家法律法规以及《关于加快发展服务贸易的若干意见》和《关于加快发展服务贸易的实施意见》等专项文件的学习。其次,结合玉溪现有高等教育和专业技术培训资源,建立专业的人才培训机构及实训基地,并设立服务产业人才专项资金,探索多元化服务人才培训方式和模式,培养适合国际服务贸易发展的专业人才。最后,邀请国际组织官员、服务外包企业代表、专家学者共同探讨促进玉溪市服务贸易发展的现实问题,特别是重点讨论服务外包人才培养、服务外包基地发展等热点问题,在加强现从事服务贸易专业技术人才培养的同时,帮助企业特别是中小企业和小微企业,引进既懂东南亚、南亚小语种国家语言又熟知服务贸易的复合型人才,进一步提高服务贸易发展水平和服务质量。

第二节 现代服务业发展研究——以云南省玉溪市为例

一、玉溪市大力发展现代服务业的必要性

现代服务业是伴随信息技术、知识经济发展产生的,以新业态、新技术和新服务等方式改造传统服务业,是引导消费、创造需求,向社会提供高层次、高附加值、知识型的生产性服务和生活性服务的行业。也就是说,经济发展、社会进步和社会分工的专业化等需求促进了现代服务业的发展,使其具有智力要素密集度高、环境污染少、资源消耗少、产出附加值高等特点。从宏观方面来看,现代服务业不仅是新兴服务业,还包括对传统服务业的技术改造和升级,其本质是实现服务业的现代化。

(一)现代服务业的提出与分类

1. 现代服务业的提出

现代服务业这一概念最早由美国社会学家丹尼尔·贝尔提出,他认为在前工业社会中,服务业主要以交通运输和批发零售为主,但在后工业社会中,服务业就被划归为现代服务业。

目前,现代服务业在我国学术界暂时还没有统一的界定和分类。有的学者认为,所谓的现代服务业主要是在经济发展理论和经济实践过程中,逐渐形成的关于其本质特征的一些认识。有的学者认为,现代服务业是在现代技术密集、社会分工加深以及社会经济高速发展的时代背景下形成的,服务于信息技术、科研开发、现代物流、市场营销等相关领域的新兴商业。还有学者认为,现代服务业是在工业化比较发达阶段产生的,依托电子信息、通信信息、网络信息等高科技手段发展起来的现代服务产业,拥有现代化的经营管理方式,具有知识密集型、技术密集型、人才密集型等特征。这其中也包括运用新理念更

新经营模式,如改造和升级交通运输、金融保险、物业管理、社区服务、邮电通信、中介业务、信息咨询等传统服务领域,还包括伴随新技术高速发展而产生的,如数字影视、远程教育、IT信息服务、网络通信、网络媒体、电子商务、现代物流、文化教育、公共卫生等新兴服务行业。

与传统服务业相比,现代服务业所表现出来的特点,主要表现在六个方面:其一,现代服务业具有高附加值和集群性,即现代服务业可以产生服务的规模效应和各种服务相互融合的聚集效应,使服务在贸易中大幅度增值;其二,现代服务业需从业人员具备一定素质,即现代服务业要求从业人员应当具备良好的教育背景、扎实的专业基础知识和较强的管理理念、服务能力;其三,现代服务业具有高技术性,即现代服务业所运用的科技含量较高;其四,现代服务业具有高知识性,即现代服务业为知识密集型产业,它能为广大消费者提供知识传播、生产和使用服务,使知识在使用过程中增值;其五,现代服务业具有新兴性,即现代服务业在时间上是随着现代科技的进步而兴起的,换句话说,现代服务业是从过去传统服务行业演变和发展而来的;其六,现代服务业还具有向大城市集中、声誉机制对服务价格的影响,以及较强的法律依赖和契约性质等其他一些特征。

2. 现代服务业的分类

(1) 国际上对现代服务业类别的划分

现代服务业作为一个新兴的产业类别,国际上把其划分为以下四大类:第一大类是个人消费服务业,包括教育、医疗保健、房地产、旅游、餐饮、住宿、文化娱乐、商品零售等与生活息息相关的服务行业;第二大类是基础服务业,主要包括通信服务和信息服务行业;第三大类是公共服务业,包括以政府为主导的基础教育、公共管理服务、公共卫生、医疗以及公益性信息服务;第四大类是生产和市场服务业,包括金融、电子商务、物流、批发、中介、咨询以及农业支撑服务等围绕市场产生并为其提供专业服务的行业。

(2) 我国对现代服务业类别的划分

参照国际对现代服务业的类别划分,我国结合自身的发展情况,把现代服务业细分为:批发和零售业;交通运输、仓储和邮政业;住宿和餐饮业;环境、水利和公共设施管理业;教育、社会保障、卫生和社会福利业;金融业;保险业;房地产业;租赁和商务服务业;体育、文化和娱乐业;信息传输、计算机服务和软件业;居民服务和其他服务业;科学研究、技术服务和地质勘查业；公共管理和社会组织；国际组织 15 个大类。随着科学技术的发展和时代的进步，现代服务业中信息服务、物流服务、研发服务和技术支持服务四个领域备受关注。

（二）现代城市发展现代服务业的意义

城市的发展是一个动态进化的过程，其发展动力是从模式、路径、形态等多方面进行的全面变革，这些变革助推着城市从一个生命周期进入下一个发展周期，面临着产业结构、城市功能、城市建设等全方位的调整与转型，势必将城市的规模、地位、功能以及发展模式和发展路径由本质上进行改变。从城市转型发展的轨道来看，城市经济生命力离不开重建和开发符合城市需求及发展规律的新产业，现代服务行业正是整个城市在转型之后，所建立起来的能为城市经济发展提供强大生命力的新兴产业，其对城市的经济发展有着不容替代的影响和作用，主要表现在：

（1）现代服务业是城市经济发展的基础产业。现代服务业的发展直接影响到广大人民群众的生活质量和生活水平。优先发展服务业，不仅加快了现代科学技术的改革和创新，提高了现代化城市生活的技术性和便利性，还有利于改善现代生活质量、完善市场服务机构和促进经济体制正常运作，是城市竞争力和产能的集中体现。

（2）现代服务业是城市经济发展的创造产业。现代服务业涉及经济生活的方方面面，是人民生活状况的缩影。大力发展现代服务业不仅能够实现其自身所具有的服务价值，还具备技术、思想层面的创造价值，是运用技术和思想革新，提升市场经济活力和创造力，繁荣国民经济的重要力量。

（3）现代服务业是促进城市经济产业转型的产业。现代服务业包括教育、电子商务、物流等诸多基础行业，这些行业不仅能为其他行业提供快捷的信息交流通道，使现代经济行业结构更具竞争优势，还能加快产业间的转型步伐，挖掘现代经济产业的发展潜能，为整个城市经济市场提供合适的技术型、实用型和创新型人才，是现代经济产业结构优化和转型的必要条件。

（三）玉溪市发展现代服务业的必要性

玉溪发展现代服务业，是构建现代产业体系的重要内容，是实现产业转型发展的重要途径，是补齐民生短板的重要抓手。加快现代服务业的发展，有助于玉溪产业及早转方式调结构，提升整体发展水平和质量，其对推动玉溪经济社会的发展有着积极作用，主要表现在以下几个方面。

1. 发展现代服务业是改善玉溪市民生的必由之路

加快现代服务业的发展，不仅是满足广大市民日益增长的生活需求、改善玉溪市人居生活环境的现实需要，还是玉溪建设生态宜居文明幸福魅力之城、打造区域性中心城市的重要渠道。特别是近年来生产性服务业的各个子领域，不管是从具体的数字文化、数字媒体、数字家庭、数字社区、数字旅游，还是宏观的科技发展、民生惠及、构建和谐等方面，为玉溪广大市民的生活提供了更加个性、便捷的现代服务，从根本上提高了生活质量。

2. 发展现代服务业是扩大玉溪市劳动就业率的主要途径

现代服务业作为知识密集型、技术密集型、人才密集型产业，在自动化水平不断提高的今天，不仅可以成为吸纳剩余劳动力的主渠道，还能提升就业人员的层次。目前，玉溪市整个服务业就业比重较低，大力发展现代服务业，是适应市情、吸纳社会剩余劳动力、改善和提高从业人员素质强有力的助推器。

3. 发展现代服务业是推动玉溪市服务型政府建设的有效途径

从玉溪市建设服务型政府这方面来看，大力发展现代服务业，是从社会保障服务、公共教育服务、公共医疗卫生与健康服务等重要领域入手，利用先进服务模式与手段扩大玉溪的公共服务范围，强化社会公共服务和公共管理能力，提高服务满意度的有效途径。

4. 现代服务业对提升玉溪市承载力有着不容替代的影响和作用

一是现代服务业对玉溪市资源承载力的提升作用。过去较长一段时间内，玉溪以资本拉动型、资源消耗型为主要发展模式，产出效率不仅低下，还对整个城市的资源造成了极大浪费，不利于城市的长远发展。寻求发展那些资源消耗少、经济效益高的产业逐渐成为玉溪城市发展的重中之重。现代服务业在发展过程中重视节约资源、保护环境，其倡导发展的循环经济，能够将城市建设和资源开发利用有机地结合在一起，减少对自然资源的使用、破坏，合理对优势资源进行开发、利用，助推产业结构优化，一定程度上缓解城市环境承载压力。

二是现代服务业对玉溪市环境承载力的保护作用。现代服务业中依托现代信息技术发展起来的第三方物流、旅游、金融、保险等服务行业，在发展过程中对环境所造成的污染破坏，大多属于自身承受能力范围之内，将其培养为城市发展的主体产业，不仅有利于城市环境的改善，还将城市的可持续性发展提升到了战略高度。除此之外，现代服务业中的教育业，有助于提升广大市民的个人整体素质和道德水平，并使其更加主动自觉爱护环境、自觉保护环境，进而改善我们的生活环境，为玉溪市系统环境的升级和环境承载力的提高起到了至关重要的作用。

三是现代服务业对玉溪市社会承载力的拉动作用。现代服务业的发展会提升玉溪市社会承载力中的就业岗位承载力，它对就业的促进作用分为直接和间接双重作用。直接作用主要表现为，随着现代服务业的不断发展，服务业本身就可以为玉溪市创造更多的就业机会，扩大劳动力需求和促进就业增长；间接作用主要表现为，服务业本身的发展会通过拉动玉溪市消费总需求，带动整个区域经济增长和发展水平的提高，从而带来更多的就业岗位，提高地区就业率。与此同时，科研性机构和教育机构的发展，既可以促进科学研究、技术服务业和教育业的发展，也可以促进玉溪科技水平的提高，拉动玉溪市的社会承载力。

四是现代服务业对玉溪市经济承载力的促进作用。现代服务业是在现代信息技术推动下所进行的更为精细的专业分工，不仅涉及新兴服务产业，还包括对传统服务业的改造和升级，有利于提升城市经济竞争力和承载力；从另一方面来看，现代服务业是将企业内部组织从事的服务活动从企业中割离出来的经济行为，具有规模报酬递增的特点以及知识密集型、信息密集型的特征。其增长不仅直接作用于第三产业产值，还有效降低了产品的生产成本和企业的交易成本，有利于创造玉溪市经济系统的内在优势，带动整个城市经济总量的持续增长；此外，现代服务业能够在推动玉溪市第一、第二产业协同发展之际，优化产业结构、提高人力资本和知识资本的专业化程度，促进各产业部门的技术革新与管理创新。

综上所述，现代服务业已经成为现代经济行业中的新兴力量，成为改善城市居民生活环境的主要推动力，成为衡量社会经济发展水平和人民生活质量高低的重要指标。从玉溪市情出发，大力发展现代服务业，是立足玉溪市土地资源匮乏，难以挖掘第一、第二产业发展潜力的现实困境提出的，当前及将来相当长的一段时间内，促进整个城市经济快速、健康发展的战略思维。

二、玉溪市现代服务业的发展定位

玉溪市在发展现代服务业的过程中,要紧紧依托云南省委省政府的政策优势,做到四结合:一是要把现代服务业与玉溪市的发展目标相结合,推动文化旅游和生态文明建设,主动融合到长江经济带及滇中经济圈的发展战略中;二是要把现代服务业与市民的消费需求紧密结合起来,增强电子商务、休闲娱乐、公共管理等需求潜力大的现代服务业,从根本上提高市民的生活水平和质量;三是要把现代服务业与第一、第二产业的发展结合起来,加快通信信息、仓储物流、房地产业的发展,更好地为第一、第二产业的发展做好服务工作;四是要把现代服务业与传统服务业结合起来,提升金融、商贸、教育卫生等现代服务业,以高人力资本含量、高技术含量、高附加值的绝对优势,带动传统服务业创新发展。

(一)承接具有比较优势的现代服务业

玉溪市地处云南省中部,距离省会昆明中心城区96公里,距离呈贡新城76公里,地处滇中经济圈的中心区域,是距离省会最近的一个州市。借助昆曼铁路、泛亚铁路、海外能源通道、亚洲公路网和"1918"国家高速公路网均通过玉溪的契机,将玉溪打造成为中国连接东南亚中转性枢纽的重要物流供应链节点,成为面向东南亚、南亚、滇中南地区的贸易物流中心和现代物流制造基地,这不仅是玉溪现代仓储物流业的发展方向,还为把省会昆明建设成为国际陆港奠定了坚实的基础。此外,玉溪市历来重视道路交通建设,是云南省16个州市中率先实现了市县公路高等级化的州市,现已形成以国道高速公路和铁路为骨架、市县高等级公路为纽带、县乡村公路为依托的四通八达的交通运输网络体系。凭借良好的道路交通,大力发展教育卫生行业,不仅有利于顺利承接昆明在人口和资源上的转移,还有益于复苏近两年处于萎靡状态的房地产业,成为玉溪市经济发展的新增长极。

(二)扶持科技含量较高的现代服务业

从近年产业发展的角度来看,电子商务和通信信息业作为新兴的商务流通方式，规模迅速扩大。但对于云南的企业来说，除烟草企业拥有 2000 多个卫星小站、信息化和网络化遍布全国、VSAT 卫星通信系统全国领先外，其余企业在现代信息技术方面均还处在起步和探索阶段。玉溪市在发展科技含量较高的现代服务业中，必须紧紧围绕"面向南亚东南亚辐射中心"的国家战略建设，加快现代通信技术、互联网与全产业链的深度融合，全面提升电子商务、通信信息产业发展能力，构建统一开放、竞争有序的电子商务及信息服务市场体系，打造"双引擎"，实现"全企入网"和跨境电子商务市场体系构建的"双目标"，让玉溪由市场消费的"终端"转变为中国与东南亚、南亚密切经贸往来的"服务器"，与此同时，加快开放型经济体制构建的步伐，成为面向东南亚、南亚的辐射中心。

（三）发展吸纳劳动力强的现代服务业

从各产业吸纳劳动力来看，第二产业无论是在需求还是在接收能力方面都颇具优势。随着玉溪市经济社会的发展和人民生活水平的不断提高，广大市民对第三产业，特别是对技术含量较高、服务质量较好的社会服务行业的消费需求将不断增加。因此，加快现代商贸、休闲娱乐及公共管理等社会服务是适应玉溪市现阶段以及未来较长时间内经济发展的现实需要，也是提高人民生活质量，以创造更多就业机会缓解就业压力的有效途径。

（四）扩大消费需求增长快的现代服务业

自改革开放以来，在烟草经济的带动和支撑下，玉溪市经济发展势头良好，是云南较为富裕的州市。随着全市经济飞速发展的大环境，人民群众的消费结构也在悄悄转变，从城乡居民逐年下降的恩格尔系数不难发现，广大市民对衣、食等生活必需品的消费正在往住、行等高端奢侈品消费上转移，且对高档住房、轿车、旅游甚至个人闲散资金的投融资需求越来越大。因此，大力发展文化旅游、金融等现代服务业是从满足全市、全省乃至全国人民消费需求出发，保证全市经济稳定增长的重要力量。此外，生态文明建设从短期来看，是支出大于收益的产业，但从长期来看，良好的生态环境必定成为拉动玉溪市文化旅游、招商引资的新动力，为玉溪市的全面发展带来可持续性。与此同时，加大生态文明建设，也为玉溪市积极贯彻党中央要云南率先成为全国生态文明建设排头兵发挥了先锋模范作用。

三、促进玉溪市现代服务业发展的有效途径

现代服务业不仅是衡量一个城市发展水平的重要标志，是区域经济发展的加速器，同时也是城市经济发挥扩散效应的重要条件，是不断满足现代经济社会发展的新需求，其本身所富有的高附加值以及边际效益不递减特征，往往可以增强城市的集聚效应。加快玉溪市现代服务业的发展，不仅能提升传统服务业的升级改造，还能优化现阶段的经济结构，缩短一直以来过度依赖自然资源消耗的粗放型增长方式，减少经济发展对环境的压力，提升城市能级，加快玉溪市向智慧型城市转变的速度。因此，在飞速发展的城镇化进程中，玉溪市迫切需要规划现代服务业的发展重点、明晰现代服务业的发展路径、制定保障现代服务业发展的有效建议，为助推玉溪市现代服务业跨越发展做好准备。

（一）集中优势，培养关联度大的产业

产业关联度是产业与产业之间通过产品的供需而自发形成的互相关联、互相存在的内在联系。广大学者普遍认为，任何行业只要投入生产或生产产品，就会与其他行业产生关联，且通常会与其前向影响、后向影响以及侧向影响的产业形成产业链。一般来说，关联度高的产业往往更能形成产业间的集聚效应，共同发展。现代物流、现代旅游、现代航空服务正是这样一种复合产业，从产业关联度的角度考虑，大力发展这类现代服务业，不仅有利于发展电子商务、快递、信息处理技术等行业，还能助推现代酒店、金融、外贸等行业。

1. 大力发展现代物流业

将现代物流业作为玉溪市现代服务业发展的重点行业，是玉溪市委市政府建立以公共信息交换系统为核心，将供应链管理、仓储管理和业务协同等一系列专业化功能推至现代物流公共信息服务平台，拓宽信息技术在现代物流领域的基础应用领域，推进各类物流信息资源整合利用的重要举措。进一步推进玉溪市现代物流业发展，还需注重"三加快三鼓励"。"三加快"是加快将现代物流产业纳入玉溪产业发展的步伐，编制现代物流产业发展规划、体系规划、园区规划以及设施布局规划等专项规划；加快玉溪现代物流与云南相关区域特

别是昆明物流规划衔接的步伐，有效承接呈贡物流新区的产业转移，形成大区域经济产业共发展的良好经济局面；加快玉溪市申报国家三级物流园区的步伐，以研和综合物流园区、通海农产品物流区等为重点，主动融入滇中城市群区域发展、面向东南亚南亚与国内物流交易、中转、集散和储运服务点的发展战略中。"三鼓励"是鼓励玉溪市现有物流企业率先开辟一条整合、兼并的发展道路，在交通运输、货运代理、多式联运等传统运营模式的带动下，通过兼并、联合等形式进行资产重组，提高产业的市场效应；鼓励玉溪市以外的物流企业、物流供应商或物流经营商以独资、合资、合作等灵活的资本运营形式，与本地企业一同参与到物流园区、物流中心等项目的招投标开发建设中；鼓励已落地的物流企业主动申报政策扶持的重点大型物流项目，并在市委市政府的招商计划中将项目包装推出，在获得优惠政策的同时吸引国内外资金的注入，增强企业活力和竞争力。

2. 着力发展现代旅游业

挖掘优势资源，拓宽生态旅游、文化旅游之路是玉溪顺应"生态立市、产业强市、创新活市、开放兴市"发展战略的必要选择，可以做到"三依托三重视"。"三依托"是依托民族文化，完善文化旅游。玉溪所辖七县两区，其中民族自治县就有三个，共有八个少数民族，是民族资源较为丰富的地州。积极总结新平县成功开发民族文化旅游的成功经验，继续挖掘少数民族集聚县区的民族文化，不断丰富旅游产业，这不仅有助于玉溪市将传统旅游业升级为现代旅游业，还有利于促进当地经济发展和民族同胞脱贫致富；依托高原特色农业，建设特色旅游。一直以来玉溪市第一产业总产值都高于第三产业，且在烟草产业的拉动下，玉溪市农业蓬勃发展，特别是江川、通海的蔬菜，华宁、新平、元江的水果远销国内外，借助市委市政府大力发展高原特色农业的契机，探索产业交融的生态旅游之路，不仅符合城市化进程中广大人民群众舒缓压力、渴望与大自然亲近的市场需求，还能开辟一条有别于传统旅游业的新路；依托自然环境，发展生态旅游。玉溪自然环境优美，山、城、湖神奇秀美的自然风光为生态旅游带来了无限的潜力。紧紧围绕习近平总书记考察云南时的重要讲话精神，结合市情，是玉溪市避免"千村一面"，突出地方特色，以文化生态村吸引游客，引领全市生态旅游蓬勃发展的制胜法宝。"三重视"是重视营销，开拓市场。市场开发是将现代旅游业发展成规模产业的先决条件，进一步推进现代旅游业应从近年来到玉溪市旅游的游客群体出发，立足省会城市和周边州市、拓展省外市场、开发海外市场，利用现代营销组合策略，不断扩大市场覆盖面，在昆玉红旅游文化产业经济带战略的推动下，吸引更多的游客；重视产业交融，加强合作开发力度。自改革开放以来，玉溪市第一、第二产业都强于第三产业，将第一、第二产业与现代旅游融合发展，重视农业生态旅游、工业文化旅游，将最大限度地发挥优势资源，闯出一条以新型旅游形式推动绿色生态经济，加速传统旅游业升级的差别发展之路；重视挖掘特色，可持续发展。没有特色或特色不鲜明的旅游项目开发不具有可持续性发展的潜力，玉溪市在旅游项目开发方面应吸取过去先开发再发展、先开展再拓展的思维模式，率先勾画出发展红线，坚决不越红线，力图在保护原始形态的高原湖泊、绿地森林、植被药材、动植物、民族文化中，从长远利益、长远发展出发，适度开发以自然资源为主的生态旅游。

3. 探索发展航空服务业

由于历史原因和自身发展条件的约束，玉溪在交通运输方面以公路运输为主，较为单一。随着国家共建"一带一路"倡议的推进，玉溪作为距离省会最近的州市，必将成为辐射东南亚、南亚的重要交通枢纽，探索通用航空服务业发展之路迫在眉睫。通用航空同时涵盖第二产业和第三产业，不仅涉及建筑、机械、电子、能源、新材料等制造业，还与信息、金融、保险、商务等现代服务业密切联系，是资本密集型、技术密集型和关联度较高的产业。在玉溪市传统产业趋于饱和之际，市委市政府将视野拓展到通用航空产业，于2015年12月，与昆钢控股有限公司签订通用航空产业发展战略合作协议。此次政企合作，将通用航空作为新兴产业进行培育，对玉溪市产业结构的调整、转型和升级具有跨时代的重要意义。如果说，玉溪市通用航空事业现正处于起步阶段，立足"三率先"，用辩证唯物主义发展变化的眼光来分析，则是玉溪市培育和壮大航空服务业的重要保障。一是率先改善运输观念。玉溪市长久以来已形成公路运输为主的观念，近年来，虽因泛亚铁路的助推，玉磨铁路投入巨资大力修建、昆玉铁路提速扩能改造，改善了玉溪市铁路运输占比较小的窘困局面，但铁路运输的增长仍不明显，现又引进通用航空项目，玉溪市运输条件和环境将进一步得到改善和完善，在铁路运输占比较少的前车之鉴下，玉溪市应积极吸取东部发达地区通用航空发展经验，从政策上率先引导玉溪市货物运输向铁路运输、航空运输分散；二是率先提高市场化程度。通用航空从规划到建设、运用通常是以当地政府和国企为主导，从另一个角度来看，巨大的财政支出和资本投入往往会加重地方政府和国企的资金压力，玉溪市如若在服务业方面率先引进社会资本，鼓励多元化经营，不仅能缓解眼下的资金压力，还能促进服务业在全民参与、全民监督的社会氛围下，不断向知识密集型、人才密集型、资本密集型和技术密集型的现代服务业发展方向靠近，提高整体发展水平和质量；三是率先定位为区域骨干通用机场。玉溪市是云南距离省会昆明最近的州市，在很多方面这是其发展优势，但在通用航空方面却存在劣势，率先将玉溪机场定位为区域骨干机场，加大与东南亚南亚国家、长水、省内其他地州通用机场的合作，在制造业硬件下发展服务业的软实力，会让玉溪机场定位明确，迅速形成集聚效应，填补云南众多机场中率先以发展现代服务业促经济增长的空白，形成新经济增长点。

（二）调整结构，激发第三产业潜力

当前，我国经济机遇与挑战并存，需要遵循生产力导向原则转向创新驱动，向更高级、更精细、更合理的经济形态转变，加快发展第三产业，优化产业结构、加速产业迈向中高端水平，呈可持续性发展趋势。

1. 调整模式，创新发展房地产业

理性发展房地产业，是激发第三产业潜力，促进地方经济稳定发展的催化剂。玉溪市房地产经济的发展需要注入新鲜血液来增加活力，引导玉溪市房地产企业发展房产租赁、商贸服务、社区居民服务、科研和技术服务等现代服务业，提高现有资源的有效利用率，科学合理进行土地规划、城市开发与资源利用；建立多元化的房地产市场体系，完善金融体系，拓宽融资渠道、增加资金流动性，有效规避贷款风险，引导玉溪市房地产经济走向规范化的轨道。

2. 整合资源，合力发展医疗卫生

玉溪市医疗卫生资源总体比较丰富，但伴随城镇化快速发展，以及一直以来的历史原因，玉溪还未能及时调整此类资源的分布，致使中心城区医疗卫生资源短缺，村镇资源荒废。针对玉溪市医疗卫生资源分布不平均的双重矛盾，调整资源分布迫在眉睫。例如，有计划性地组织村镇医生进行定期选调，是调整现有人才结构，满足广大村镇专业技术人才渴望进城发展的双赢办法。将优秀的村镇专业技术人才有序地补充至中心城区，一方面有助于形成村镇医疗人员不断学习、提升自我，形成良性的竞争氛围；另一方面为现在比较集中的医

疗卫生资源在中心城区人口集聚地或重要社区设立分院，不断补充专业技术人才，有益于缓解"看病难、就医难"的现实问题，并以改善广大群众的就医环境为宗旨，提高现代服务业的发展水平和质量。

（三）打造品牌，增强行业核心竞争力

经济全球化时代，服务业迅猛发展，面对经营环境的复杂性和不稳定性，实现服务规范化、提升服务行业核心竞争力已成为推动服务业向更高水平发展的关键环节，这就要求地方政府要明确自身的竞争优势、开拓创新，着力产业战略和行业竞争的战略问题。行业核心竞争力与企业核心竞争力在表现形式上较为相似，主要彰显在规模优势、成本优势、技术优势、经营管理优势等方面，其中品牌优势最具代表性。玉溪市现代服务业在发展过程中，应准确把握市场需求，开发有效资源，发展示范性和辐射强的现代服务业，在空间布局上形成若干具有发展优势的现代服务业聚集区，形成品牌合力。

1. 重塑现代教育新品牌

总体来看，玉溪市基础教育资源较为丰富，职业教育及高等教育资源稍显逊色。玉溪市职业教育应积极响应党中央的号召，及早调整办学思路，整合和优化现有教育资源，以培养适应现代服务业发展的知识型、技术型、应用型专业技能人才为己任，率先在全省形成现代职业教育新品牌。例如，建立以政府为主导、企业为主体、院校和中介机构为依托的科研与科技创新体系，是加速科技成果转化到现实生产的有效做法，是树立产、学、研有机结合在一起的新典范新旗帜。因此，加强基础教育、深化职业教育、提升高等教育是玉溪市现在及未来一段时间内的教育导向，对以科技创新推动经济发展具有现实意义。

2. 打造养老服务新品牌

养老模式正在由传统的家庭养老向机构养老、社区养老发展，与养老相关的医疗、卫生等服务业必将成为现代服务业的新兴产业。玉溪市应及早转变发展观念，深化医疗卫生体制改革，合理利用现有资源，探索民营医疗机构与社区养老联合发展的新型产业之路，特别是率先选取硬件环境较好的养老服务机构作为示范点，把医疗卫生服务的升级和新型养老模式的探索放在深化养老服务的首要位置，优先在全省乃至全国范围内发展起一批具有特色、具有实力、具有可持续性发展的公共服务品牌。

3. 开拓信息技术新品牌

近年来，玉溪市借助与知名互联网企业的合作平台，将"宽带乡村""信息惠民""信息消费""电子商务进农村"等信息技术产业作为新兴服务业发展得如火如荼。玉溪市应紧抓发展契机、因势利导，继续以通信信息基础设施建设为重点，加速多媒体通信、数字移动通信及数据建设等骨干网络的发展。大力推进信息咨询业社会化、产业化，尽早发展和成长一批具有专业优势、技术优势、规模优势、前景优势的精品企业，并在当地、全省乃至全国具有一定的影响力。助推玉溪市现代信息技术在生产、生活中的应用步伐，增加现代服务业的含金量，塑造现代服务业的知名品牌。

（四）加大扶持，引进高精尖专业人才

现代服务业是运用现代科学新技术、新业态和新服务方式创造需求、引导消费的生产服务业，同时也是优化和改造传统服务业，向社会提供高附加值、高层次、高质量的生活服务业，是发展"以人为本"的产业，加快现代服务业发展速度，提升现代服务业服务质量，核心还在于以政府为主导扶持现代服务业，加大引进相关专业高精尖人才的力度。

1. 发挥政府主导，加大扶持力度

扶持现代服务业发展，各级党委、政府需统一思想、形成共识，给予玉溪市处于萌芽期的现代服务产业一定程度的政策支持，从外部环境方面塑造良好的发展势头。例如，对辖区内以高技术服务为主的企业、自主研发成果卓越的企业、积极引进高新技术设备的企业，以上一年对地方财政贡献额为基数，超基数部分按一定比例给予奖励；对辖区内新设立或新引进的金融机构总部、辖区内新入驻的中介机构在享受市政府一次性奖励政策的基础上，再按照注册资本给予一次性奖励；对于辖区内新引进并经认定的国际知名品牌省级以上直营商或代理商、新办旅行社、新引进软件与服务外包企业和培训机构以及新建并认定的产品交易平台、公共技术服务平台、融资担保平台，给予一次性奖励，并自纳税年度起比照当地财政贡献率，逐年递减税收给予政策扶持；鼓励在辖区内举办市级、省级重点展览会，并提取一定比例的实际场租费用给举办企业或机构作为宣传推广之用，特别是对获得国际展览业协会（UFI）等国际展览机构认证的品牌展会，直接给予一次性资助用以拓展业务。

2. 运用市场机制，引进专业人才

引进现代服务业高精尖专业人才，需要自上而下达成统一共识。首先，结合玉溪市人才队伍建设中长期规划纲要，将现代服务业各行业的人才引进和培养纳入计划，引导各行业主管部门及早制定行业内具体的人才强市、人才兴业方案；其次，从财政预算、社会组织、行业协会、企业等多方面拓宽人才经费投入渠道，并设立玉溪市现代服务业发展专项资金，确保现代服务业发展资金的稳定和增长；再次，坚持以市场为导向，依托重点骨干企业、重点职业院校，对重点产业、重要领域的专业技术人才进行订单式培养；通过搭建媒体市场、网上市场、猎头服务、远程面试等综合性服务平台，有效地寻找急需紧缺的专业人才，完善现代服务业人才市场体系建设；最后，进一步开展全市现代服务业人才大调查，编制现代服务产业人才需求目录、建设专业人才数据库，努力创造尊重知识、鼓励创新的工作环境，相互信任、和谐融洽的人际环境，重视知识产权、保护商业秘密的法治环境和敢于尝试、宽容失败的用人环境，把"引得进人，留得住人"落到实处。

（五）创新发展，提高招商引资的有效性

加快玉溪市现代服务业发展速度、提升发展水平，除立足自身资源优势外，还需紧抓现代服务业省会城市转移和国际转移的机遇，一手把招商引资作为牵引，分行业制定和承接现代服务业；一手调整招商引资主攻方向和策略，注重提升现代服务业的规模、结构和质量，进一步扩大发展领域。

玉溪市历年来第一、第二产业发展态势较好，第三产业虽在近年增长幅度持续提升，但仍与发达地区、发达国家具有较大差距，这也给现代服务业的创新发展指明了方向，这需要实现三个突破：一要紧紧围绕制造业基地建设，实现生产服务业招商引资的新突破。例如，引进与玉溪市外经外贸相关的国内外金融保险项目，探索区域性金融中心建设；引进外资发展中外合资的信托、证券、投资等机构，提高市内各类企业的融资服务和信用支持；引进国（境）外商务中介到玉溪市设立代表处，提供相关服务，促进经济发展；引进国外智能化运输组织和物流仓储管理平台等信息化管理技术，进一步推动运输电子商务系统的成长和发展；二要紧紧围绕完善商业服务门类，实现生活服务业招商引资的新突破。例如，在中心城区新建CBD商业区，引进国际一流商业品牌、服

务品牌、商品品牌、24小时便利店、生鲜品超市等新型商业业态丰富经营市场；引进世界风情的酒吧、茶吧、咖啡馆、啤酒屋等休闲服务项目，在CBD商业区形成集聚效应；引进外资发展健身美容、洗染保洁、家政服务、邮购快递、电话购物、网络购物等居民生活服务业，提升行业服务层次；通过独资、合资、合作等方式，引进国（境）外知名文化娱乐机构，提升文化娱乐业的品质；三要紧紧围绕玉溪市特色经济建设，实现新兴服务业招商引资的新突破。引进外资展览服务机构，在玉溪市举办各类国际博览会、展览会，带动商贸、设计、装饰、广告、交通、通信、物流等相关服务业发展；引进跨国公司或具有区域性总部功能的机构，促进人流、物流、资金流、信息流在市内迅速聚集，带动相关产业良性发展；引进外资投资开发潜力大、辐射力强、附加值高的旅游大项目，进一步推动玉溪市旅游经济跨越式发展。

第三节 玉溪市工业高质量发展研究

工业是国民经济的主体，振作工业经济运行是经济稳增长的有力支撑，是实现高质量发展的前提。玉溪自2021年6月省委省政府现场办公会后，在全省率先成立制造业全产业链专班，将"大抓产业 主抓工业 狠抓制造业"的发展思路落到实处，力求为全省乃至西部地区的工业发展提供可遵循范本。

运用对比分析的方法，根据2021年的全国GDP排名情况，选取了云南（18位）要赶超的辽宁（17位）、重庆（16位）、江西（15位）和陕西（14位）四个目标省市以及在区位上与云南临近的四川、广西和贵州三省，作为分析玉溪市工业专业化水平的比较对象；在西南地区选取经济总量和玉溪大致相同的达州市（2357.1亿元）、桂林市（2311.6亿元）和毕节市（2181.48亿元）以及滇中其他州市，作为分析玉溪工业集聚情况的比较对象；在省内选取滇中其他州市，作为分析玉溪工业对经济增长的敏感性和所处工业化进程的比较对象。

一、玉溪工业发展的现实基础分析

(一) 玉溪工业发展的总体水平

1. 专业化水平

从选取对象的区位熵来看（当区位熵的值大于1时，说明所测度的区域内的工业在区域的专业化水平比较高，在区域内有着明显的比较优势），2017—2021年玉溪的工业专业化水平远高于云南省的平均水平；略高于四川、重庆、广西和贵州这四个邻近省市；与陕西、江西和辽宁这三个工业大省基本持平。可见，玉溪工业的专业化优势较为显著。

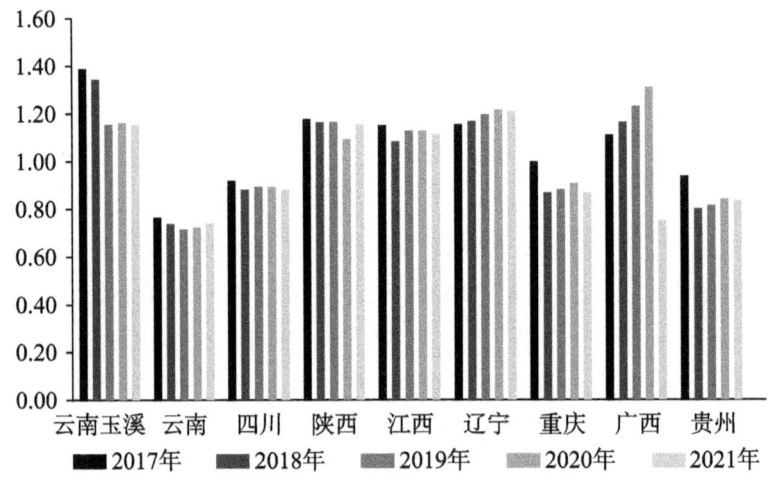

图10-1　2017—2021年各省市区位熵测算结果

资料来源：根据各省市2017—2021年统计公报整理所得。

2. 空间分布状况

从选取对象的空间基尼系数来看（空间基尼系数的取值区间为0至1，其值越小，即越接近于0，则表明测算区域内目标产业的集聚水平越低，相应地，所测度的产业在目标区域内的空间分布就越均衡），2017—2021年玉溪工业的集聚程度略高于达州市、桂林市和毕节市，但从滇中城市来看，虽高于曲靖、红河和楚雄，却远低于昆明市。这表明，玉溪市的工业集聚程度虽高于比较对象，空间分布较均衡，但与全国工业强省强市相比并不具备优势。

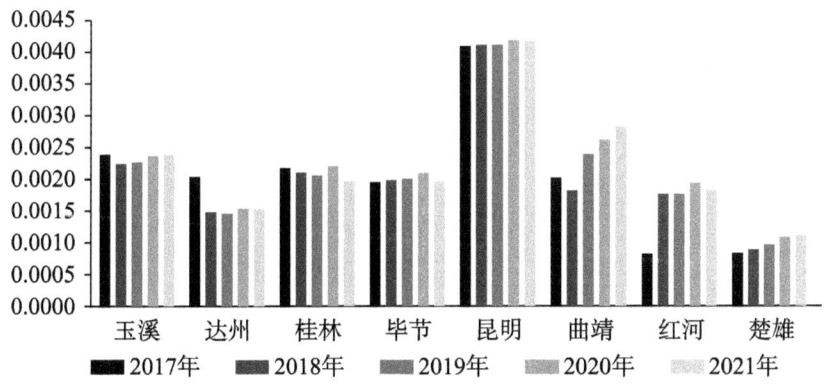

图10-2 2017—2021年各市州空间基尼系数测算结果

资料来源：根据各州市2017—2021年统计公报整理所得。

（二）玉溪工业发展的协调性

为分析玉溪市工业增长率与经济增长率、固投增长率的相关性，引入弹性的概念，以工业增加值增长率为因变量，固投的增长率和GDP增长率为自变量，分别测算工业增长率变动对固投变动的敏感度、对GDP增长的拉动性。测量结果大于0，但越接近于0，表明工业增加值的变动对固投或GDP的变动越不敏感，即固投或GDP的变动对工业增加值的影响作用越小；反之，测量结果越大，表明工业增加值的变动对固投或GDP的变动越敏感，即固投或GDP的变动对工业增加值的影响作用越大。

1. 固投与工业增长的同步性

从2021年和2022年第一季度的对比数据来看，玉溪市工业增加值的变动对于固投增长率的变动的敏感程度有所提升，虽低于昆明，但远高于曲靖，略高于红河，与楚雄相持平。这表明，玉溪市固投的增长能够对工业的增长起到带动效用，但这一带动效用的优势尚不突出。

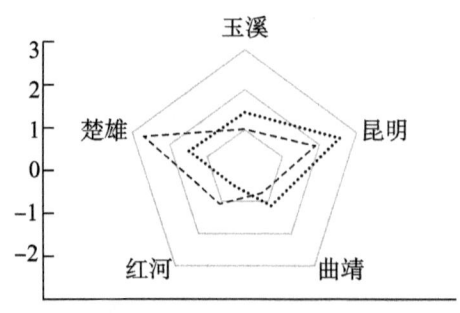

------ 2021年一季度　　........ 2022年一季度

图10-3　2021年一季度、2022年一季度滇中各州市工业增长与固投增长的比率

资料来源：根据滇中各州市2021年一季度、2022年一季度公布的相关数据整理所得。

2. 工业增长与经济增长的同步性

从2021年和2022年一季度的对比数据来看，2022年一季度，除昆明外，滇中其他州市工业增加值增长率的变动对GDP增长率变动的敏感程度均大幅提升。这表明，经济保持增长的情况下，工业增长对经济增长的拉动作用有所提升，但玉溪市在这一方面的优势并不显著。与滇中其他州市相比，玉溪市工业增长对经济增长的拉动作用，虽远大于昆明，但略低于曲靖、红河和楚雄。

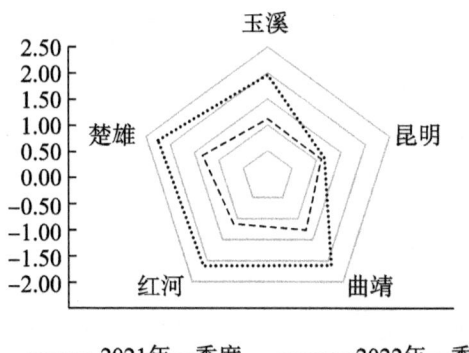

------ 2021年一季度　　........ 2022年一季度

图10-4　2021年一季度、2022年一季度滇中各州市工业增长与经济增长的比率

资料来源：根据滇中各州市2021年一季度、2022年一季度公布的相关数据整理所得。

（三）玉溪工业发展所处的阶段

美国经济学家钱纳里通过对经济增长和产业结构的演变，以及产业结构演变与城市化间的关系进行深入研究，利用第二次世界大战后发展中国家，特别是其中的9个准工业化国家（地区）1960—1980年间的历史资料，建立了多国模型，提出了标准产业结构。按照不发达经济到成熟工业经济整个变化过程将工业化进程划分了不同的阶段，并提出工业化水平向更高一个阶段的跃进都是通过产业结构转化来推动的。

为衡量玉溪目前所处的工业化阶段，本书借用钱纳里的工业阶段化理论，选取了人均经济总量（按照1970年美元标准进行计量）、产业结构和常住人口城镇化率对玉溪市工业发展阶段进行测算。

表10-1 钱纳里工业化阶段标准

工业化衡量指标	初级阶段	中级阶段	高级阶段
人均经济总量（美元）	280~560	560~1120	1120~2100
产业结构	二产比重超过一产	一产比重低于20%，二产比重超过三产	一产比重低于10%，二产比重达到最高水平
常住人口城镇化率	20%以下	50%	70%以上

资料来源：根据相关研究文献整理所得。

1. 玉溪所处工业化进程

从城镇化率来看，玉溪市2017年已达到工业化中级阶段；从人均经济总量和产业结构两项指标来看，玉溪市在"十二五"期间已经进入了高级阶段，但在"十三五"时期，工业化水平出现了倒退。具体从产业结构分析，玉溪市虽不满足中级阶段的特征，但这一倒退趋势近年来得到有效遏制，并重新向工业化中级阶段迈进。

表10-2 2017—2021年玉溪市工业化演进过程测算结果

年份\指标	人均经济总量（美元）	产业结构（%）一产	产业结构（%）二产	产业结构（%）三产	常住人口城镇化率（%）
2012	1203.99	8.70	56.30	35.00	42.90

续表

指标年份	人均经济总量（美元）	产业结构（%） 一产	产业结构（%） 二产	产业结构（%） 三产	常住人口城镇化率（%）
2013	1340.84	9.20	54.10	36.70	44.10
2014	1489.40	9.20	53.50	37.30	45.10
2015	1575.72	9.00	50.90	40.10	46.95
2016	1574.57	9.20	50.50	40.30	48.91
2017	1686.88	8.60	47.20	44.20	50.80
2018	2018.24	8.30	45.00	46.70	51.88
2019	2063.25	9.10	44.00	46.90	52.98
2020	2146.34	10.10	42.00	47.90	53.82
2021	2633.78	10.10	43.50	46.40	55.32

资料来源：根据玉溪市2017—2021年统计公报整理所得。

2. 滇中各州市工业化进程

从2022年一季度滇中地区的产业结构来看，仅有楚雄呈现出了工业化高级阶段的特征，这也倒逼玉溪市要加快工业化进程速度。

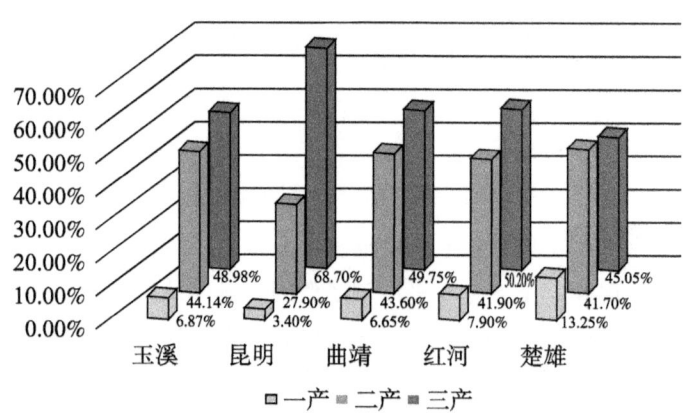

图10-5　2022年第一季度滇中各州市产业结构

资料来源：根据滇中各州市2022年第一季度统计报告整理所得。

综上所述，玉溪市工业专业化水平较高、空间布局较均衡，具有良好的工业发展基础，但近年来随着滇中其他州市不断调整产业布局，楚雄工业发展的潜力已凸显，并呈现出赶超态势。这就要求玉溪市在未来的发展中，发挥好先天优势，持续提升工业专业化水平，推动固投稳步增长，着力打通全产业链的堵点卡点，激发市场主体活力，加快产业集聚。特别是在打造滇中经济增长极中，把握好各产业发展的窗口期，挖掘市场需求潜力，培育更多的经济增长点，推动工业高质量发展。

二、玉溪市狠抓制造业的主要经验及问题反思

（一）主要经验

1. 增强遵循意识，加快建设现代产业体系

一是把习近平新时代中国特色社会主义思想作为根本遵循。玉溪市立足由工业化初期向中期过渡、由工业大市向工业强市迈进的基本市情，明确工业化的主攻方向和重点任务，构建了以制造业为主的现代产业体系。二是把云南省委省政府玉溪现场办公会精神作为工作遵循。云南省委省政府玉溪现场办公会要求玉溪市扭转"十三五"时期工业发展的低迷态势，努力建设"一极两区"。玉溪市主动服务和融入新发展格局，着眼于提升聚集力和畅通度，以制造业全产业链发展为支撑，确保到2025年工业增加值总量规模在全省排名"保三争二"，让"一极两区"有名有实。

2. 运用战略思维，绘就制造业发展新蓝图

一是立足全局谋篇布局。善谋全局才能谋好一域，运用全局观和整体观，玉溪市构建了十大产业多点发力、"千亿级"和"百亿级"互为补充、"传统产业+新型产业"两轮驱动的制造业发展新格局。二是突出局部链式发展。局部功能的实现是整体作用发挥的前提，玉溪市坚持做优局部带动整体，重点打造基础好、空间大的10个制造业全产业链，按照"五个一"工作模式，落实"九个一"工作要求，解决各个产业链"上中下""左中右"相关配套企业和项目的难堵点问题，以单个产业的链式发展积聚整体发展势能。三是着眼长远提升预见。把握产业发展规律，明确产业发展预期，综合分析产业基础、国家政策、经济形势等多重因素，战略性超前谋划制造业全产业链发展，一批重点项目相继落地，一批重点产业发展迎来机遇期和窗口期。

3. 坚持问题导向，破解制约发展的瓶颈障碍

一是破解新旧动能转换不畅的问题。实施创新驱动发展战略，加大技术研发和成果转化力度，重塑传统制造业新优势，推动新型制造业全产业链发展，以制造业迭代升级助力工业转型升级，实现经济由单点支撑向多点支撑跨越。二是破解营商环境不优的问题。以服务企业和产业为中心，实施问题投诉—处置—反馈闭环管理，加大对重大招商项目的协调服务力度，着力解决行政审批难、项目落地难等突出问题。三是破解体制机制不顺的问题。针对过去由工信一个部门主抓工业带来的力量不强等问题，推动有效市场和有为政府更好结合，从制度供给层面发力，由单一的"兵团作战"转为专班的"纵队作战、链式发展"，形成狠抓制造业的强大合力。

4. 把握历史主动，探索符合实际的发展路径

一是总结运用产业发展的经验。以全产业链专班机制持续深化"玉溪之变"，助力工业发展重振雄风。二是充分释放产业发展的潜力。用好用活玉溪市在资源、区位、政策等方面的比较优势，科学制定实施方案，10个专班均明确了"1套图谱"+"N张清单"的总体发展思路。以全省生物医药高地、数字产业新标杆、绿色钢城等品牌为依托，建链补链强链延链工作取得长足进步。三是精准做好招商引资工作。聚焦全产业链发展短板和缺失环节，紧盯头部企业、链主企业精准招商，一批行业领军或"隐形冠军"企业实现签约，以商招商、集群发展的态势正在形成。落实高层次人才引进培养支持计划，推动人才链与产业链深度融合。

5. 深化"两场革命"，锻造高效有为的工业干部

一是深入推进作风革命。发扬"严真细实快"的工作作风，践行"一线工作法"，开展"靶向式"调研，当好企业和市场主体的"店小二"和"服务员"。把专班作为锻造干部和人才的舞台，构建"师带徒""老带新"梯队，传承弘扬玉溪市的工业传统和优良作风，在实践中提升队伍的专业水平和综合能力，聚焦发展夯实工业强市的干部基础。二是深入推进效能革命。践行"项目工作法"，落实目标管理和考核机制，对重点项目倒排工期、倒逼进度，实施"一企一策"，全过程做好跟踪问效。践行"典型引路法"，既学习借鉴省内外先进的工作经验，又在专班之间开展交流学习，营造示范带动、比学赶超的氛围。树立鲜明的用人导向，在重大项目推进和急难险重工作中考察和培养

工业干部。

6. 加强党的领导，以党建引领促发展

一是加强玉溪市委对经济工作的领导。把专班机制作为经济工作的重要抓手，明确组织架构、运作模式和保障机制，高位推动专班顺利运行。建立周会、月会、季会、年会制度，定期向市委市政府汇报工作开展情况，成立由市委市政府主要领导任组长的要素保障工作组，强化全过程要素保障。二是加强党的建设工作。成立制造业全产业链专班党委，下设 10 个产业链专班党支部。推动专班党建工作规范化开展，发挥专班党支部优势，坚持党建与业务有机融合，在为企业纾困解难中发挥党组织的战斗堡垒作用和党员的先锋模范作用。

（二）问题反思

1. 全产业链融合发展相对滞后

全产业链融合发展的基础薄弱，部分产业"链主"不强，缺乏龙头企业带动引领，中小微企业发展缓慢，上、中、下游企业缺乏抱团发展意识，没有形成相互补台、搭台的格局，集群发展效应不明显。尤其是新冠疫情影响企业市场预期，加剧精准招商的难度，全产业链所需要的重要环节缺失，产品高关联、产业高链接仍是短板，实施方案和产业图谱、清单亟待完善。受市场规律和行业特点的影响，产业链发展不均衡，产业链横向互动、互为支撑不足。

在现代产业分工日益细化和专业化的背景下，必须用联系的观点看问题，加强企业间、行业间的分工协作，推动系统整体优化。

2. 项目要素保障存在不足

土地要素保障方面，能够提供的"熟地"面积不足且分散，已达成投资意向的项目无法如期落地或按期开工建设，有发展潜力的企业难以进一步扩大产能。在审批服务保障方面，仍然存在审批部门多、审批环节多、办理时限长等问题。在营商环境保障方面，招商引资政策的优势不突出，各类扶持资金、奖补资金和退税未及时兑现，影响企业市场信心，产业发展后劲不足。

这些问题体现的是项目自身发展需求与地方要素供给之间的对立统一关系，在全产业链发展过程中，要善于运用矛盾分析方法，既突出"重点"又兼顾"两点"，创造条件、精准施策，在解决矛盾中推动发展。

3. 专班机制潜力发挥不够

在纵向管理上，部分专班的组织调度能力不强，协调服务机制、招商引资机制和产业推进机制还不完善，缺乏围绕项目抓统筹的意识，与县（市区）、园区、市直部门的对接不顺畅，在重点项目推进中力量分散，以创新引领发展方式变革的成效不明显。在横向沟通上，专班与职能部门责任交叉、信息不对等，横向合作、协同作战能力不强，专班的工作派单、事项交办等用权机制需进一步完善，专班党委领导下以党的组织建设为支撑的专班联动机制不健全。

量变产生质变，只有通过不断完善专班工作机制，推动相关要素在排列次序上发生变化（量变），才能产生"纵向贯通、横向协同、整体联动"的工作合力（质变）。

4. 专班专业素养有待提升

主动出击、抢抓机遇的意识不强，精准招商、全程服务的能力不足，集思广益、高效联动的机制落实不力，与企业亟须的专业化、精准化、高效化的服务需求不相适应，"专班不专"的问题一定程度存在，专班之间发展不平衡问题突出。部分专班工作人员对产业知识学习不全面、不深入，对产业政策不熟悉，对专班的职能职责认识不准确，创造性解决问题的思路不开阔，工作的专注度不高，深入调查研究不实，倾向于只从客观方面找原因，不敢正视不足、自我革命。

提升专班整体专业素养需要久久为功，只有在实践—认识—实践的循环往复中，才能锻造一支懂业务、善交流、重实效、爱企业的专业队伍。

三、玉溪加快工业高质量发展的对策建议

全球产业链的分工格局、运行逻辑、范式规则、竞争战略正在发生深刻变革，玉溪只有倡导"链式思维"，做足"链上文章"，精准"链上发力"，才能锻造产业竞争新优势，确保经济高质量发展。

（一）以提升价值链为核心，实现创新突破

1. 加快建设先进制造业体系

突出科技赋能，聚焦自主可控、安全高效，制订实施"产业强链"三年行

动计划和"卓越产业链竞赛",聚力推进核心技术自主化、产业基础高级化、产业链现代化。

2. 运用优载体提升创新能力

加强创新体系建设的整体布局,整合产业链上中下游、科研机构、高校等创新资源,采取市场化运作模式,选择和组建一批以产业化需求为导向、应用创新为主的制造业创新中心等新型研发载体,强化全行业共性技术供给,构建高质量的产业创新生态系统。

3. 创新全产业链协同模式

优化产业链运行模式、提升产业链治理能力,强化产业链上下协同、内外协同、要素协同,实现全产业链一体化发展,打造几条市场标识度强、附加值高、竞争性强的明星产业链。

(二) 以推动企业链为重点,主动协调作为

1. 加快完善产业链"链长制"

坚持项目要做大总量,改造提升做优存量,精准招商做多增量。全力推进市场主体倍增,加强"链主"企业培育和产业集群培育,每条全产业链增至2~3名"链主"企业或打造2~3个重点产业集群。

2. 着力培育专精特新企业

以世界"隐形冠军"企业为标杆,行业头部企业为突破重点,实施"百企升级"和创新型企业培育行动计划,建立专精特新"小巨人"企业培育库,引导和支持企业专注领域攻关。建立全产业链风险监测预警体系,通过理性预判,对发展较快的产业实施"项目大会战",高质量高效率推进项目建设;对发展较慢的产业实施转型升级改造诊断,制订"一链一策"的精准改造方案。

3. 打通优化营商环境"最后一公里"

探索建立营商环境观察员制度,从社会各界人士中聘请观察员,收集并及时反映市场主体和群众对营商环境的意见,通过绿色通道及时上报、履职监督和建言献策。

(三) 以畅通供需链为抓手，凸显"绿色"优势

1. 优化全产业链系统布局

立足区位优势，着眼市场和集散地培养，以生态资源为中心来推动绿色产业化，在"资源—加工—产品—资源"的循环模式中，让生产、分配、流通、消费各环节更加畅通，尽快形成与资源环境承载容量相匹配、与生产生活生态相协调的"绿色"全产业链发展格局，以高质量供给创造和引领需求。

2. 加快供应链绿色转型升级

多维布局供应链，有效降低企业经营成本和交易成本，提高各环节的协同效益，破解发展中的"堵点""卡点"；打通生产和消费的环节，促进供需匹配、优化配置，联合供应链上下游，提高效率、改善效益，推进生产绿色转型升级；引导企业通过数字化、智能化技术打造绿色供应链体系，推动产业链上中下游企业共同助力供应链数字化转型升级。

3. 强化优质高效服务体系建设

建立互信制度，构建供需信息对接机制，加强全链条的信息整合，完善生产、加工、仓储等信息的公开共享机制；探索专班内"联合作战"模式，每季度至少举办 2 次产供销对接活动，协力打造统一高效的优质服务体系。

（四）以谋划空间链为导向，把握"开放"机遇

1. 紧抓建设"全国统一大市场"的机遇

在强化制度规则、保障公平监管、推进设施联通、规范不当竞争行为等方面共同发力，妥善处理好统一市场下的产业链利益协调问题，提高内外资政策供给的平衡性，挖掘市场主体在资源配置领域的深度和广度。例如，当前经济预期不确定性增加，新能源电池全产业链应紧抓 3~4 年的窗口期，打通生产堵点同时提前谋划、布局锂电池回收项目，畅通物流、人流、资金流及信息流，降低制度性交易成本。

2. 紧抓云南"一中心"建设的发展机遇

立足节点区位优势，在"长江经济带""中老铁路"等机遇中抢抓政策红利，积极引进国内外知名的全产业链企业入驻玉溪，繁荣铁路经济。特别是加

快"中老铁路"沿线产业布局的精准宣推，为以玉溪为发展起点"走出去"或"引进来"的企业在制度创新、产业促进、环境优化、项目落地上全过程把关、全流程协商、全方位保障，加快形成以10个全产业链为代表的工业开放新格局，打造具有区域影响力的产业创新高地。

3. 主动融入"滇中崛起"的空间布局

在滇中城市群一体化中错位竞争、抱团快跑，提升产业高质量发展，特别是将园区作为产业集聚、集群发展的主阵地，实施"亩产论英雄"，探索"飞地园区"促"飞地经济"，着力在交通、产业、生态环境、公共服务等领域协同发展。

（五）以完善要素链为保障，重塑产业生态链共享

1. 构建"工业生态联盟"

深耕市场，搭建全产业链共享平台，采集拟发展上中下游企业的目标数据、签约数据、履约数据、落地数据等信息，做到线上即时更新、线下整合协调，实现技术、资源、渠道、人才联合互通；探索建立一体化利益分配机制，推进项目协同向一体化制度创新建设的转变，以便捷、透明、高效的"一站式"速度，重塑产业生态链共享。

2. 紧密协作高效联动

加强各产业链牵头部门的统筹协调，尤其在专班建立权责统一的双轨制，即及时上报清单问题制度和及时追踪反馈制度，针对企业反映强烈的土地、政策和优质公共服务供给等问题，开展"一企一策""一事一议"的破难攻坚行动，明确密切联系企业和针对企业堵点痛点清单式挂牌督办的双责任。

3. 涵养卓越工业文化

弘扬优秀企业家追求卓越的精神，讲好"玉溪制造"故事，把企业家这一重要而特殊的无形生产要素转化为推动高质量发展的新动能；弘扬劳模精神和工匠精神，营造劳动光荣的社会风尚和精益求精的敬业风气，将制造业全产业链专班的经验延伸到其他领域，为推动工业倍增助势赋能。

参考文献

[1] 李梦洁．丝绸之路经济带建设中新疆外向型产业集群发展研究［D］．石河子大学，2018．

[2] 王锐．吉林省产业结构变动对区域经济增长影响研究［D］．吉林大学，2017．

[3] 汤姚楠．东北振兴中的辽中南城市群区域产业结构优化升级研究［D］．东北财经大学，2017．

[4] 张楠．京津冀协同发展下产业转移研究［D］．吉林大学，2017．

[5] 董姝娜．发展扩散与区域经济一体化研究［D］．东北师范大学，2016．

[6] 敬雅．京津冀区域产业协同发展研究［D］．首都经济贸易大学，2016．

[7] 连季婷．京津冀协同发展中的河北省经济策略研究［D］．东北财经大学，2015．

[8] 李晓欣．京津冀区域产业一体化发展的统计研究［D］．天津财经大学，2015．

[9] 王红缨．新疆广告产业发展研究［D］．武汉大学，2015．

[10] 党苗．区域优势产业集群的选择及发展研究［D］．西安建筑科技大学，2015．

[11] 杨雪峰．湖南县域经济组团式发展研究［D］．湖南农业大学，2014．

[12] 叶敏弦．县域绿色经济差异化发展研究［D］．福建师范大学，2014．

[13] 张燕华．基于产业视角的区域经济协调发展研究［D］．武汉大学，2014．

[14] 赵宏波．吉林省中部地区经济差异与协调发展研究［D］．中国科学院研究生院（东北地理与农业生态研究所），2014．

[15] 杨坚．山东海洋产业转型升级研究［D］．兰州大学，2013．

[16] 汪存华．新疆产业分工与南北疆区域协调发展研究［D］．石河子大学，2013．

[17] 刘书明．基于区域经济协调发展的关中—天水经济区政府合作机制研究

[D]．兰州大学，2013．

[18] 刘传岩．西部地区开放型经济发展研究［D］．中共中央党校，2013．

[19] 李祥刘．新时期新疆区域经济协调发展及策略分析［D］．新疆师范大学，2012．

[20] 韩笑妍．内蒙古与环渤海经济圈产业对接发展研究［D］．中央民族大学，2012．

[21] 冯文．京津冀体育产业合作发展研究［D］．首都体育学院，2012．

[22] 陈林会．区域体育产业增长极培育研究［D］．南京师范大学，2012．

[23] 陈凯．辽宁沿海经济带发展研究［D］．东北财经大学，2011．

[24] 王艳．我国区域优势体育产业选择与培育发展研究［D］．上海体育学院，2011．

[25] 苏娜．高技术产业与区域经济协调发展研究［D］．天津大学，2010．

[26] 徐合雷．基于边疆稳定的新疆区域经济协调发展研究［D］．石河子大学，2010．

[27] 徐境．呼包鄂区域一体化发展模式及空间规划策略研究［D］．西安建筑科技大学，2010．

[28] 李宝玉．环渤海现代农业区域比较研究［D］．北京林业大学，2010．

[29] 徐子青．区域经济联动发展研究［D］．福建师范大学，2010．

[30] 夏楠楠．我国中部地区优势产业评价研究［D］．合肥工业大学，2010．

[31] 阚珂嘉．基于特色产业集群的区域经济发展研究［D］．重庆大学，2009．

[32] 李恩东．贵州矿产资源产业集群与区域经济发展研究［D］．中国地质大学（北京），2009．

[33] 王崇光．传统特色优势产业与区域经济发展研究［D］．兰州大学，2009．

[34] 吴健鹏．广东省海洋产业发展的结构分析与策略探讨［D］．暨南大学，2008．

[35] 赖应辉．发达省份欠发达地区经济可持续发展研究［D］．福建农林大学，2008．

[36] 郭婷．西藏牧区优势产业发展研究［D］．西北民族大学，2008．

[37] 张建伦．新疆生产建设兵团工业优势产业发展研究［D］．石河子大

学，2007.

[38] 罗仲平. 西部地区县域经济增长点研究 [D]. 四川大学, 2006.

[39] 邢志广. 中国县域经济发展模式研究 [D]. 哈尔滨工程大学, 2006.

[40] 张彤. 论流域经济发展 [D]. 四川大学, 2006.

[41] 曾武佳. 现代会展与区域经济发展 [D]. 四川大学, 2006.

[42] 魏晓锋. 江苏省区域共同发展战略研究 [D]. 河海大学, 2006.

[43] 肖森. 区域产业竞争力生成机制研究 [D]. 复旦大学, 2005.

[44] 付学坤. 农业产业化经营与县域经济发展研究 [D]. 四川大学, 2005.

[45] 王雷. 产业集群与区域经济发展 [D]. 四川大学, 2005.

[46] 张震龙. "两湖"平原经济一体化发展战略研究 [D]. 华中科技大学, 2005.

[47] 李晓珍. 河北省区域经济差异分析及协调发展研究 [D]. 河北工业大学, 2005.

[48] 龚勤林. 区域产业链研究 [D]. 四川大学, 2004.

[49] 谢立新. 区域产业竞争力论——以泉州、温州、苏州三个地级市为例 [D]. 福建师范大学, 2003.

[50] 黄勤. 论区域主导产业 [D]. 四川大学, 2002.

[51] 彭白丽. 城市群产业协调发展研究 [D]. 集美大学, 2018.

[52] 邓永波. 京津冀产业集聚与区域经济协调发展研究 [D]. 中共中央党校, 2017.

[53] 马丽. 要素聚集、产业聚集和园区经济发展研究 [D]. 西北大学, 2016.

[54] 杨友宝. 东北地区旅游地域系统演化的空间效应研究 [D]. 东北师范大学, 2016.

[55] 任萃颖. 吉林省县域经济转型发展研究 [D]. 东北师范大学, 2016.

[56] 刘刚. "一带一路"倡议下中国西部对外开放路径选择 [D]. 对外经济贸易大学, 2016.

[57] 拓星星. 基于比较优势理论的固原市优势产业选择与发展研究 [D]. 宁夏大学, 2016.

[58] 徐波. 我国高技术产业与区域经济互动关系研究 [D]. 中央财经大学, 2016.

[59] 王欣亮．比较优势、产业转移与区域经济协调发展研究［D］．西北大学，2015．

[60] 梅冬辰．面向哈萨克斯坦的新疆优势产业选择与发展研究［D］．新疆财经大学，2015．

[61] 彭娅．"一带一路"倡议下西双版纳州优势产业发展研究［D］．云南大学，2015．

[62] 李小然．泸州市长江经济带产业转型升级研究［D］．四川省社会科学院，2015．

[63] 黄思源．广西战略性新兴产业与传统优势产业协同发展研究［D］．广西大学，2014．

[64] 孙根紧．中国西部地区自我发展能力及其构建研究［D］．西南财经大学，2013．

[65] 柴伟．吉林中部城市群整合发展研究［D］．东北师范大学，2014．

[66] 何建雄．基于"两型社会"建设目标的县域经济发展研究［D］．湖南农业大学，2013．

[67] 马佳男．中国"兰西格经济区"特色文化产业发展研究［D］．中央民族大学，2013．

[68] 邹映雪．城市新区主导产业和特色优势产业选择及发展研究［D］．西南财经大学，2013．

[69] 史长俊．辽宁沿海经济带与沈阳经济区协同发展研究［D］．吉林大学，2012．

[70] 华正伟．我国创意产业集群与区域经济发展研究［D］．东北师范大学，2012．

[71] 邵士官．小城市发展的阻滞因素及消解机制研究［D］．华东师范大学，2012．

[72] 孙可奇．基于动态均衡理论的山东区域经济发展战略研究［D］．天津大学，2012．

[73] 刘忠远．基于要素整合的区域内产业协调发展研究［D］．武汉理工大学，2011．

[74] 伏睿．山东省市域经济发展研究［D］．武汉大学，2011．

[75] 江山．基于社会生态系统的区域发展研究［D］．中国科学技术大

学，2011.

[76] 车松虎. 长春市产业布局演变研究 [D]. 吉林大学，2010.

[77] 李欣蓉. 区域物流产业发展模式选择研究 [D]. 江西财经大学，2010.

[78] 胡静. 湖北西部地区区域发展战略与路径研究 [D]. 华中农业大学，2010.

[79] 方劲松. 跨越式发展视角下的安徽承接长三角产业转移研究 [D]. 安徽大学，2010.

[80] 林强. 蓝色经济与蓝色经济区发展研究 [D]. 青岛大学，2010.

[81] 张丽. 城乡协调发展视角下的新疆城镇化产业支撑研究 [D]. 新疆农业大学，2010.

[82] 陈先强. 武汉城市圈经济一体化研究 [D]. 武汉大学，2010.

[83] 马文静. 宁夏特色产业集群发展研究 [D]. 中央民族大学，2010.

[84] 仇方道. 东北地区矿业城市产业生态系统适应性研究 [D]. 东北师范大学，2009.

[85] 陈洁. 基于都市经济圈的块状经济发展研究 [D]. 浙江工业大学，2009.

[86] 陈群元. 城市群协调发展研究 [D]. 东北师范大学，2009.

[87] 彭鹏. 成渝经济区产业关联与协调发展研究 [D]. 西南交通大学，2009.

[88] 李响. 基于西部经济增长的产业集聚发展研究 [D]. 贵州大学，2008.

[89] 杨莉莉. 产业集群与区域经济协调发展研究 [D]. 哈尔滨理工大学，2008.

[90] 刘剑平. 我国资源型城市转型与可持续发展研究 [D]. 中南大学，2007.

[91] 徐丽华. 欠发达地区发展特色经济的条件分析与政策取向 [D]. 云南师范大学，2007.

[92] 于海桓. 区域经济发展的投资效应理论 [D]. 东北师范大学，2007.

[93] 纳慧. 甘肃少数民族地区产业结构研究 [D]. 西北民族大学，2007.

[94] 王瑜. 陕西产业集群发展研究 [D]. 西安电子科技大学，2007.

[95] 曹邦英. 产业集群成长与西部地区经济发展研究 [D]. 四川大学，2006.

[96] 陈映. 论共同富裕与区域经济非均衡协调发展 [D]. 四川大学, 2005.

[97] 曾明星. 极化增长区域人力资源优化配置研究 [D]. 华东师范大学, 2005.

[98] 宋璇涛. 基于协调发展的区域特色经济与区域经济布局研究 [D]. 华中科技大学, 2004.

[99] 屠高. 东部沿海发达省份欠发达区域发展研究 [D]. 河海大学, 2005.

[100] 胡碧玉. 流域经济论 [D]. 四川大学, 2004.